Kunst-Reiseführer in der Reihe DuMont Dokumente

Zur schnellen Orientierung – die wichtigsten Orte Südwest-Frankreichs auf einen Blick:

(Auszug aus dem ausführlichen Ortsregister S. 284)

Agen	154 ff.	Montauban	272 ff.
Albi	223 ff.	Morlaas	168
Auch	159 ff.	Nîmes	57
Cahors	126 ff.	Oloron	174 ff.
Carcassonne	253 ff.	Pau	164 ff.
Castres	228 ff.	Rieux-en-Minervois	274 f.
Condom	156 ff.	Rodez	118 f.
Conques	119 ff.	St-Bertrand-de-Comminges	176 f.
Le Puy	86 ff.	St-Guilhem-le-Désert	232 ff.
Lescar	168 ff.	St-Just-de-Valcabrère	178
Lodève	231 f.	St-Lizier	179 f.
Moissac	132 ff.	Toulouse	180 ff.

In der vorderen Umschlagklappe: Karte von Südwest-Frankreich

Pilasterfiguren vom oberen Kreuzgang in St-Guilhem-le-Désert

Rolf Legler

Südwest-Frankreich

Vom Zentralmassiv zu den Pyrenäen –
Kunst, Kultur und Geschichte

DuMont Buchverlag Köln

Auf der Umschlagvorderseite: St-Lizier mit Pyrenäen-Blick
Auf der Innenklappe: Conques, Blick auf Ste-Foy (Aufnahme: Leonard von Matt, Buochs)
Auf der Umschlagrückseite: Landschaft bei Sauveterre, Pyrenäen

© 1978 DuMont Buchverlag, Köln
6. Auflage 1985
Alle Rechte vorbehalten
Satz, Druck und buchbinderische Verarbeitung: Boss-Druck, Kleve

Printed in Germany ISBN 3-7701-0986-4

Inhalt

Vorwort 8

Historischer Teil

I Grundlagen 11
   1 Geographische Voraussetzungen 11
   2 Präludium in grauer Vorzeit 12

II Römischer Bürger und fränkischer Vasall 14
   1 Romanisierung eines Urvolks 14
   2 Die Epigonen Roms 16
   3 Getrennte Wege 41
   4 Zweite fränkische Eroberung 42
   5 Krise und Neubeginn 43

III Geburt einer Zivilisation 45
   1 Elftes und zwölftes Jahrhundert in Europa 45
   2 Die Languedoc 47
   3 Reconquista – Pilgerzüge – Kreuzzüge 47
   4 Der erste Kreuzritter: Raymond IV. von St-Gilles 50

IV Der Höhepunkt 52
   1 Römisches Erbe: Die romanische Kunst 52
     Die Architektur 52
     Die Skulptur 58
   2 Pretz und Paratge – Troubadours und langue d'oc 66

V Languedoc am Wendepunkt 72
   1 Vorboten des Unheils 72
   2 Die Albigenser 73

	3	Antwort der Kirche	75
	4	Ein Lichtblick: Der Hl. Dominikus	76
	5	Spielball der Supermächte	77
VI		Geschichte einer Unterdrückung: Der Albigenser-Kreuzzug	79
	1	Blutiger Auftakt	79
	2	›Dies ater‹: Muret	80
	3	Die Folgen von Muret	81
	4	Letztes Mittel zur ›Befriedung‹: Die Inquisition	82
	5	Kunstimport aus dem Norden: Die Gotik	83

Auf Frankreichs Südrouten nach Santiago de Compostela

I		Von Le Puy nach Ostabat	86
	1	Im Bannkreis des Zentralmassivs Le Puy – Rodez – Conques	86
	2	Zwischen Lot und Garonne Figeac – Cahors – Moissac – Agen	126
	3	Durch die Gascogne Condom – Auch	156
	4	Das Béarn Pau – Morlaas – Lescar – Orthez – Salies – Sauveterre – Ostabat	162
II		Von Ostabat nach St-Gilles	173
	1	Die Pyrenäen entlang Hôpital St-Blaise – Oloron – St-Bertrand – St-Just-de-Valcabrère – St-Gaudens – St-Lizier	173
	2	Die Metropole: Toulouse	180
	3	Rund um Toulouse Südlich der Kapitale: Pamiers – Foix – Montsegur – Mirepoix Nördliche Umgebung: Cordes – Albi	216 222
	4	Montagne Noire und Cevennen Castres – Olargues – Lodève – St-Guilhem-le-Désert	228
	5	Carcassonne	253

Anmerkungen 259
Bildnachweis 261

Praktische Reiseinformationen
  Allgemeine Hinweise 265
  Gastronomie 267
  Ausflüge
  1 Wallfahrtsorte: *Rocamadour – Lourdes* 270
  2 Höhlen und Grotten: *Gouffre de Padirac – Pech-Merle – Niaux –
    Mas-d'Azil – Grotte des Demoiselles* 271
  3 Umgebung von Toulouse: *Ingres-Museum in Montauban* 273
  4 Umgebung von Carcassonne:
    Ins Ketzerland Minervois: Lastours – Rieux – Minerve 274
    Dominikanisches Land: Montreal – Prouille – Fanjeaux 275
    Aude aufwärts: St-Hilaire – Alet – Couiza 276
  Öffnungszeiten 278
  Geschichtstabelle (in der hinteren Umschlagklappe)

Register 281

Vorwort

Ob Bouillabaisse aus Marseille, Rotwein aus Bordeaux, Langusten aus der Bretagne oder Käse aus der Normandie, dem Gourmet ist alles dies ›typisch französisch‹. Dem weniger tiefschürfenden Frankreichreisenden bietet dieser flächenmäßig größte Staat im Herzen Europas ein ähnlich einheitliches Bild. Gelenkt von Paris aus, tut die ›Grande Nation‹ alles Erdenkliche, um diesen Eindruck zu verstärken. Sie verweist dabei auf ihre ›natürlichen‹ Grenzen: zwei Meere und drei Gebirge bilden zusammen jenes Hexagon, dessen Bild und Mythos dem französischen Pennäler mit viel Energie eingebläut werden.

Schon als geometrisches Gebilde ist dieses Hexagon viel zu abstrakt und regelmäßig, als daß es tatsächlich dem diskontinuierlichen Prozeß einer historischen Staatenbildung zugrunde liegen könnte. Als der große französische Historiker Michelet im 19. Jh. die Ideologie von der natürlichen Einheit Frankreichs als unrealistisch abtat, bewegte er sich lediglich auf den Spuren eines noch größeren Vorgängers. Bereits Caesar hatte Gallien nicht als Ganzes gesehen. Wir erinnern uns: »Gallia est omnis divisa in partes tres ...«.

Heute betrachtet, ist Frankreich das Land in Europa mit den meisten sprachlichen Minderheiten innerhalb seiner Staatsgrenzen. Neben dem offiziellen Französisch gibt es noch acht ethnische Gruppen mit vollständig eigener Sprache, die aber nicht das Recht auf eigene kulturelle Verwirklichung besitzen. A propos Sprache: Noch heute gehen durch Frankreich eine Reihe von Grenzen, an denen kein Zollbeamter steht, die nicht durch einen Schlagbaum markiert sind. Sie sind fast unsichtbar. So beginnt beispielsweise etwas südlich des Katzenbuckels, den die Loire auf ihrem Weg quer durch Frankreich beschreibt, der französische Midi. Die gemeinsame Sprache der Bevölkerung war die *langue d'oc* oder auch das Okzitanische.

Der geographische Raum, der von dieser Sprachgruppe ausgefüllt wird, reicht vom Atlantik bis zu den Alpen und vom Zentralmassiv zum Mittelmeer und den Pyrenäen und umfaßt etwas mehr als ein Drittel des heutigen Staatsgebietes. Somit ist die Gruppe der okzitanisch sprechenden Bevölkerung sowohl Frankreichs als auch Europas bedeutendste sprachliche Minderheit. Ihr Gebiet umfaßt ca. 200 000 km², das ist fast so groß wie die Bundesrepublik, und hat über 12 Millionen Einwohner, die heute nicht mehr die Sprache ihrer Großväter sprechen und sprechen dürfen, weil man sie ihren Vätern verboten hat.

Im Herzen Okzitaniens liegt die ehemalige Kulturlandschaft und Verwaltungseinheit der Languedoc. Der politische, wirtschaftliche und kulturelle Höhepunkt der okzitanischen Zivilisation lag in den reichlich zweihundert Jahren zwischen dem beginnenden 11. und dem beginnenden 13. Jh., also im Hochmittelalter. Der relativ abrupte Zusammenbruch dieser so hohen wie selbständigen Kultur während der ersten Hälfte des 13. Jh. geht zu Lasten raffgieriger Habenichtse, nordfranzösischer Ritter und Abenteurer, die im Auftrag des Papstes unter dem Vorwand der Ketzerbekämpfung, also im Zeichen des Kreuzes, de facto aber für den französischen König, das möglicherweise entstehende okzitanische Südreich mit Feuer und Schwert auslöschten und als neue Provinz, im negativen Sinne dieses Wortes, der französischen Krone zuführten.

Von diesem Schlag hat sich der Süden nie mehr erholt, trotz gelegentlicher späterer Versuche. So nimmt es nicht wunder, daß die kulturellen Höhepunkte unserer Reise im wesentlichen aus dem Zeitraum von ca. 1000 bis 1200 stammen. Dies ist nicht nur, wie bemerkt, die Epoche der Romanik, es ist auch der Höhepunkt in der europaumfassenden Bewegung der Pilgerzüge nach Santiago de Compostela und schließlich: die Zeit der Grafen von Toulouse. Diesen drei Aspekten und der anschließenden Phase des Niedergangs durch äußere Kräfte gilt unser bevorzugtes Interesse. Als roter Faden, und damit ausschlaggebend für unsere Gebietsabsteckung, sollen uns die beiden französischen Südrouten nach Santiago dienen. Über fünfzehn Departementgrenzen führen uns diese beiden alten, im Mittelalter so belebten Wanderrouten. Im wesentlichen werden dabei Landschaften und Orte berührt, die zum okzitanischen Kernland, der Languedoc, gehören. Dafür wird im Osten das sogenannte Littoral, d. h. der Küstenstreifen der Nieder-Languedoc, weitgehend aus der Beschreibung ausgeklammert, da diese über lange Strecken ihrer Geschichte einen eigenen Weg ging. Seit 507 bilden die Niedere Languedoc und das Roussillon die westgotische Provinz Septimania, während die von uns beschriebene *Historische Languedoc* bis zur Eroberung der Küstengebiete durch Pippin den Kleinen zum Frankenreich gehört. Im 8. Jh. stand die sogenannte Septimania unter arabischem Protektorat und ab dem 11. Jh. gehörte sie zum aragonischen Königreich. Auch kunstgeschichtlich bildete dieser Landstrich eigene, d. h. von der Historischen Languedoc verschiedene Formen aus.

Historischer Teil

I Grundlagen

1 Geographische Voraussetzungen

»Man denkt gewöhnlich an die Geschichte, wenn man versucht, die Languedoc zu definieren. Die Languedoc wurde geschmiedet von der Geschichte, trotz bzw. gegen ihre Geographie.« Solche und ähnliche Einleitungen finden wir, wenn wir französische Betrachtungen zur Languedoc aufschlagen. Ein Blick auf die Karte Europas und der alten Welt lehrt uns den Sinn solcher Bemerkungen. Neun Departements teilweise oder ganz umfassend, zeigt die *Historische Languedoc* (nicht zu verwechseln mit der heute gleichlautenden, aber viel kleineren Landschaft in westlicher Verlängerung der Provence) ein sehr heterogenes Bild. Obwohl an großen Flußläufen, einer Meeresküste[1], einem Mittel- und einem Hochgebirge teilhabend, lassen sich zwei Hauptzüge hervorheben:

Von Le Puy aus nach Westen fahrend, kommen wir bis auf Sichtweite an den Cantal heran, mit seinen 1858 m zweithöchste Erhebung des Zentralmassivs. Weiter nach Südosten, durch den landschaftlich erhebenden Canyon des Tarn, nähern wir uns der kargen, aber heroischen Landschaft der Cevennen, einem Paradies sowohl für Geologen als auch für Paläontologen, daneben ein Eldorado für Naturfreunde und Sportbootfahrer. Ohne die den Cevennen bis zum Meer hin vorgelagerte fruchtbare Ebene zu betreten, wenden wir uns wieder nach Westen, dem nächsten größeren Gebirge, der Montagne Noire, zu. Überschreiten wir aber den schmalen Saum der Ebene, die heute der Canal du Midi durchschneidet, beginnt jenseits davon sofort wieder das Reich der Steine: die Corbières bereiten uns auf die sich im Süden anschließenden Pyrenäen vor. Insgesamt bestimmen unfruchtbare Täler und steinige Hochplateaus das landschaftliche Bild. Die Languedoc hat nichts Liebliches anderer Mittelmeergegenden an sich. Sie ist ein zerrissenes und steiniges Land. Noch 1850 weiß zum Beispiel Moritz Hartmann angesichts languedocischer Landschaftseindrücke nicht zu entscheiden, ob hier wohl den Neptunisten oder den Vulkanisten zuzustimmen sei. Auch das Wetter ist hier beileibe nicht immer mediterran. Ebenso wie seine Nachbarin, die Provence, hat die Languedoc ihren eiskalten Nordwester, die Tramontana.

Neben diesem höchst unfreundlichen Kern hat die Languedoc aber auch noch umgänglichere Seiten aufzuweisen. Wie ein breites Flußtal, allerdings teilweise ohne

GRUNDLAGEN

Fluß, denn der Canal du Midi wurde erst im 17. Jh. begonnen, setzt sich die Küstenebene in einem großen Bogen nach Nordwesten fort, um sich bei Toulouse mit dem Tal der Garonne zu vereinen, das seinerseits nun die eingeschlagene Richtung bis Bordeaux fortsetzt. In kürzester Entfernung zwischen Mittelmeer und Atlantik zieht sich dieser Graben hin, als wollte die Erdkruste selbst noch besonders die erst im Tertiär entstandenen, bedrohlich aufragenden Pyrenäen vom Übergriff auf den alten herzynischen Schild des Zentralmassivs abhalten und den französischen Isthmus markieren. Zusammen mit der Niederen Languedoc, der kürzesten Landverbindung zwischen Spanien und Italien, und dem großen europäischen Grabenbruch, der über die Rhône die germanischen Länder mit dem westlichen Mittelmeer verbindet, ergibt sich eine Art Weltkreuzung der natürlichen Straßen.

2 Präludium in grauer Vorzeit

Neueste Funde lassen auf die Existenz eines Pithekanthropus (ca. 1 Million v. Chr.) in der Languedoc schließen. Auch das späte Paläolithikum, d. h. der Neandertaler-Mensch, ist besonders dicht bezeugt, z. B. in der Grotte von Rieufourcaud im Departement Tarn und am Oberlauf der Garonne. Mit Einsetzen der letzten Eiszeit werden die Funde einer an milderes Klima gebundenen Fauna immer spärlicher. Die Menschen ziehen sich in geschütztere Regionen zurück. Noch idealer als die Nordhänge der Pyrenäen erwiesen sich dabei die durch die tertiäre Faltung entstandenen Kalkränder der südlichen Mittelgebirge. Die Höhlen von Pech-Merle, Niaux und Ganges

Niaux, Steinzeit-Zeichnungen

sind jedem Paläontologen ein Begriff. Der Homo sapiens erscheint nun auf der Bildfläche. Nach seinem Fundort bei Aurignac am Oberlauf der Garonne ist der Mensch zwischen 30 000 und 20 000 v. Chr. als Aurignac-Mensch (Aurignacien) in die Geschichte eingegangen. Nach dem Zurückweichen der Gletscher etwa um 10 000 folgte ein Großteil der Jäger dem nach Norden abwandernden Ren. Eine bevölkerungsmäßige Umstrukturierung war die Folge. Mit Tonscherben, deren älteste etwa um 4250 geschätzt werden, ist das Neolithikum hervorragend vertreten. Erste Kontakte zum Mittelmeer können vermutet werden. Die geographischen Faktoren zwischen den Völkern beginnen wirksam zu werden, d. h. die natürlichen Wege und Verbindungen gewinnen an Bedeutung. Im Laufe des 2. Jahrtausends bewegt sich eine erste größere Welle, ausgehend vom Balkan, über die Schweiz und die Rhône nach Mittel- und Südfrankreich. Ob die Griechen erstmals auf diesem Weg in die Languedoc kamen, ist ungewiß. Ihr früher Kontakt ist allerdings u. a. durch die Sagen aus dem Herakles-Kreis belegt. Die Landverbindung von Italien nach Spanien hieß bis zu den Römern die *Straße des Herakles*. Eine andere Welle von Indoeuropäern drang aus dem nördlichen Zentrum Europas nach Frankreich. In die Languedoc kam sie allerdings erst recht spät, wohl gegen 800 bis 600 v. Chr. Ob sich darunter schon Kelten befanden, ist nicht bekannt. Die gesamte Zivilisation zwischen 2000 und 900 v. Chr. bleibt die der Hirten und Ackerbauern des Neolithikums.

II Römischer Bürger und fränkischer Vasall

1 Romanisierung eines Urvolks

An dem zuletzt genannten zivilisatorischen Status der Entwicklung ändert sich auch bis zur römischen Invasion nur wenig. Die vermutlich spätestens seit dem 4. Jh. vom Süden her in die Languedoc eindringenden *Iberer* und die im nächsten Jahrhundert sich bei Toulouse niederlassenden *gallischen Tectosagen* bilden eine aristokratische Führungsschicht, die sich im ethnischen Befund kaum niederschlägt. Selbst die in den Küstengebieten zahlreichen Kontakte mit den *griechischen Massalioten* und den orientalischen *Phönikern* bringen keine völkische Veränderung. Insgesamt muß man festhalten, daß bis zum Erscheinen der Römer Ende des 2. Jh. unter Cn. Domitius weder eine tiefgehende Keltisierung noch Hellenisierung stattgefunden hat. Domitius hatte mehr aus strategischen Gründen zusätzlich zur heutigen Provence auch noch das Gebiet westlich davon, d. i. die Languedoc, besetzt. Seine größte Tat war der fachgerechte und systematische Ausbau der alten Völkerstraße am nördlichen Mittelmeer, die bis ins Mittelalter seinen Namen trug, die *via domitia*. Keine einzige bedeutende Schlacht berichtet von einem ernsthaften, bewaffneten Widerstand der languedocischen Bevölkerung. Nur dreimal wird die Römerherrschaft in ihren ersten Jahren auf die Probe gestellt: bei der Eroberung von Agen durch die Helvetier, durch den Zug der Kimbern und Teutonen quer durch Frankreich und durch den Aufstand der Tectosagen von Toulouse. Danach blieb die Languedoc eine ruhige und wie Caesar erfahren konnte sehr loyale Provinz.

Trotz der Gründung einiger *castra* und Handelsplätze wie z. B. St-Bertrand-de-Comminges und Narbonne, erfolgte die eigentliche Romanisierung in der Ära des Augustus. Neue Städte wurden gegründet: Lodève *(Forum Neronis, Colonia Claudia Luteva)*, Carcassonne *(Colonia Julia Carcaso)*, Nîmes *(Colonia Augusta Nemausus)*, St-Thibéry *(Cessero)* etc. Der wirtschaftliche und politische Schwerpunkt lag aber noch am Meer und längs der *via domitia*. Toulouse wurde erst Ende des 1. Jh. n. Chr. in den Stand der *colonia* erhoben. In Narbonne gab man sich weltmännisch, man genoß es, als Bürger einer bedeutenden Stadt des Imperiums, Kosmopolit zu sein. Neben den einheimischen Göttern brannte der Rauch vom Altar römischer Götter; Astarte, Mithras und Isis fanden sich ein. Wie die Menschen, so gewöhnten sich auch die Götter

Languedocische Münzen der Römerzeit

aneinander. Die römische Toleranz fügte sich leicht zu der ohnehin sehr friedfertigen Anlage der Urbevölkerung. Leben und leben lassen oder: ›convivencia‹ waren also schon von alters her languedocische Eigenart. Die Römer hatten fertiggebracht, was den Kelten und Griechen nicht gelungen war, nämlich dies alte Volk aus dem Neolithikum zu assimilieren und ihm ein neues Gesicht zu geben. Der römische Stempel drückte so tief, daß Plinius behaupten konnte, Narbonne sei nicht Provinz sondern Italien. Dennoch hatte die Romanisierung nicht alle Spuren der alten Zivilisation überdecken können. Man nimmt heute an, daß die alte Sprache der Einheimischen nie ganz aufgehört hat als mündliches Verständigungsmittel der einfachen Volksschichten zu bestehen, sozusagen als eine Art Patois neben der offiziellen Kultur- und Verwaltungssprache Latein.

Über die *via domitia* oder das Meer kam auch das Christentum. Wann und in welchem Ausmaß, wissen wir nicht. Zu den alten autochthonen und keltischen Gottheiten, zu Jupiter und Minverva, zu Isis und Mithras gesellte sich Jesus. In der frühen Kaiserzeit scheint das Christentum keine große Ausbreitung gehabt zu haben, es war wohl eine Religion unter vielen. Dies gilt vor allem für die Städte. Auf dem Lande ging der Christianisierungsprozeß sicher noch langsamer vor sich. Erst gegen die Mitte des 4. Jh., so berichtet Gregor von Tours, seien sieben Bischöfe zur Mission nach Frankreich entsandt worden, darunter der Hl. Saturninus und der Hl. Paul von Narbonne.

2 Die Epigonen Roms

Durch die Verlagerung des politischen Schwerpunkts des Imperiums nach Norden und Osten geriet die Languedoc vorübergehend ins Abseits. Relativ lange ungeschoren von den Wirren der Völkerwanderung, konnte sich römisches Leben hier länger als irgendwo weiterentwickeln und vertiefen. Nur das kurze Intermezzo des Durchzugs der Vandalen störte vorübergehend den provinziellen Schlaf. Honorius, der seine Schwester Galla Placidia als Unterpfand seiner ehrlichen Absichten Athaulf, dem Nachfolger Alarichs, zur Frau ließ, lenkte diesen nach Südwestfrankreich. Relativ friedlich für damalige Zeit und als offizielle Vertreter Roms, als *foederati*, besetzten die Westgoten die Languedoc. Sie gründeten ab 419 ein riesiges Reich, das von der Loire und den Alpen bis zu den Säulen des Herkules reichte. Ihre Hauptstadt wurde Toulouse. Der Einfluß der Westgoten auf die Languedoc kann heute nicht hoch genug eingeschätzt werden. Denn sie waren es, die Toulouse, das einstige Oppidum der keltischen Tectosagen, ins Rampenlicht der Weltgeschichte rückten.

Für über 800 Jahre wird nun die Stadt den Rang einer Metropole einnehmen. Unter westgotischer Herrschaft wird an der Grammatikschule von Toulouse römisches Recht und virgilische Ästhetik gepflegt. Der bekannte Gelehrte Sidonius Apollonius wird von Autun nach Toulouse geholt. Im Auftrag von Eurich I., auf dem Höhepunkt westgotischer Macht, entsteht das älteste germanische Gesetzgebungswerk in lateini-

2 CONQUES Sitzreliquiar der Hl. Fides 3 LE PUY St-Michel-d'Aiguilhe

5 CAHORS   Pont Valentré

6 CAHORS   Kathedrale St-Etienne, Nordportal

◁ 4 MOISSAC   Kreuzgang

7 LESCAR Ehem. Kathedrale, romanisches Bodenmosaik

8 ST-JUST-DE-VALCABRÈRE Nordportal

9 SALIES-DE-BÉARN

10 SAUVETERRE

11 OLORON Ste-Marie, Portal

12 ST-BERTRAND-DE-COMMINGES Kreuzgang mit ›Evangelistenpfeiler‹

13 ST-LIZIER Brunnen ▷

14 ST-LIZIER   Ehem. Kathedrale, romanisches Fresko: ›Heimsuchung‹

16 Straße in CORDES

17 CASTRES   Häuser am Agout

◁ 15 TOULOUSE   St-Sernin

18 ALBI Donjon im Palais de Berbie

19 ALBI

20 ST-GUILHEM-LE-DÉSERT

22 Bauernhof bei PAMIERS

23 Friedhof von AIGUES-VIVES mit Pyrenäen

24 Dorf am Fuße des Montsegur

21 OLARGUES

25 In den Cevennen

26 Landschaft bei FANJEAUX

27 Schloß LÉRAN ▷

29 Windmühle bei CARCASSONNE (Villepinte)

30 CARCASSONNE   St-Nazaire

◁ 28 CARCASSONNE   Cité

scher Sprache, der ›Codex Euricianus‹ (470 n. Chr.). Die spätantike Kunst feierte einen ihrer Höhepunkte in der Errichtung der Daurade (Die Goldene), die ja bis ins 18. Jh. als stolzes und einziges Bauwerk dieser Epoche stehengeblieben war. Von kulturpolitischer Bedeutung war auch der Umstand, daß die Westgoten Arianer waren und deshalb der politische und verwalterische Einfluß der katholischen Bischöfe bis Ende des 6. Jh. sich nicht im gleichen Ausmaß auswirken konnte, wie beispielsweise im fränkischen Neustrien. Für die Bevölkerung bedeutete insgesamt die westgotische Herrschaft keinen Bruch in ihrem täglichen Leben.

3 Getrennte Wege

Nach dem Sieg der vereinten Burgunder und Franken unter Chlodwig bei Vouillé (507 n. Chr.) über die Westgoten wurde die Languedoc erstmals getrennt, verteilt auf zwei verschiedene Reiche, das merowingisch-fränkische und das spanisch-westgotische. Weil Chlodwig Carcassonne und Narbonne nicht einnehmen konnte und wegen der Intervention Theoderichs des Großen zugunsten seiner westgotischen Verbündeten blieben die Franken nach wie vor abgetrennt vom Mittelmeer. Die Niedere Languedoc und das Roussillon, also der gesamte Küstenstreifen von der Rhône bis zu den Pyrenäen, blieb als sogenannte Septimania Teil des westgotischen Reichs. Chlodwig hatte erst kurz zuvor, mutmaßlich aus politischen Überlegungen, den Katholizismus angenommen. Damit begann die für die Languedoc oder ein unabhängiges Okzitanien immer wieder tödliche Liaison zwischen Rom und einem nordfranzösischen König.

Als die Araber in wenigen Jahren nach ihrer Landung am Felsen von Gibraltar (711) das Westgotenreich zerstörten, war die Eroberung der ebenfalls westgotischen Septimania nur eine logische Konsequenz. 719 wird Narbonne genommen. Fünf Jahre später fällt Carcassonne. Das arabische Regiment scheint aber für die Bevölkerung der Septimania kein schweres Joch gewesen zu sein. Die Araber waren keine Fanatiker. Das tägliche Leben wie der Ablauf der religiösen Gewohnheiten fand durch sie keine Unterbrechung. Zu den Übergabebedingungen für Carcassonne gehörte, daß der westgotische Vizegraf sein Amt weiterbekleiden durfte. Als sich Karl Martell anschickte, die unter arabischem Protektorat stehende Septimania und zusätzlich die Provence dem Frankenreich einzuverleiben, verbündeten sich der arabische Wali Yusuf und die provençalischen Barone und Grafen mit dem Erfolg, daß der Franke zum Teil unverrichteter Dinge wieder abziehen mußte, nicht ohne bei seinem Rückzug nach dem Motto der verbrannten Erde Tod und Verwüstung hinter sich zu lassen. Handelspolitisch genoß die Septimania sogar den Vorzug, zur großen islamischen Welt zu gehören, so daß ihr alle spanischen, nordafrikanischen und levantinischen Häfen offenstanden.[2]

Im anderen Teil der Languedoc waren im Laufe der Zeit die Herzöge von Aquitanien wieder zu praktischer Selbständigkeit gelangt und betrieben eine vom merowingischen König unabhängige Politik. Auch hier kam es zu friedlichen Annäherungen und Verbindungen zwischen der okzitanischen und islamischen Welt. Herzog Odo hatte seine Tochter mit dem Berber Munuza verheiratet, dessen Unabhängigkeitspolitik gegen Süden, d. h. Córdoba, gerichtet war. Die angeblich groß angelegte Invasion der Araber im Jahre 732, die Karl Martell bei Tours und Poitiers erfolgreich stoppen konnte, war aus arabischer Sicht zunächst nur als Rachefeldzug bzw. Strafexpedition gegen den unbotmäßigen Emir gerichtet, der sich natürlich auf die Hilfe seines Verwandten Odo verlassen hatte, der seinerseits den fränkischen Hausmeier zu Hilfe rief. Die Schlacht von 732 wird ständig in unseren Geschichtsbüchern überstrapaziert.

4 Zweite fränkische Eroberung

Das friedliche Arrangement der languedocischen Bevölkerung mit seinen arabischen Eroberern bzw. Nachbarn kommt nicht von ungefähr, waren sie diesen doch durch ihr gemeinsames mediterranes Erbe und ihre Mentalität näher verwandt als den germanischen Barbaren, die, wenn sie aus ihren Wäldern auftauchten, nur das Schwert, aber keine Zivilisation mitbrachten. Wieder unter den Franken, diesmal aber unter den Karolingern, vollzog sich zum zweiten Male jene historische Entente Papst – fränkischer König. Als sich Papst Stephan II. um die Jahrhundertmitte von den Langobarden bedroht fühlte, wandte er sich schließlich hilfesuchend nach dem Norden. Durch einen Betrug, nämlich die Vorlage einer direkt zuvor und zu diesem Zwecke wahrscheinlich in St-Denis angefertigten Urkunde, der sogenannten ›Konstantinischen Schenkung‹, gelang es dem Papst, Pippin den Kleinen sowohl zum Eingreifen in Italien als auch zur Bestätigung dieser Urkunde, zur sogenannten ›Pippinschen Schenkung‹, zu verleiten. Er revanchierte sich durch die Zuerkennung der Königswürde an die karolingischen Hausmeier. Der Aufstieg Pippins zur Königswürde von Papstes Gnaden geht der anschließenden erneuten Eroberung der südfranzösischen Lande voraus. Natürlich war eines der Alibi die Vertreibung der Ungläubigen aus der Septimania. Toulouse war dadurch wieder mit der Niederen Languedoc vereint. Dies war aber auch der einzige Vorzug, den die fränkischen Eroberer dem Lande brachten.

Karl der Große übernahm die unglückliche Südpolitik seines Vaters. In Unkenntnis der realen Verhältnisse stürzte er sich in das spanische Abenteuer, das vor den Toren von Saragossa in einem blutigen Debakel endete. Wie ›freundlich‹ die südfranzösische Bevölkerung den Franken gesinnt war, mußte Roland bei seinem Rückzug über die Pyrenäen erleben, d. h. vielmehr erleiden. Als Herzog von Aquitanien und Markgrafen von Toulouse setzte Karl der Große seinen Cousin Wilhelm Kurznase, den ersten Helden der *Chansons des Gestes* ein. Mit mehr Erfolg als Karl der Große organisierte Wilhelm die Befreiung der Provence und Languedoc vom arabischen Protektorat und die Rückeroberung von Barcelona. Damit hatte also von Toulouse aus die erste erfolgreiche *Reconquista* begonnen. Barcelona war wieder Suffragan des Erzbistums von Narbonne. Nach wie vor aber empfand die an römische Verwaltung gewöhnte okzitanische Bevölkerung die Diktatur der feudalen Ordnung der Nordländer als erdrückend und fremd. Karl der Große war weise genug, die Andersartigkeit seiner südlichen Untertanen zu erkennen und projektierte deshalb bereits 806 in Thionville eine Teilung seines Reiches für die Zeit nach seinem Tode nach ethnischen bzw. sprachlichen Kriterien. Durch den unseligen wie unsinnigen Vertrag von Verdun wurde der Süden des heutigen Frankreich für ca. 700 Jahre auf zwei verschiedene Reichsgebiete verteilt. Nach dem spürbaren Nachlassen der fränkischen Königsgewalt bereits unter Ludwig dem Frommen bildeten sich in dem riesigen Raum südlich der Loire eine Reihe praktisch autonom regierter Territorien: Aquitanien, Gascogne, Toulouse, Gothien, Katalonien und Arelat.

5 Krise und Neubeginn

Das *9. Jh.* war eine Zeit des absoluten Niedergangs, von dem auch die Languedoc mit Ausnahme von Narbonne nicht verschont blieb. Zwar wurde die Languedoc nicht in dem Maße wie die anderen Länder von den drei Geißeln des 9. und 10. Jh., den Normannen, Sarazenen und Ungarn, heimgesucht, doch wirkten sich der Niedergang des internationalen Handels und das Ausbleiben des muselmanischen Goldes[3] auch hier verheerend aus. Eine primitive Andeutung einer bürgerlichen Selbstverwaltung bemühte sich wenigstens oberflächlich dem Chaos entgegenzuwirken. Das einst so gepflegte römische Recht verwilderte zu einer Vertragsform der sogenannten ›*conveniencia*‹. Die besondere Rechtsstellung der okzitanischen Frau führte zu schwierigen Erbverhältnissen, die später Frankreich fast in den Ruin trieben (Beispiel: Eleonore von Aquitanien).

Das *späte 10. Jh.* leitet eine allgemeine Tendenzwende ein. Normannen-, Sarazenen- und Ungarngefahr sind gebannt. Innerhalb des leichten Handels- und Bevölkerungszuwachses scheint Toulouse mit seiner relativ guterhaltenen, ca. 90 ha umfassenden Mauer sogar etwas von Gigantismus zu besitzen. Wichtige Klöster werden neu gegründet. Raymond-Pons, Graf von Toulouse, stiftet das gleichnamige Kloster in den schwarzen Bergen. Ob ausgelöst durch die fortschreitende Klosterreform, die vorausgegangene wirre Zeit, eine Änderung im Bewußtsein der Volksmassen durch stärkeres Eingehen der Kirche selbst auf deren religiöse Bedürfnisse oder wodurch auch immer: ein gewaltiges Anschwellen der Hinwendung zu religiösen Problemen ist plötzlich festzustellen. Für viele einfache Geister erscheint es plötzlich als die beste Garantie für einen guten Platz im Jenseits, den einen oder anderen Teil seiner Güter der Kirche oder einem Kloster zu schenken. Wenn sich ein Kloster seinerseits vor Raub, Plünderung, Einfluß weltlicher Herren oder des lokalen Bischofs schützen wollte, schien die sicherste Methode, das Kloster dem Hl. Petrus und damit dessen Nachfolger in Rom zu unterstellen. Das erste Kloster in Frankreich, das sich direkt dem Hl. Stuhl unterstellte, war – lange vor Cluny – St-Gilles. Dem Beispiel folgte auch St-Pons. Dadurch wurde indirekt, ohne es selbst initiiert zu haben, der Bischof von Rom zu einem der mächtigsten Feudalherren des Mittelalters. Als oberster Chef der Christenheit gleichermaßen wie als mächtiger Großgrundbesitzer förderte der Papst die in Südfrankreich aufkommende Idee eines *Gottesfriedens* als Präventivmaßnahme. Auf dem Konzil von Toulouges wurde dem Gottesfrieden die Idee einer *Waffenruhe Gottes* hinzugefügt.

III Geburt einer Zivilisation

1 Elftes und zwölftes Jahrhundert in Europa

Im 11. Jh. erfährt die Landwirtschaft allgemein eine beachtliche Anhebung ihrer Erträge. Wesentliche Garanten dafür sind eine Reihe nützlicher Erfindungen. Diese Agrarrevolution durch Verbesserung der Geräte und Anbaumethoden bei gleichzeitiger Vermehrung der tierischen Arbeitskraft wird noch ergänzt durch den industriellen Aufschwung, besonders im Bauwesen, und die Gewinnung der Wasserkraft als natürliche Energiequelle. Landwirtschaftlicher Aufschwung und Fortschritt des Handels waren eng mit einander verbunden. Das auffallendste Beispiel für die Bevölkerungszunahme und das steigende Wirtschaftswachstum bieten die Städte, wo, bedingt durch deren interne Struktur, ein neuer ›städtischer‹ Geist entstand, der dem Denken der feudalen Welt entgegengesetzt war und mit seiner Geldwirtschaft das Gefüge der feudalen Wirtschafts- und Sozialstruktur erschütterte. Um 1060 kündigte sich das neue Gesicht des Okzidents vornehmlich in zwei Regionen an, in Flandern und Norditalien. In Südeuropa, im Einflußbereich des Mediterranum waren es ausschließlich die Städte, in deren Händen der ökonomische Aufstieg des Abendlandes lag. Mittelmeerkultur war schon von jeher Stadtkultur. Sehr früh (11. Jh. in Castres) führte die tätige Energie der Bürger und deren erwachendes Selbstbewußtsein zu Verwaltungsformen, die schließlich Anfang des 12. Jh. zur Errichtung der sogenannten *Consulate* führte, gegen die sich vor allem die Bischöfe (Le Puy, Lodève, Uzès und Mende) wehrten.

Das 11. Jh. hatte aber einen Januskopf. Unwetter und Felderverbrennungen im Kriege führten leicht zu Hungersnot. Dazu kamen die verheerenden Auswirkungen des Mutterkornbrandes, des sogenannten ›Antoniusfeuers‹, und Seuchen, die sogleich den Bevölkerungszuwachs wieder egalisierten. Wo aber Hungersnot, Seuchen, Tuberkulose, hohe Kindersterblichkeit, Viehepidemien und Naturkatastrophen so geballt auftreten und dies ausgerechnet nach dem magischen Jahr 1000, sind Aberglaube, Angst, Weltuntergangsstimmung und Weissagungen von der Wiederkunft des Herrn eine relativ natürliche Folge. Die Institution, auf die sich bei solchen Gelegenheiten die Augen aller richteten, war die Kirche. Die dem Ersten Kreuzzug vorausgegangenen Jahre 1090–95 waren Jahre solcher Hungersnöte und Naturkatastrophen. Die zwei antagonistisch sich herauskristallisierenden Zivilisationsformen, Stadt und Feudalität, verteilten sich in Europa nicht gleichmäßig. Während sich im nördlichen Europa die feudalen Mächte als weitgehend bestimmende politische Kräfte durchsetzten, waren es im Süden die Städte, die die politische Organisationsform bestimmten. Die großen sich abzeichnenden Territorien, wie Deutschland und Frankreich, waren gekennzeichnet von diesem Nord-Süd-Gefälle, wobei die politische Macht (Kaiser, König) bei der Feudalität im Norden blieb, während die größere wirtschaftliche Effektivität und als deren Folge der neue Kapitalreichtum im Süden zu finden war. Das Kräfteverhältnis zwischen den beiden Systemen erwies sich zunächst als ausgewogen, was die deutschen Kaiser in Norditalien sehr unangenehm zu spüren bekamen. Grundsätzlich veränderte sich dieser Balancezustand aber, als neben die größte politische und die bedeutendste wirtschaftliche Macht als dritter Faktor im Netz der geschichtlichen Kräfte die größte geistliche Macht, das Papsttum, sich anschickte, seine Finger nach den weltlichen Belangen auszustrecken.

Als Seelsorger und mächtiger Unternehmer zugleich hatte der Bischof von Rom die führende Rolle in der allgemeinen Gottesfriedensbewegung übernommen. Im 11. Jh. begann die cluniazensische Reform auch in veränderter Form auf das Papsttum überzugreifen. Mit allen Mitteln hatten die Bischöfe von Rom schon vorher versucht, ihren Primatsanspruch zur Geltung zu bringen und durchzusetzen und hatten dabei nicht vor Lügen, Fälschungen und verhängnisvollen Schritten zurückgeschreckt. Unter Gregor VII. war das Papsttum endgültig dem Größenwahn verfallen. Das Neue Testament wurde außer Kraft gesetzt. Demut war nicht mehr des obersten Christen edelste Tugend. Christi Worte »Mein Reich ist nicht von dieser Welt« und »Gebt dem Kaiser, was des Kaisers ist und Gott, was Gottes ist« fanden keine Verwendung mehr. Endziel war jetzt eine christliche Theokratie mit dem Papst an der Spitze der hierarchischen Pyramide. Möglicherweise hatte das Papsttum in seinem Wahn den verteufelten Zirkelschluß nicht durchschaut, daß man die Kirche nicht vom weltlichen Einfluß befreien kann, wenn man diese gleichzeitig zum obersten weltlichen Herren macht. Die gregorianische Reform führte entgegen ihrer Absicht von einer Katastrophe in die andere: Statt die Universalmacht der Kirche zu stärken, half sie die Bildung der Territorialstaaten und deren Kirchen zu beschleunigen; als Feudalherr nahm sie selbst teil an der Unterdrückung der Massen; statt die Gläubigen an sich zu ziehen, begann sie durch deren teilweise Aussperrung von wichtigen religiösen Entscheidungen und Prozessen, diese abzustoßen, und eine ›Häresie‹ nach der anderen trat auf den Plan; anstelle die weltliche Macht des Papstes zu stärken, stärkte sie das französische Königtum, mit dem Ergebnis der babylonischen Gefangenschaft in Avignon; die Päpste der gregorianischen Reform stürzten das Abendland in den Wahnsinn der Kreuzzüge, an deren Ende die Zerstörung von Byzanz und Okzitanien, den zwei blühendsten Zentren höchster christlicher Kultur, stand.

2 Die Languedoc

Diese allgemeinen Tendenzen des 11. und 12. Jh. sind sehr bedeutsam für das Verständnis all dessen, was sich speziell in der Languedoc des frühen 13. Jh. vollzieht. Selbst wenn unsere Geschichtsbücher weitgehend darüber schweigen, was sich in den drei Jahrhunderten nach dem Jahr 1000 im Süden Frankreichs tatsächlich abspielte, so war dieser Landesteil niemals außerhalb des abendländischen Blickwinkels, schon gar nicht im besagten Zeitraum. An allen Entwicklungen des 10. und 11. Jh. nahmen die okzitanischen Länder lebhaften Anteil, um schließlich im 12. Jh. voll ihren genuinen Beitrag mit der Blüte der romanischen Kunst und der Poesie der Troubadours zu erbringen. Natürlich kam vieles von außen. So kam Narbonne sehr früh in den Genuß des wieder zirkulierenden muselmanischen Goldes. Um 1100 erlangte Genua von Raymond IV. großzügige Handelsprivilegien für die Häfen der Languedoc, z. B. in St-Gilles. Umgekehrt aber besaßen die Kaufleute von St-Gilles, Montpellier und Nîmes Privilegien in Tyrus, und die Händler von Narbonne hatten ihre entsprechenden Rechte in Jerusalem, Jaffa und Ägypten.

Die gute Quellenlage für Toulouse bezeugt spätestens für das Jahr 1131 die Existenz von *Consuln*. Obwohl in fast allen größeren Städten der Languedoc bis zur Jahrhundertmitte solche städtischen Selbstverwaltungseinrichtungen bekannt sind, genoß Toulouse zusätzlich den unschätzbaren Vorteil, daß der Graf selten in seiner Hauptstadt residierte, für seine Abwesenheit kein Vizegraf vorgesehen war und der Bischof keine nennenswerte weltliche Macht besaß. 1189 gab Raymond VI. für immer alle Versuche einer einseitigen und autoritären Befehlsgewalt über seine eigene Hauptstadt auf. Von nun an regierten vierundzwanzig *Consuln* die Geschicke dieser echten ›tolosanischen Republik‹.

3 Reconquista – Pilgerzüge – Kreuzzüge

Seit dem Fehlschlag der Gegenoffensive Karls des Großen war die gesamte Languedoc wieder für kurze Zeit zur Grenzregion, zur Mark, herabgesunken. Doch der erneute Anlauf von Toulouse aus, unter Wilhelm Kurznase, brachte ja die Rückeroberung von Barcelona. Die erfolgreich fortschreitende *Reconquista* zeitigte für die Languedoc zwei besonders hervorzuhebende Ergebnisse: erstens wurde sie wieder wichtiges Durchgangsgebiet mit all den damit verbundenen Vorteilen, und zweitens gewann sie dadurch, ebenso wie schon für Caesar, als Landbrücke zwischen den beiden Halbinseln, zwischen Rom und Santiago, für das Papsttum eine bevorzugte Stelle in dessen weltlichen Plänen. Begleitet wurde die *Reconquista* von einem der gigantischsten ideologischen Propagandafeldzüge der Geschichte. Zu Beginn des 9. Jh., als der Verteidigungswille der kleinen nordspanischen Könige auf den Nullpunkt gesunken war, baute man Jakobus d. Ä., der bekanntlich selbst nie in Spanien gewesen war, zum Apostel der Iberi-

GEBURT EINER ZIVILISATION

schen Halbinsel auf. Von Beginn an war er ein militanter Heiliger, wie bereits die Legende um den Sieg von Clavijo zeigt; als Symbol des streitbaren und siegreichen Christentums wurde er sogleich zum *Matamoros*, zum Maurentöter. Hervorzuheben ist, daß man nicht nur die Gebeine des Jakobus in Santiago verehrte, sondern auch zum Grab des Heiligen pilgerte. Reliquien sind mobil und austauschbar, das Grab als Begräbnisstätte ist es nicht. Es ging also von Anfang an ganz bewußt um *das Land* des Heiligen. Eine solche Verbindung von Heiligenkult und weltlicher Politik ist für das Mittelalter nichts Ungewöhnliches, im Gegenteil, sie genießt sogar idealtypischen Charakter.

Das Papsttum sah dieses entstehende Heiligtum im äußersten Westen Europas mit besonderer Genugtuung. Wir dürfen nicht vergessen, daß Rom im Jahre 1054 den end-

Die vier Hauptrouten nach Santiago

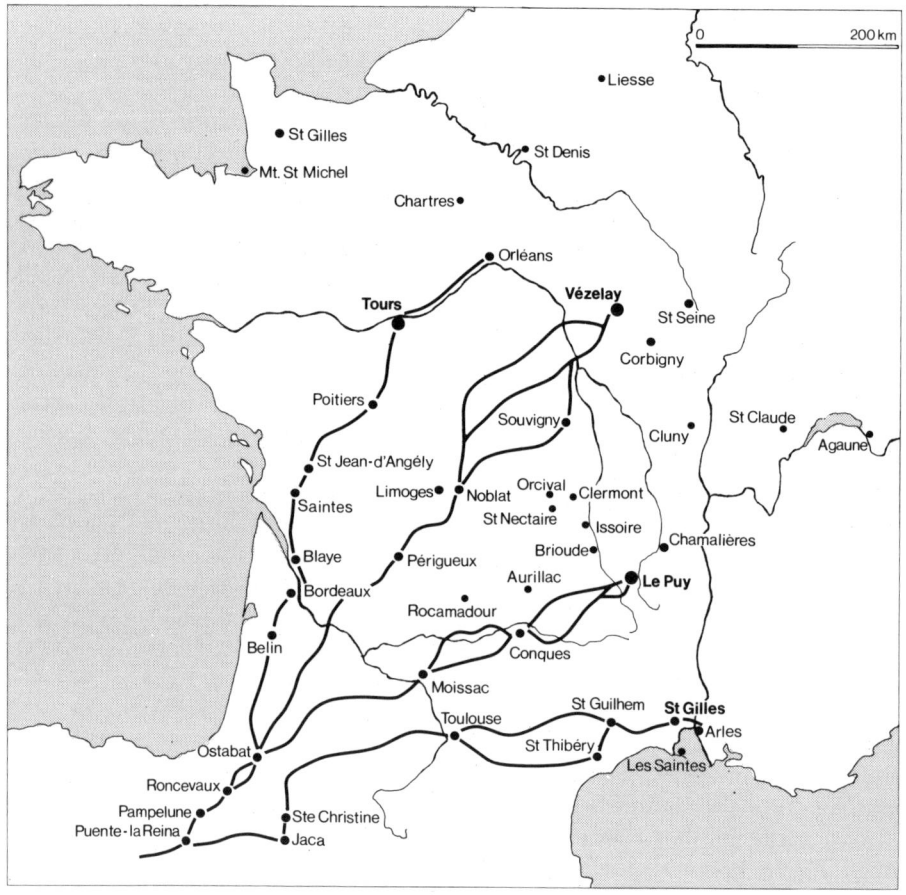

gültigen Bruch mit Byzanz vollzogen hatte. Seine Domäne lag nun im Westen und Norden des Abendlandes, wo diesem in Santiago ein eigenes, Jerusalem gleichwertiges Heiligtum und Pilgerzentrum entstand. Santiago sollte also nicht nur innerhalb Spaniens Konkurrenz zu Córdoba, sondern im europäischen Rahmen Gegenpol zu Jerusalem sein. Das stärkste Kontingent an Pilgern stellte der geographische Raum des heutigen Frankreich. Aus religiöser Sicht waren die Pilgerzüge Früchte einer neuen und vertieften Massenreligiosität. Die erwachende Christenheit war auf der Suche nach Vorbildern, und die Kirche war in der Lage, diese Bedürfnisse zu befriedigen. Klosterreform, Gottesfriedensbewegung, Reliquienkult und Heiligenverehrung sind alles nur Facetten der gleichen Entwicklung. Aber der wichtigste innere Grund für die Pilger- und Kreuzzüge war offensichtlich soziologischer Natur. Nach den Massenbewegungen der Völkerwanderung und der letzten Invasionswelle im 10. Jh. war Europa zur Ruhe gekommen. Aber nur äußerlich. Im Inneren war noch alles in Gärung, waren noch Restenergien am Leben, die, gegen sich selbst gerichtet, durchaus in der Lage gewesen wären, das werdende Abendland in ein neues Chaos zu stürzen. Glücklicherweise konnten alle diese überschüssigen Kräfte nach außen abgelenkt werden.

Ob aus Hunger, Obdachlosigkeit oder Sühne für weltliche Untaten, Reisen war zur Notwendigkeit geworden. Jede soziale Schicht hatte ihren Anteil an dieser *inneren Völkerwanderung*. Bedenken wir nur, wer alles gleichzeitig unterwegs war: Pilger, Kreuzfahrer, Händler und Kaufleute, Handwerker, Studenten, Prediger und Mönche. Diese Wanderer zwischen festen Wohnsitzen stellen einen beträchtlichen, heute nur schwer einschätzbaren Bevölkerungsanteil dar. Die Pilgerschaft leitete die innere Mobilität Europas in gelenkte Bahnen. Gleichzeitig war sie zum religiösen Ideal geworden, zur praktischen Ausdeutung von Christi Wort: *ego sum via* (Gralssuche, Wanderpredigt, etc.). Die Verehrung Jakobs hat nach Meinung fast aller Jakobs-Forscher nicht nur das historische Bild Spaniens, sondern darüber hinaus das einer Einheit der christlichen Länder Europas gestalten helfen. Die Jakob-Straßen umfassen in ihrer Gesamtheit so recht eigentlich die mittelalterliche Christenheit.

Frankreich war durch seine geographische Lage das Sammelbecken all jener europäischen Pilger, die auf dem Landwege dem fernen Galizien zustrebten. Durch das Anwachsen des Pilgerstroms sah man sich veranlaßt, zur Unterweisung der ortsunkundigen Jakobs-Pilger, sogenannte ›Itinerarien‹, heute würde man sagen Reiseführer, herauszugeben. Der bekannteste davon wurde 1139 von Papst Calixtus II. in Auftrag gegeben.[4] Betrachtet man den Verlauf der darin angegebenen vier Hauptrouten durch Frankreich (s. S. 48), so ergeben diese zusammen das Bild eines riesigen Trichters, durch den die Pilgermassen auf die andere Seite der Pyrenäen geschleust wurden. Ziel unseres Buches ist es, auf und neben den beiden südlichen Routen, die exakt die Historische Languedoc umschließen, als *homo viator* des 20. Jh. dieses landschaftlich so abwechslungsreiche wie historisch belastete Land zu entdecken.

Reconquista und Pilgerfahrt sind die Eltern der abscheulichsten und blutrünstigsten Ausgeburt des hohen Mittelalters, der Kreuzzüge. Schon Gregor VII. hatte den Plan, als *Dux* und *Pontifex* an der Spitze eines Heeres seinen östlichen Glaubensbrüdern beizustehen. Urban II. setzte die Politik seines Vorgängers konsequent fort. Wie schon gehört, waren die Jahre 1090—95 Zeiten verheerender Katastrophen. Als Urban II. den Hilferuf von Alexios I. Komnemos aufgriff, indem er nach der Synode von Clermont-Ferrand ebendort am 27. November 1095 zum Kreuzzug aufrief, war das Echo größer als zunächst erwartet worden war. Eine wichtige Rolle spielte dabei der vorher dazu befragte Bischof von Le Puy, Adhemar de Monteil, der auch der offizielle päpstliche Vertreter und Führer dieses Ersten Kreuzzuges wurde. Die Hintergründe für die Kreuzzüge sind vielschichtiger Art: der Abzug zerstörerischer Kräfte und die Durchsetzung des Gottesfriedens in Europa, die Befreiung der Heiligen Stätten und damit verquickt die Einigung der gesamten Christenheit unter Vorherrschaft des Bischofs von Rom. Der wichtigste und konsequent aus der Endzielvorstellung des gregorianischen Reformpapsttums hervorgehende Grund dürfte aber woanders liegen. Woran nämlich diese ganze päpstliche Politik krankte, weswegen sie nichts erzwingen konnte, lag einfach daran, daß die Kirche über keinerlei nennenswerte Truppen verfügte. Deutscher Kaiser und französischer König befanden sich 1095 geschickterweise in Kirchenbann und durften infolgedessen nicht an einem Heiligen Krieg teilnehmen. Ohne also seine größten weltlichen Konkurrenten fürchten zu müssen, konnte der *Pontifex* durch Aufruf zum Heiligen Krieg sich selbst als *Dux* an die Spitze einer weltlichen Streitmacht enormen Ausmaßes setzen.

4 Der erste Kreuzritter: Raymond IV. von St-Gilles

Der sagenhafte Wilhelm, Herzog von Aquitanien und Markgraf von Toulouse, ist nicht, wie bisweilen behauptet, der eigentliche Ahnherr der späteren Grafen von Toulouse. Dies ist vielmehr der 849 von Pippin II. als Graf von Toulouse eingesetzte Fredelon. Obwohl kein bedeutender weltlicher Herr in Clermont-Ferrand an diesem unheildräuenden 27. November des Jahres 1095 bei der Ansprache des Papstes zugegen war, erbot sich bereits am 1. Dezember durch Boten Raymond IV. von St-Gilles, Graf von Toulouse, als Teilnehmer der Expedition. Zu diesem Zeitpunkt konnte der Graf allerdings unmöglich bereits von dem Aufruf des Papstes erfahren haben. Er mußte also schon vorher über die Absichten des Papstes informiert gewesen sein. Dafür gibt es nur eine, allerdings sehr plausible Erklärung. Der Bischof von Le Puy entstammte dem südfranzösischen Adelsgeschlecht der Grafen des Valentinois. Diese wiederum waren eng verwandt mit dem Grafenhaus von Toulouse. Außerdem waren Le Puy und Toulouse praktisch Gebietsnachbarn. Adhémar, der einzige, mit dem Urban vor seiner berühmten Predigt aller Wahrscheinlichkeit nach über seine Pläne gesprochen hatte, wird wohl seinem mächtigen Nachbarn und Verwandten die wichtige Information zugesteckt haben. Raymond hatte sich von dem Schritt, sich als erster für den Kreuzzug zur Verfügung zu stellen, versprochen, als Heerführer auserkoren zu werden,

Siegel Raymonds IV.

dies um so mehr, da er doch bereits an Kreuzzügen in Spanien erfolgreich teilgenommen hatte. Als sich Raymond von St-Gilles entschlossen hatte, das Kreuz zu nehmen, um die Heiligen Stätten zu befreien und nie mehr in seine Länder zurückzukehren, stand er gerade als guter Fünfziger auf dem Höhepunkt seiner Macht. Er war der einzige der bekannten Führer des Ersten Kreuzzugs, der es nicht nötig hatte, auf ein Stück vom großen, noch zu erobernden Gebiet des Heiligen Landes zu spekulieren und nach irgendwelchen Titeln zu schielen. Als Graf von Toulouse, Herzog von Narbonne und Baron der Provence war er nicht nur einer der reichsten Territorialherren Europas, er zählte eine Reihe ebenfalls erlauchter Herrscher zu seinen engsten Verwandten; so war z. B. der König von Aragon und Graf von Barcelona sein Halbbruder und der Normanne Robert Guiskard sein Schwiegervater. An seinem Hofe waren die Troubadours täglicher Gast, galt die Frau den Männern gleich, herrschten höfische Zucht und okzitanische Sitte, d. h. eine Zivilisation, die ein Gemisch war aus mediterranen und hispano-arabischen Gepflogenheiten. Die Enkelin des byzantinischen Kaisers, Anna Komnena, gab sich in ihren Aufzeichnungen angetan von seinem zivilisierten Auftreten und Benehmen. Er war der einzige unter den anderen rüden Gesellen wie Gottfried von Bouillon oder Bohemund von Tarent, der mit dem Kaiser auf gleicher Ebene zu verhandeln verstand, und nur ihn konnte der Basileus nicht zur Abgabe des Lehnseides für die später eroberten Gebiete bewegen. Raymond war sicher, solange Adhémar als offizieller Führer des Kreuzzugs und päpstlicher Legat mit ihm harmonierte, durch seine politische Erfahrung und Weitsicht der Kopf der Expedition. In der für die Kreuzfahrer prekären Situation in Antiochia arrangierte er die psychologisch so wichtige Auffindung der Hl. Lanze, und die schließliche Einnahme von Jerusalem ging ebenfalls maßgeblich auf sein Konto. Sein zwischendurch etwas ramponiertes Ansehen als Ritter konnte er wieder erheblich aufpolieren. Denn, obwohl es ihm nicht mehr beschieden war, Tripolis zu erobern, hatte der nun schon über sechzigjährige bei seinem Kampf um diese Stadt ritterliche Großtaten vollbracht, von denen die christlichen Chronisten zwar weitgehend schweigen, die aber aus arabischen Quellen überliefert sind, z. B. sein Sieg mit nur 300 Kämpfern über 6000 Moslems. Als Raymond 1105 auf dem Pilgerberg in Folge verheerender Brandwunden der Tod ereilte, in Sichtweite gegenüber der von ihm belagerten Stadt Tripolis, starb der vielleicht einzige Kreuzfahrer aus religiöser Überzeugung des Ersten Kreuzzuges. Allerdings hatte das orientalische Abenteuer seinen Nachkommen viel Kummer und schlaflose Nächte eingebracht.

IV Der Höhepunkt

1 Römisches Erbe: Die romanische Kunst

Die Architektur

Als während der Französischen Revolution der Sturm der Zerstörung über die ehrwürdigen Zeugen einer großen religiösen Vergangenheit hinwegfegte, war neben anderen beklagenswerten Opfern bereits wenige Jahrzehnte vorher jenes letzte Kleinod der westgotischen Kunst in der Languedoc, der erste Bau von *La Daurade* aus dem 5. Jh., in Trümmer gelegt und unwiederbringlich verloren. Nur Stiche und Skizzen des 18. Jh. haben uns das Andenken dieses damals berühmten Bauwerks erhalten. Es war ein Vermächtnis der sterbenden Antike und gleichzeitig Symbol einer neuen Zeit: Griechisches, Römisches und Germanisches verschmolzen in diesem zehneckigen Zentralbau mit reicher Mosaikinkrustation. Praktisch war in der Languedoc seit dem frühen Christentum das Bauen von Kirchen nie längere Zeit unterbrochen gewesen. Die Westgoten waren Christen, wenn auch Arianer. Die Franken bestärkten die römische Orthodoxie, und selbst das kurze maurische Zwischenspiel hinderte die Christen nicht, an ihren Gewohnheiten und Traditionen festzuhalten. Neben Kirchenneubauten wie *St-Theodard in Narbonne* (890), *St-Fulchran in Lodève* (975) und *Quarante* (982 geweiht) waren es vor allem Klostergründungen, die die Bautradition nicht abreißen ließen, z. B. *St-Pons-de-Thomières* und *Alet*. Diese und die nachfolgenden Bauten bis ca. 1060 werden der sogenannten ersten romanischen Kunst *(premier art roman)* zugerechnet, die in ihrer Gesamtheit bereits den geographischen Rahmen des neu entstehenden Abendlandes erkennen läßt. Aber bereits um die Jahrtausendwende heben sich einige besondere Einheiten ab, sogenannte Kulturlandschaften schälen sich heraus, darunter Katalonien, Lombardei, Burgund, Oberrhein etc. Wiederum Raoul Glaber, der burgundische Mönch, berichtet uns, daß sich ganz Europa nach der Jahrtausendwende mit einem weißen Kleid neuer Kirchen geschmückt hätte. Von Chronisten und Hagiographen werden die großen Äbte des 11. Jh., allen voran Hugo von Semur und Desiderius von Monte Cassino, wegen ihres Interesses, das sie dem *opus aedificale*, dem Bau und der Ausschmückung der Kirchen, entgegenbringen, gerühmt. Dem gegenüber bestreiten bereits 1035 die Häretiker von Arras, daß der Gottesdienst besonderer

Gebäude bedürfe, und der Hl. Bruno wacht ebenfalls schon 1084, also wenige Jahre vor Baubeginn der größten Klosterkirche des Abendlandes in Cluny, darüber, daß sein Kloster so nüchtern wie möglich bleibt. Leider sagt dieser Baueifer des 11. Jh. nicht sehr viel über die Religiosität der Bevölkerung, da ja die Kirchen nicht in erster Linie für das Volk gebaut wurden. »Die Kathedrale war das Haus des Bischofs und seiner Chorherren und die Abteikirche das Haus des Abtes und seiner Mönche. Der Klerus gehörte in seinen führenden Spitzen der Feudalgesellschaft an.«[5] Dennoch waren die Laien nicht ausgeschlossen. Wenn auch die Angstepidemien des 11. Jh. bestimmt nicht diesen Bauboom verursacht hatten, so prägte doch die allgemeine von apokalyptischen Verheißungen und chiliastischen Vorstellungen gespeiste Erwartungshaltung der Bevölkerung auf ihre Weise die Form der neuen Architektur mit. Der Sehnsucht nach Wundern entspricht der gesteigerte Reliquienkult. Die Pilgerfahrten schaffen Abhilfe, und die romanische Architektur kommt der naiven Andacht und Frömmigkeit, die unbedingt sehen oder berühren will, mit vielen Altären, Chorumgängen und Krypten entgegen. Vielfach wird der Bevölkerungszuwachs als Begründung für die Vergrößerung oder den Neubau der Kirchen angeführt. Dem aber widersprechen alle vorsichtigen Schätzungen zum realen Bevölkerungszuwachs dieser Zeit. Für die ständig steigende Bautätigkeit vom 10. zum 11. Jh. hin gibt es einfachere und realere Hintergründe wirtschaftlicher wie politischer Art. Es sind dieselben, die wir bereits für den allgemeinen zivilisatorischen Aufschwung im 11. Jh. erkannt haben: Ende der Invasion, Aufleben des Handels, relative politische Stabilität, Entlastung einer feudalen Oberschicht von ökonomischen Sorgen und dadurch Freiwerden von geistigen und schöpferischen Kräften. Schenkungen, Landabtretungen u. ä. einerseits und die Versippung mit dem Laienadel andererseits stärkten die geistliche und weltliche Macht der kirchlichen Herren. Kirche und Klöster sind nicht nur Zeugen christlicher Gottergebenheit, sondern im gleichen Maße Selbstdarstellung kirchlicher Hoheit und Macht. Ein weiterer wesentlicher Faktor darf nicht übersehen werden. Neben der bereits erwähnten Agrarrevolution war parallel dazu ein industrieller Aufschwung in der Bauindustrie zu verzeichnen: verbesserte Verfahren des Steinbruchs und des Transports, Vervollkommnung der Werkzeuge, und Mobilisierung einer großen Zahl von Arbeitskräften führten auf diesen Großbaustellen des Mittelalters zu einer enormen Ballung technischer, wirtschaftlicher, menschlicher und geistiger Kräfte. Die heute unvorstellbare Mobilität der Bevölkerung im 11. und 12. Jh., nicht zuletzt durch die Pilgerzüge, leistete ihren Beitrag zur schnellen und weiten Verbreitung gleichartiger Formen. So erleben wir die Baukunst des Mittelalters als eine außerordentlich vielschichtige Erscheinung. Obwohl das Mittelalter auch andere Bauvorhaben in Fülle kannte, erfährt es doch im Kirchenbau seine intensivste Aufgabe und Verwirklichung. Natürlich sind dabei die mittelalterlichen Kirchenbauten nicht aus dem architektonischen Nichts entstanden. Allerdings ist noch heute der jeweilige Anteil tradierter Bauformen und -techniken umstritten. Neben dem Zusammentreffen barbarischer Frühkulturen mit der mediterranen Hochzivilisation und ihrer Baukunst – römische, byzantinische,

53

DER HÖHEPUNKT: DIE ROMANISCHE KUNST

syrische, nordafrikanische, islamische – stand am Beginn der romanischen Architektur auch noch eine bereits rudimentär entwickelte christlich-germanische Kulturtradition, an deren Bauten das 11. Jh. relativ nahtlos anknüpfen konnte. Viele Erscheinungen der sogenannten vorromanischen Kunst *(l'art préroman)* können aber durchaus als Nachwirkungen der spätantiken Kunst des Mittelmeerraumes verstanden werden. »Man muß es nicht als erstaunlich ansehen, daß dieser gesamte Vorrat an Architekturformen und -typen, den die Länder des Mittelmeerbeckens vom 3. vorchristlichen Jahrtausend an boten, verfügbar war. Man sollte im Gegenteil sich wundern, daß davon enge ›Auswahl‹ getroffen wurde.«[6] Betrachten wir das Gesamtbild, das die abendländische Architektur, speziell jene als romanisch gekennzeichnete, bietet, erkennen wir ein lebendiges und gleichberechtigtes Nebeneinander vieler sogenannter ›Landschaften‹, und ›Architektursysteme‹, in denen man das Prinzip der Addition gleicher Teile ebenfalls wie in der Baukunst selbst zu erkennen glaubt. Jenseits der einzelnen teilweise regional sehr eng begrenzten Landschaften zeichnen sich überregionale Zusammenhänge ab. Zwei Brennpunkte glaubt man zu erkennen: Im Süden Europas östlich der Pyrenäen und in Oberitalien einerseits und im westlich und nordwestlichen Europa andererseits. Eine uns bereits bekannte Kulturscheide erweist sich auch im Bereich der Baukunst als solche: die Loire. Es ist das hohe Verdienst von E. Kubach, als erster entschieden diesen Sachverhalt nicht nur bemerkt, sondern seine zentrale Bedeutung herausgestellt zu haben. »In den Ländern zwischen Loire und Duero ist die Halle neben der einschiffigen Saalkirche, die mit Tonnen oder Kuppeln gewölbt wird, die beherrschende Raumform der romanischen Architektur, die Basilika sinkt hier zur gelegentlichen Nebenerscheinung ab... Das ist um so auffälliger als sie ja gemeinhin als die Grundlage des abendländisch-christlichen Kirchenbaues angesehen wird.« Von allen gemachten Versuchen, die abendländische Romanik nach großen Teilgebieten aufzuschlüsseln und zu ordnen, ist der Ansatz von Kubach sicher für das Verständnis der südfranzösischen Romanik von weitreichendster Bedeutung. Nicht zuletzt deshalb, weil seine Interpretation nicht von der Grundrißgestaltung und nicht von der Art der Mauerbehandlung, sondern vom umbauten Raum ausgeht. Architektur ist nun einmal seit der römischen Antike eine Raumkunst. Zum anderen aber deckt sich die Aufteilung Kubachs mit einer Reihe bereits einleitend angedeuteter Phänomene ethnischer, linguistischer und politischer Art. Der von Puig i Cadafalch für die sogenannte *erste romanische Kunst* als charakteristisch festgestellte Rundbogenfries hat grundsätzlich dekorative und nicht strukturelle Bedeutung. Am Südrand der Cevennen bilden die Kirchen von *Quarante, St-Guilhem-le-Desert* (Farbt. 20; Abb. 106) und *St-Martin-de-Londres* typische Beispiele dieses romanischen Frühstils. Die Massigkeit der Mauer sowie die kubische Geschlossenheit der Baukörper sind klar artikuliert, aber es finden sich keinerlei Anzeichen einer Zerlegung der Mauer selbst. Alles wirkt schwer und urtümlich. Die Entdeckung dieser Architektur in unserer jüngsten Vergangenheit glich fast einer Sensation. Zum Erfassen der romanischen Architektur, ganz besonders der südlichen, sollte man möglichst vieles an festen, vorgefaßten Stilvorstellungen zur

Seite legen. Im Kirchenbau zwischen 960 und 1060 sind eminente Unterschiede festzustellen, deren Hauptgruppen Kubach als holzgedeckte Basilika und tonnengewölbte Halle gegenüberstellt. Wer von Deutschland aus mit heimischen Vorstellungen von mittelalterlicher Kirchenarchitektur in die Languedoc fährt, wird in jeder Hinsicht, sowohl was den Innenraum als auch das äußere Erscheinungsbild anbelangt, bei dortigen Kirchen des 11. bis 14. Jh. umdenken müssen. Mächtige, abweisende Mauern, fast ungeschlachte Mauerstreben, kaum Lichtöffnungen, erdenschwer, mit solchem oder ähnlichem Habitus treten sie uns entgegen, die Kirchen der Languedoc. Als nächstes fällt uns deren Kleinheit auf. Die kleinen Dimensionen konnte man bereits auf der Anreise in der benachbarten Provence feststellen. Nun, in Italien und Südfrankreich hielten sich seit römisch-frühchristlicher Zeit sehr viele Bischofssitze in mittleren und kleinen Städten, deren zugehöriger Sprengel mit seinen Einkünften entsprechend klein war. Für die kleinen Gemeinden genügten bescheidene Räume. Außerdem baute man nach alter Tradition in Stein. Man bedeckte die Kirche ebenfalls mit Stein, d. h. man wölbte. Als Art Volkskunst blieb die Technik des Steingewölbes stets lebendig. Als der katalanische Architekt Puig i Cadafalch seine heimatliche Architektur des 11. Jh. in die europäische Architekturgeschichte eingliedern wollte, fand er als übergreifendes Kriterium die Gestaltung der Mauer. Gänzlich entgangen war ihm dabei, daß bei der katalanischen Baukunst des 10. und 11. Jh. am frühesten eine Raumform faßbar wird, die für die gesamte abendländische Architekturgeschichte eine entscheidende Bedeutung besitzt: die Hallenkirche.

»Es ist eine merkwürdige Verzeichnung in den gängigen kunstgeschichtlichen Darstellungen gebräuchlich geworden. Die frühchristliche Basilika wird als der Ausgangspunkt angesehen, der durch Umwandlungen und Zutaten zu den vielerlei Erscheinungen der romanischen Architektur führt. Daß es die Halle als radikal andere, ja in vielem entgegengesetzte Grundform fast von Anfang an gibt, das kommt oft nicht ausreichend zum Bewußtsein. Gemeinsam ist beiden Grundformen des abendländischen Kirchenbaus eigentlich nur die Mehrschiffigkeit.«[7] Grundrißgläubigkeit kann eben, wie man sieht, zu bösen Irrtümern verleiten. Nicht alles, was sich dreischiffig im Grundriß darstellt, muß als Raum über sich eine Basilika haben. Herkunft und Entstehungszeit der Hallenkirche sind nicht gesichert. Man kann davon ausgehen, daß erst im späten 10. Jh., während sich die Architektur des Nordwestens mit der Querhausgestaltung, der Vierungsform und der Verwandlung der Wand beschäftigt, im Südwesten bereits die vollständige Wölbung in Stein bewältigt worden ist. In den meisten Fällen ist dabei der aufgereckte, gestaffelte und durchlichtete Raum der Basilika aufgegeben und durch den gelagerten, meist dunklen Raum der Halle ersetzt worden. In gewissem Sinn löst die Hallenkirche das Wandproblem des Innenraums auf viel radikalere Weise als die Kathedralgotik, sie hebt die Langhaushochwand kurzerhand auf. In der Halle gibt es nur eine Folge von Arkaden auf hohen Stützen. Da die Gebiete zwischen Pyrenäen und Ebro später an Bedeutung verloren, wurden sie für die Kunstgeschichte zu wertvollen Reliktgebieten. Für die Kunst der benachbarten Languedoc waren sie aber von entscheidender Bedeutung. Damit ist wohl immer noch nicht geklärt, wann, wo und weshalb die Hallenkirche entstanden ist. Eines scheint aber sicher, nämlich, daß die Halle aus dem Steinbau mit konsequenter Wölbung ebenfalls in Stein entstanden ist. Die Motive dafür können vielerlei Art gewesen sein: notorischer Holzmangel der mittelmeernahen Länder, Verminderung der Brandgefahr, Dauerhaftigkeit, ästhetische Affinität zum Steinbau oder seit der Antike ungebrochene Tradition. Festzustellen bleibt, daß Südwesteuropa bereits im 10. Jh. das statische System sich gegenseitig widerlagernder, paralleler Tonnengewölbe gelöst hat. Die typischen Merkmale einer Halle sind: gedrungener und wenig differenzierter Außenbau, der sich aus vier Wänden und einem großen, flachen Satteldach zusammensetzt; im Innern finden wir zwei Arkadenreihen auf schweren Stützen, die drei prarallele Längstonnen tragen, wobei kein Obergaden das Mittelschiff besonders heraushebt und durchlichtet. Das Licht kommt von den Außenwänden. Da die Fenster unterhalb der Kämpferzone der Gewölbe liegen, sind letztere in geheimnisvolles Dunkel getaucht. Nach 1060 etwa erscheint die Form differenzierter. Die einheitliche Tonne wird gestützt durch Jochbögen, die sich als Pfeilervorlagen bis zum Boden fortsetzen. Der neuen Jocheinheit tritt eine Akzentuierung der Geschosse durch Bänder und Gesimse an die Seite.

Die hier relativ ausführlich behandelte Frage der Hallenkirche ist für uns von besonderer Bedeutung, weil wir im Rahmen unserer Reise tatsächlich fast keiner romanischen Basilika begegnen. Allerdings muß gleichzeitig einschränkend bemerkt werden, daß wir reine romanische Hallenkirchen ebenfalls in der gesamten Languedoc auch nur selten finden. Die als Hallenkirche apostrophierten Kirchen von *Lescar* (Abb. 50) und *Oloron, Ste-Croix* (Abb. 56) stellen meiner Ansicht nach eine Zwitterform dar. Eine zweite wichtige Gruppe von Kirchen wird ebenfalls mit dem Etikett Halle versehen, die sogenannten Emporenhallen der Pilgerkirchen von *Conques* (Abb. 23) und *St-Sernin* (Abb. 71). Diese Gruppe wird ergänzt durch zwei Ruinen, die zwar demselben Typus angehören, aber nicht an wichtigen Pilgerstraßen lagen, *Alet* und *Marcilhac*. Die Gewölbekonstruktion ist dabei zwar die gleiche wie bei der Halle, d. h. der konstruktive Vorteil sich widerlagernder Paralleltonnen ist voll ausgenutzt. Die Einfügung der Emporen zur Versteifung der Außenmauer schafft aber eine Betonung des nun senkrecht in die Höhe steigenden Mittelschiffes, das durch die Mauer zwischen Tonne und Arkade ebenso wie bei der Basilika von den beiden anderen Schiffen getrennt ist: der Raumeindruck ist nicht mehr der einer Halle, d. h. eines nur durch Stützen aufgeteilten Großraumes. Eine dritte originelle Mischform, von der Halle ausgehend, bilden die drei Kirchen *St-Hilaire in Poitiers,* die Kirche von *Champagne* und die für uns interessante *Kathedrale von Le Puy* (Abb. 7). Bei diesen drei Bauten wird das System der Halle verknüpft mit der Kuppelwölbung über dem Mittelschiff. Die Form der Kuppel ist nicht die der Pendentivkuppel, sondern ein archaisch anmutendes, achtseitiges Klostergewölbe über Trompen.

Neben der Hallenkirche, so hörten wir, sei die Saalkirche der dominierende Kirchentypus zwischen Loire und Duero. Für sie gilt ähnliches wie für die Halle. »Die Saalkirche, der einschiffige Raum, ist recht eigentlich erst in der jüngsten Zeit als eigenständige Bauform in das Bewußtsein aufgenommen worden.«[8] Das Auftreten romanischer Saalkirchen monumentalen Ausmaßes bei verschiedener Wölbart ist also ebenfalls vor allem südlich der Loire festzustellen. Neben der Basilika ist der Typus des Saalraumes in verschiedener Form seit der Antike bekannt. Er ist sicher die ältere der beiden Architekturformen. Wir finden ihn in der primitiven Hausbauweise ebenso wie in der Tempelzelle. Der römische Tempel besteht gar nur noch aus einem einzigen Raum, die Peristasis ist zur bloßen Wanddekoration degeneriert. In der Languedoc besitzt Nîmes noch zwei hervorragend erhaltene Beispiele für den Saalbau. Zum einen den flachgedeckten Tempelraum der *Maison Carrée* und zum andern den für die romanische Saalkirche viel wichtigeren Bau, den sogenannten *Tempel der Diana*. Das Prinzip der druckverteilenden Paralleltonnen ist hier bereits verwirklicht. Aber auch und vor allem formuliert dieser erhaltene antike Bau in seinem Hauptraum bereits alle wesentlichen Züge des hochromanischen Saalbaus der Provence: schwere, gurtengestützte Rundtonne, Markierung des Tonnenkämpfers, Gliederung der Wandkompartimente der einzelnen Jocheinheiten durch ein System von Blendädikulen. »Die eindeutige Faßlichkeit und Klarheit des Raumbildes der klassischen Antike war zu Beginn des frühen Mittelalters versunken. Für den Sakralbau war die Basilika mit ihrer Raumteilung das Gewohnte.«[9] Für die südfranzösischen Tonnensäle mußte diese unhaltbare Verallgemeinerung sogleich zurückgenommen werden. Wenn auch gegenwärtig für das frühe Mittelalter im südfranzösischen Raum nur zwei Saalkirchen mit Sicherheit bekannt sind, davon die erste in *St-Bertrand-de-Comminges*, so darf die Kontinuität der Bevorzugung des Einheitsraumes als alte mediterrane Bauform für Südfrankreich als gegeben angesehen werden. Möglicherweise ist die Hallenform nur eine Zwischenlösung vom kleinen, steingewölbten Saal zum weiten, ebenfalls steingewölbten Monumentalbau. Bezeichnend ist nämlich dabei, daß in der zweiten Hälfte des 12. Jh., als die technische Möglichkeit zur Überwölbung großer Räume gegeben war und sich im Loire-Raum (Poitiers und Candes) die eigentliche Qualität des Hallenraums verwirklichen ließ, die Halle keine Fortsetzung in Südfrankreich fand, sondern durch die einschiffige Raumdisposition, die Saalkirche, ersetzt wurde. Die fast einzige, wenn auch großartige Ausnahme, bildet später die *Jakobinerkirche in Toulouse* (Abb. 80). Ganz sicher waren die zunächst kleinen Saalkirchen, die als Form in den Kapellen, den Hospizen, Dormitorien und Thronsälen ständig weiterlebten, nicht nur Notlösungen, »um der Kleinheit willen verhinderte Basiliken«. Man hat nämlich in Südwestfrankreich auch dann am Einheitsraum festgehalten, als die Weite des zu überbrückenden Saales hohe bautechnische Anforderungen stellte. Bei den romanischen Kirchen der Languedoc, die wir kennenlernen werden, handelt es sich abgesehen von den bereits erwähnten Kirchen, um Saalräume. Von ihrer jeweiligen Einwölbung her lassen sich vor allem zwei Typen unterscheiden. Zum einen, die fast ausschließlich in Périgord und Limousin verbreiteten Saalkuppelkirchen. Die *Kathedrale in Cahors* ist nicht nur eine der ältesten ihrer Art, sondern mit 20 m Spannweite auch die gewaltigste in Frankreich. Der Kirchenneubau

DER HÖHEPUNKT: DIE ROMANISCHE KUNST

von 1140–80 in Moissac gehörte ebenfalls mit seinen Kuppeln diesem Typus an. Zum anderen finden wir den tonnengewölbten Saal vor allem in der Provence und dem Küstengebiet der Niederen Languedoc. Eine besondere Form, die der Wehrkirche, wird dabei herausgebildet. Die Kirche von *St-Pons-de-Thomières* folgt in ihrem hochromanischen Bestand diesem Vorbild. Eine ganze Reihe anderer romanischer Kirchen folgt einem Schema, das Kubach konstant demjenigen der Hallenkirche zuordnet. Sofern die weit in den Hauptraum ragenden Stützmauern in ihrem untersten Teil durchbrochen sind, ergeben sie im Grundriß, aber nur im Grundriß, eine dreischiffige Anlage. Das Prinzip der Wölbung entspräche ebenfalls dem der Halle. Doch der gesamte Raumeindruck bleibt der eines einzigen, um seitliche Kapellen erweiterten Saales. Die Öffnungen der Räume zwischen den Stützmauern weisen ausschließlich bis in die Höhe des Gewölbeansatzes auf den einzigen, echten umbauten Raum der Kirche. Diesem Typus, der meines Erachtens mehr der Saalkirche als der Hallenkirche zuzuordnen ist, gehören u. a. an: *Lescar* (Abb. 50) und *St-Gaudens* (Abb. 60). Dieser so eminent ökonomischen Mischform aus Halle und Saal gehört übrigens die Zukunft. Sowohl für die im späten 13. Jh. entstehende südfranzösisch-languedocische Sondergotik als auch die frühe Barockarchitektur (Il Gesù in Rom) bildet diese romanische Bauform das Vorbild. Neben Halle, Saal und Mauerstützenkirche spielt als vierte Form der Zentralbau eine nur untergeordnete Rolle. Einziges Beispiel: *Rieux-en-Minervois* (Abb. 115).

Die Skulptur

Im gleichen Maße wie für die Entstehung der romanischen Architektur das Jahr 1000 als entscheidendes Datum gilt, steht für die Entwicklung der Skulptur die Wende vom 11. zum 12. Jh. unvermittelt als Markstein ihrer Entstehung. Der Rahmen, in dem die neue Skulptur auftritt, ist immer die Architektur, die Form, in der sie sich monumental zu erkennen gibt, ist die des Reliefs. Früher noch und in weit stärkerem Ausmaß als in der Architekturgeschichte hat sich die wissenschaftliche Beschreibung der romanischen Skulptur auf die Scheidung einzelner, autonomer Kunstlandschaften geeinigt. Entschiedener auch als in der Architektur drückt sich in der romanischen Skulptur die regionale Besonderheit aus. Die Entstehung der romanischen Skulptur kann in zwei Gegenden Europas besonders klar verfolgt werden: in Burgund und im südlichen wie nördlichen Pyrenäen-Raum. Kernpunkte und Zentren der Entwicklung sind Cluny und Toulouse. In *Cluny* sind es die Chorkapitelle, die Epoche machten; in *Toulouse* sind es vor allem sieben flache Marmorreliefs (Abb. 76, 77) mit unbekannter Verwendung, die heute allgemein als Beginn der languedocischen Monumentalskulptur gelten. Ihre Datierung in das letzte Jahrzehnt des 11. Jahrhunderts kann als gesichert angesehen werden.

Nach fast einhelliger Meinung sei die romanische Skulptur fast unvermittelt und plötzlich gleichzeitig in verschiedenen Regionen Europas aufgetaucht. Die spärlichen (bekannten) Versuche einer Bauplastik, wie z. B. in Tournus oder Dijon seien stilgeschichtlich keine direkten Vorläufer der eigentlichen romanischen Skulptur. Das erklärte Fehlen einer archaischen Frühstufe bringt die Kunstgeschichte noch heute arg in Verlegenheit. Dies um so mehr als man kurzerhand die Stilgeschichte als unzureichend bzw. sogar unfähig zur Begründung der Entstehung der romanischen Skulptur erklärt, um aber im selben Atemzug mit dieser Methode weiterzuarbeiten. Ohne der Stilgeschichte das Wort reden zu wollen, kann für den Fall Burgund sehr wohl eine Frühstufe konstatiert werden. Für viele Eigentümlichkeiten der romanischen Skulptur um 1100 wird in Ermangelung einer bildhauerischen Vorstufe eine Art deus ex machina konstruiert: Erstens sei das plötzliche und häufige Auftreten der romanischen Skulptur darauf zurückzuführen, daß nun anstelle der Steinmetzen Bildhauer in größerer Zahl am Werke seien. Zum zweiten hätten diese, was ihre Inhalte und Motive anbelangt, reichlich bei ihren Schwesterkünsten, z. B. der Wand- und Buchmalerei, vor allem aber den Kleinkünsten, Anleihen gemacht.

Die Monumentalskulptur der Languedoc – ihre Herkunft lag vielleicht südlich der Pyrenäen – hebt an mit einem Paukenschlag. An der größten mittelalterlichen Baustelle südlich des Zentralmassivs, an der im Bau befindlichen Pilgerkirche *St-Sernin in Toulouse*, entsteht um 1080–1095 am südlichen Querhaus eine zweitorige Portalanlage, für die auch Skulptur an Kapitellen und Portalgewände vorgesehen war. 1096 weiht Urban II. in St-Sernin einen Altar. Es wird wohl jene heute noch erhaltene, prunkvoll skulpierte Marmormensa des Bernard Gelduin gewesen sein (Abb. 72, 73). Dieser Gelduin kam vermutlich aus dem Roussillon, jener Landschaft nördlich der Pyrenäen, die aber zu Katalonien gehörte. Von ihm stammen auch die sieben heute im Chorumgang angebrachten marmornen Tafeln von Propheten, Engeln und einem Christus in der Mandorla (Abb. 76, 77). Mit den Skulpturen an Altarmensa und im Chorumgang beginnt ein neues Kapitel der Kunstgeschichte, jenes unendlich verführerische und schwelgerische der romanischen Skulptur.

Aber bevor wir uns mit diesem Höhenflug okzitanischer Zivilisation im engeren befassen, seien dem geneigten Leser, der noch wenig Übung im Umgang mit mittelalterlicher Kunst besitzt, einige allgemeine Gedanken vorab auf den Weg mitgegeben. Romanische Skulptur ist wie jede mittelalterliche Kunst zunächst und vor allem eine religiöse Kunst und ohne Bezug auf die Situation der christlichen Skulptur im späten 11. Jh. ebensowenig verstehbar wie andere Phänomene dieser Zeit. Stilgeschichtliche Untersuchungen und wissenschaftliches Räsonieren bilden nur ein Nadelöhr als Zugang zu dieser so unendlich vielfältigen Welt romanischer Formen, Inhalte und Botschaften. »Man muß zu frommen Werken wenig Verstand und viel Glauben mitbringen, dann tut man ihnen am wenigsten Unrecht.« Wie richtig hatte schon 1851 Moritz Hartmann in seinem ›Tagebuch einer Reise durch Languedoc und Provence‹ den Sachverhalt erfaßt.[10]

Wenn uns an einem romanischen Bau Skulptur begegnet, so tut sie dies unter vielerlei Aspekten. Am augenscheinlichsten ist der *dekorative Charakter* dieser Skulptur. Ihr ornamentaler Wesenszug ist von allen Wissenschaftlern und Kennern unbestritten. Sinn des Ornaments ist sein Schmuckwert (ornamenta ecclesia). »Das Interesse für die ›schönen‹ Eigenschaften der Materie, aus der ein Kunstwerk gefertigt war, stammt im Mittelalter von der Nichtunterscheidung von Kunst und Philosophie. Als Folge dieser Nichtunterscheidung hebt der artifex, wenn er einer Materie eine Form gibt, sozusagen die objektive Schönheit hervor. Das mittelalterliche Denken setzt die Schönheit mit der Kategorie des Wahren und Guten gleich. Nützlichkeit der Dinge ist ihr Dienen zur Befriedigung bestimmter menschlicher Bedürfnisse. Für die Anschauung sind die Dinge Selbstzweck, für den Gebrauch sind sie Mittel.«[11]

Neben dem Schmuckwert besitzen romanische Skulpturen aber auch einen, trotz christlicher Religion, erheblichen *mythisch-archaischen Seinswert* als das dargestellte Selbst. Nicht nur, daß Sphingen, Greife, Basilisken, Einhörner usw. als real existierende Tiere verstanden wurden und als solche in die mittelalterlichen Bestiarien Eingang fanden, sondern ihr Abbild verwandelte diese in das Dargestellte selbst. Der Anbringungsort dieser Monster und Dämonen zeigt ihre empfundene Realität ebenso, wie ihre Benutzung und Behandlung. Eine Kröte beispielsweise galt als fruchtbringend, ebenfalls die Berührung ihrer Schwester in Stein, wie das abgegriffene Beispiel in Schwaz zeigt.

Eine dritte Dimension der romanischen Skulptur ist ihre *semantische*. Das spezifisch christliche Anliegen der Trennung von Objekt und Abbildung im Bewußtsein des Rezipienten, also der Kampf gegen die Idolatrie, wirkt fortschrittlich und ständig der mythischen Aufhebung der Bedeutungsrelation entgegen. Diese gewichtige Rolle der mittelalterlich-religiösen Kunst bei der Entstehung neuer Denkstrukturen kann heute nicht hoch genug eingeschätzt werden.

Durch die semantische Dimension gewinnt die romanische Skulptur aber eine weitere vierte hinzu, die *didaktische*. Durch ihre Anteilnahme am Kommunikationsprozeß zwischen Kirche und Laien erlangt die romanische Skulptur, vor allem innerhalb eines als steinerne Predigt gedachten Figurenensembles, eine bedeutsame Stelle innerhalb der Lehraufgabe der Kirche. Als Mahnbild, z. B. Gerichtsdarstellung, wird sie zur biblia pauperum. Die verschiedenen Zustandsebenen können auch ohne weiteres ineinander übergehen, z. B. wenn das Ornamentale durch Verquickung und Vereinigung pflanzlicher und menschlicher Formen bedeutsam wird, das Prinzip also selbst zum Symbol wird, ist es Realität der Instabilität der sinnlich erfaßbaren Welt. Die Vermittlung dieser Erfahrung ist aber identisch mit den aufs Jenseits gerichteten Lehrinhalten der Kirche. Der Türsturz von Moissac ist ein Musterbeispiel für die Verquickung der vier soeben beschriebenen Zustandsformen der romanischen Skulptur (s. S. 153).

Das Grundprinzip all dieser mittelalterlichen Kunst ist das der *Anagogik*. Übersetzt bedeutet Anagogik: mit Hilfe der Sinneswahrnehmung zur höheren, nicht mehr sinnlich wahrnehmbaren Realität Gottes zu führen, oder kürzer ausgedrückt, *über die Sinne zur Übersinnlichkeit* gelangen. Ein Verfahren, ein Prinzip, das uns heute allen, ohne es zu wissen, sehr vertraut ist, nämlich durch die Werbung. Milliardenbeträge fließen heute jährlich in ein weltweites profanes Unternehmen, das mit viel wissenschaftlichem

Aufwand zu erreichen versucht, was Romanik, Gotik und Barock bereits perfekt vorexerziert haben. Schon die romanische Skulptur hat in ihrer Darstellungsweise deutlich unterschieden je nach Adressatenkreis. Man wollte nicht nur *durch Schauen beglücken*. Der von Weltuntergangsprophezeiungen, Hungersnöten und Seuchen gebeutelte Mensch um 1100 mußte vorbereitet werden auf die längst schon überfällige Wiederkunft des Herrn *(Parusie)*. Die Skulptur am Außenbereich der Kloster- oder Pilgerkirchen von Autun, Beaulieu, Moissac, Conques zeigt keinen liebenden, barmherzigen oder gar geschundenen Christus, sondern das Bild eines Furcht und Schrecken verbreitenden Richter-Gottes.

O PECCATORES TRANSMITETIS NISI MORES / JVDICIVM DVRVM VOBIS SCITOTE FVTVRVM (Oh ihr Sünder, wenn ihr euren Lebenswandel nicht ändert, wisset, daß euch ein strenges Gericht bereitet ist), steht am Tympanon von Conques zu lesen, allerdings nur für die *litterati*, nicht für das unbelesene Volk der Laien; für diese waren die in grellen Farben bemalten Szenen des Letzten Gerichts gedacht. *Durch Schauen erschauern* war hier die Devise. Wie sehr muß es wohl beim Anblick dieser höllischen Szenen dem mittelalterlichen Menschen schauerlich geworden sein, wenn man bedenkt, daß noch im 19. Jh. van Gogh beim Anblick von St-Trophime seinem Bruder gesteht, »es hat etwas so Grausames, so Monströses für mich, etwas Beengendes wie ein Alpdruck«.[12] Schon Prosper Merimée hat 1835 in seinen ›Notes d'un voyage dans le Midi de la France‹ richtig den propagandistischen Wert dieser romanischen Skulptur erkannt: »Nicht durch die süße Gabe der Überredung wollte man bekehren, sondern durch viel Schrecken.«[13] In den Kreuzgängen, den Laien nicht zugänglich, war die Bildersprache der Kapitellskulpturen eine mildere. Statt durch Entsetzen wollte man hier *schauend zur Beschaulichkeit* führen. In Moissac läßt sich dieser Unterschied, der sicher nicht durch die zeitliche Diskrepanz erklärbar ist, zwischen angeschlagener Tonart im Kreuzgang und am Portal sehr drastisch vor Augen führen.

Das relativ plötzliche und fast gleichzeitige Auftreten vieler hervorragender romanischer Skulptur, quasi ohne vorbereitende Frühstufe, wird, wie bereits angedeutet, erklärt, erstens durch das nunmehrige Auftreten von Bildhauern anstelle der früheren Steinmetze und zweitens durch die Übernahme von Inhalten und Motiven aus anderen Kunstgattungen. Am Beispiel der Entstehung der languedocischen Monumentalskulptur soll in kurzen Zügen Wert und Unwert dieser Begründung aufgezeigt werden. Das erste Argument ließe sich polemisch sofort ad absurdum führen durch die Gegenfrage nach der Herkunft dieser nun aus dem Nichts auftauchenden Bildhauer. Wenn es bis ca. 1100 keine romanische Skulptur von Qualität gegeben hat, weil bislang Steinmetzen die Kapitelle mit ungefügen Händen meißelten und erst durch Hinzuziehen von Bildhauern zum Bau der Kirche die künstlerische Qualität ihre hohe Ausprägung erfährt, so müßte immerhin ein relativ großes Reservoir von Bildhauern zur Verfügung gestanden haben. Für romanische Kunstlandschaften wie Burgund, Saintonge oder das Poitou beispielsweise sind solche aber nirgends nachweisbar. Die an sich unsinnige Behauptung gewinnt aber für den Sonderfall Toulouse noch an

61

Bedeutung. Die künstlerische Tradition wurde praktisch in der Languedoc nie unterbrochen. Diese formelhaft kurze Behauptung von Philipp Wolff[13a] stützt sich vor allem auf die wertvolle Studie von M. Durliat aus den sechziger Jahren.[14] Seit Ende des 9. Jh. existiert in der Languedoc eine Bildhauerwerkstätte, die sich auf die Herstellung von skulpierten Altartischen spezialisiert hatte. Ursprünglich in St-Pons oder Lodève vermutet, war diese Werkstätte wahrscheinlich in Narbonne beheimatet und anläßlich des Wiederaufbaus der dortigen Kathedrale unter Erzbischof Theodard (890) entstanden. Wie ihre Vorgänger als Bildhauer noch im 8. Jh. Sarkophage herstellten und bis nach Aquitanien exportierten, wurden nun diese Altartische zu einem begehrten Artikel. Die kleine, aber sehr bedeutsame Kirche von Quarante besitzt zwei typische Beispiele dieser Marmoraltäre. Weitere Exemplare sind noch zu sehen in Capestang, Corneilhan, Sauvian und Le Pradal. Diese Altarherstellung steht in relativem Zusammenhang zur früheren Sarkophagproduktion. Die Notiz, daß zum Bau der Klosterkirche von Aniane die antiken Bauwerke von Nîmes geplündert werden mußten, weil die Marmorbrüche wegen des Arabersturms ihre Tätigkeit eingestellt hätten, liefert keinen Hinweis über die Dauer von deren Stillstand. Bedenkt man die Kürze des wirklichen arabischen Einflusses und die wirtschaftliche Bedeutung dieses Industriezweiges, dürfte die Unterbrechung nur von sehr kurzer Dauer gewesen sein. D. h. die seit der Antike durchgängige Tradition von Bildhauerschulen war höchstens eine Generation lang unterbrochen. Im übrigen stammen die ältesten Beispiele dieser Altartische aus wiederverwendeten Marmorstücken antiker Bauten, was darauf schließen läßt, daß selbst beim Ausfall entsprechender Rohprodukte durch Stillegung der Marmorbrüche überhaupt kein Stillstand in der bildhauerischen Tradition eingetreten ist. Zwischen 1025 und 1040 ist der mühselige Transport eines solchen reichskulpierten Altartisches von Narbonne nach Limoges überliefert. In der Folgezeit erscheint neben Narbonne im Roussillon ein anderes Zentrum für solche Tischherstellung. Auch hier waren vermutlich an die Stelle der Sarkophagwerkstätten diejenigen für Marmortische getreten, ohne aber ihre ältere Herkunft zu vergessen. Viele seit dem 5. Jh. tradierten antiken Formen gehen in die Gestaltung des neuen Exportartikels ein. Ende des 11. Jh. wird einer dieser Bildhauer des Roussillon zum Schöpfer des von Urban II. geweihten Altartisches in St-Sernin: Bernard Gelduin. Damit sind wir am Beginn der romanischen Monumentalskulptur der Languedoc.

Erinnern wir uns an die zweite Bedingung für die romanische Skulptur; die Entlehnung ihrer Inhalte und Gestaltungsmotive von anderen Kunstgattungen. Für das Portal in Moissac mußte der entsprechende Hinweis von Emile Mâle revidiert werden, daß die im 11. Jh. gemalte Apokalypsen-Handschrift von St-Sever Vorbild gewesen wäre.[15] Dies ist nur einer von vielen vergleichbaren Fällen und insofern symptomatisch. Versuchen wir die tatsächliche Situation der Bildhauer um 1100 zu skizzieren. Der Bildhauer ist, sofern nicht selber Mönch, ein ›Unbelesener‹ *(illitteratus)*, ein Handwerker. Auf die Themenwahl und wesentlichen Teile der Gestaltung hat er keinerlei Einfluß. Ihm zur Seite steht, nicht erst seit Konzilsbeschluß, ein *litteratus*, der meist identisch mit dem Auftraggeber oder Bauherrn ist. Dieser wiederum ist entweder Abt oder Vorstand regulierter Kanoniker einer Bischofs- oder Pilgerkirche. Das wertvolle Kirchengerät, wie illuminierte Handschriften, Elfenbeinschnitzerei oder Goldschmiedearbeit, war dem Bildhauer sicher nur begrenzt bekannt. Möglicherweise wurde ihm im Einzelfall ein Demonstrationsobjekt zur Erläuterung der Absichten des Auftraggebers oder litteratus vorgelegt. Über die monumentale Wandmalerei des 11. Jh. ist zu wenig bekannt, als daß diese als Vorlage studiert werden könnte. Bleiben wir bei Bernard Gelduin, einem Handwerker, genauer einem Bildhauer für Marmortische, mit vielen Bindungen an die antike Sarkophagkultur. Sein Tisch in St-Sernin (Abb. 72, 73) ist ein heute noch lebendiger Beweis für die Entleihung seiner Motive aus der spätantiken Sarkophagtradition. Die Reihung der Köpfe in Medaillons und vor allem die Stirnseite des Altars, im Format die Sarkophagaufsätze wiederholend, zeigt das bekannte Motiv Christi in einer runden Rahmung, gestützt von zwei Engeln. Die Umwandlung des antiken Clipeus, getragen von zwei geflügelten Genien, ist eindeutig. Die berühmten sieben Flachreliefs des Chorumgangs (Abb. 76, 77) könnten gewisse Tendenzen der Buchmalerei und Elfenbeinschnitzerei aufweisen. Aber die Figuren, in einer Arkade stehend, sind wiederum formales Gemeingut christlicher Kunst, das letztlich seinen Ursprung in den Sarkophagen hat. Warum soll ein Bildhauer die damals noch in Legion existierenden bildhauerischen Vorlagen auf Sarkophagen der christlichen Antike nicht benützt haben, nur weil diese Form später von anderen Künsten ebenfalls übernommen worden ist? Die größere Dimension scheint Gelduin Schwierigkeiten bereitet zu haben. Die Figuren füllen die Rahmung nur sehr ›zeichnerisch‹, nicht körperlich. Sollten aber die Skulpturen der Porte Miègeville (Abb. 75), ebenfalls an St-Sernin, auch von ihm stammen,[16] so gab es für die Gestaltung des Tympanons sicher keinerlei Vorbilder aus anderen Künsten. Die Lösung ist einmalig und voll sein Verdienst. Antikische Monumentalität wird hier im Gegensatz zu einigen Reliefs im Chorumgang erkennbar. Die ›Zwei Frauen mit Löwe und Widder‹ (Abb. 83), vermutlich das Alterswerk des Tympanonmeisters, sind so meisterhaft gestaltet, daß viele Forscher sie lange Zeit für echte Antiken halten konnten.

Was die Dekorformen anbelangt, wird in der languedocischen Skulptur der griechisch-römische Formenreichtum voll ausgeschöpft und zu einer neuen Geistigkeit geführt. Das Aufgreifen antiker Elemente in dieser Skulptur ist nicht nur von der Fülle und Nähe der originalen Vorlagen und der spezifisch bildhauerischen Tradition naheliegend, sondern auch eine Mentalitätsfrage dieser so früh romanisierten Region am Mittelmeer. Die alteingesessene Bevölkerung war ja weder tiefgreifend keltisiert noch germanisiert worden. Dieses mediterrane Volk hatte binnen kürzester Zeit die Verbindung zu seiner ihm vertrauten kulturellen Vergangenheit wieder gefunden. Hamann spricht vor allem in Hinsicht auf die zeitlich etwas später einsetzende Blüte der romanischen Skulptur in der benachbarten Provence von Protorenaissance.

In diesem Zusammenhang darf nicht vergessen werden, daß Oberitalien, Toskana, Provence, Katalonien und Languedoc im Mittelalter bis zur Hälfte des 13. Jh. einander näher standen als Toulouse und Paris. Dennoch wäre es verkehrt, bei aller Entlehnung aus dem reichen Schatz des antiken Erbes, das völlig Andersartige und Neue dieser so typisch mittelalterlich-christlichen Skulptur zu ignorieren. Ein altes Volk hat lediglich unter neuen Bedingungen seine ihm eigene Sprache gefunden.

Neben Toulouse entsteht noch ein zweites Zentrum romanischer Skulptur, ebenfalls bereits in den letzten zwanzig Jahren des 11. Jh.: Moissac. Toulouse und Moissac (Abb. 37, 38) stehen in einem engen geistigen wie künstlerischen Zusammenhang. Am Anfang steht wie so oft Cluny. Abt Odilo von Cluny hatte 1047 persönlich seinen Freund und Begleiter Durand de Breton als neuen Abt der völlig heruntergekommenen und verwahrlosten Abtei von Moissac eingesetzt. Wie Odilo war Durand aber nicht nur ein entschiedener Vertreter der benediktinischen Reform, sondern auch ein besessener Bauherr. Der Ruhm seines Reformeifers brachte ihm auch noch den Bischofsstuhl von Toulouse ein. Als solcher verfügte er den Anschluß der ebenfalls im argen liegenden altehrwürdigen Abtei von La Daurade an Cluny. In La Daurade in Toulouse entstand somit eine neue Großbaustelle, zeitlich parallel zur St-Sernin. Die regulierten Chorherren der Pilgerkirche, alles Angehörige der Nobilität der Languedoc, standen in scharfer Konkurrenz zum Bischof der Stadt. Wenn die älteren Darstellungen und Datierungen stimmen sollten, dann war La Daurade der erste bekannte Kreuzgang mit skulpierten Kapitellen, nämlich im Zeitraum von 1067 bis ca. 1080. Die neuere Datierung für die Zeit nach Moissac, also um 1000 bis 1020, ist trotz der tiefschürfenden Überlegungen von M. Durliat nicht vollständig gesichert.

Wie dem auch sei, die Anfänge einer neuen Skulptur liegen im Bereich Moissac-Toulouse. Cluny ist daran nicht unbeteiligt. Wie eng der tatsächliche Kontakt auch der Künstlerwerkstätten zwischen den beiden Baustellen gewesen sein muß, beweist ein Vergleich der zeitlich parallelen Arbeiten sowohl am Kreuzgang von Moissac als auch an den Ostteilen von St-Sernin. Das Sarkophagmotiv des von zwei geflügelten Genien gehaltenen Clipeus, umgedeutet ins Christologische, taucht an der Stirnseite des Altars von Bernard Gelduin (Abb. 73) ebenso auf wie an der Vorderseite einiger Kapitelldeckplatten am Kreuzgang von Moissac (Abb. 36). Darüber hinaus finden wir das Motiv nochmals in St-Sernin (Abb. 74) und im katalanischen Tarragona. Die berühmten sieben Marmorreliefs von St-Sernin finden ihre Entsprechung in zehn etwa gleichgroßen Reliefplatten die an den Kreuzgangspfeilern von Moissac (Abb. 37, 38) ihre Anbringung gefunden haben.

Wenn Stilvergleiche und Hinweise auf andere Kunstgattungen dennoch zugelassen werden müssen, dann wäre bei den Reliefs von Moissac der Bezug zur Elfenbeinschnitzerei weit deutlicher als in Toulouse. Die neun Apostel ebenso wie die unvergleichliche Figur des Abtes Durand (Abb. 37) sind viel stärker noch von der Zeichnung her gestaltet und viel flacher angelegt. Die Figuren füllen vollständig den durch die Arkade vorgegebenen Rahmen aus. Bernard Gelduin dagegen ist viel mehr Bildhauer. Seine Körper weichen von der Rahmung zur Mitte hin, ziehen sich förmlich zusammen und gewinnen durch diese Kontraktion an Körperlichkeit und Tiefe. Anklänge des

Statuarischen werden deutlich. Mit Fortgang der Entwicklung an der Porte Miègeville verdichten sich die skulpturalen Werte.

Moissac und Toulouse bleiben für die südwestfranzösische Architekturplastik auch weiterhin führend. In der Entwicklung des Säulenkapitells und der vereinzelten Großfigur entstehen in den Kreuzgängen und Kapitelsälen von St-Sernin, St-Etienne und La Daurade großartige Formulierungen. Wiederum steht im Mittelpunkt ein Meister von epochaler Bedeutung dessen Namen wir kennen: Gilabertus. Ihm werden die heute im Musée des Augustins befindlichen Kapitelle von St-Etienne, allen voran die Darstellung der klugen und törichten Jungfrauen und der Geschichte Johannes des Täufers (Abb. 82), und die beiden Gewändefiguren Thomas und Andreas zugeschrieben. Ihre Datierung wird von verschiedenen Forschern spät, d. h. nach 1145, angesetzt. Wahrscheinlich stammen sie aber aus der Zeit von 1115 bis 1130. Die Gründe für die Spätdatierung sind mehr wissenschaftsgeschichtlich bedingt als sachlich begründet. Im Falle der vermutlich richtigeren Entstehungszeit bis spätestens 1130 läge die großartige Leistung des Gilabertus nämlich vor der Porte Royale in Chartres und dieser tabuisierte Meister wäre nicht mehr der alleinige Erfinder von Tendenzen, die eine neue Epoche, die der gotischen Skulptur, einleiteten. Neben Gilabertus tritt in Moissac ein unbekannter Meister aus dem Dunkel der Geschichte, der die damalige Welt mit einer völlig neuen Konzeption der Portal- und Tympanongestaltung überrascht. Während die Wirkung von Moissac vor allem nach Norden (Cahors, Souillac, Carennac und Beaulieu) ausstrahlt, reicht der tolosaner Einfluß in alle Richtungen, vor allem aber nach Süden.

Im Osten der Languedoc liegt St-Gilles, ein weiteres Zentrum der languedocischen Skulptur mit eigenem Strahlungsgebiet. Allerdings liegt die Blüte dieser Schule wesentlicher später, nämlich in der zweiten Hälfte des 12. Jh. Die traditionelle deutsche Frühdatierung kann sicherlich trotz Hamanns aufwendiger Argumentation nicht aufrecht erhalten bleiben. Schon mehr der Provence zugekehrt, finden wir in St-Gilles eine eminent stärkere Durchdringung der romanischen Skulptur mit antiken Elementen, nicht nur im formal dekorativen Bereich. St-Gilles kündet noch vor Toulouse mit dem dritten Atelier von La Daurade und der ›Annonciation des Cordeliers‹ (Abb. 81) sowie St-Bertrand-des-Comminges (Farbt. 12), St-Just-de-Valcabrère (Farbt. 8) und Oloron (Farbt. 11) von jener Welle romanischer Bildhauerkunst, die offensichtlich ergriffen ist von der Suche nach neuen Formen. Dekadenz und Verfallserscheinung in den Werken dieser Spätphase sehen zu wollen, hieße allerdings der Tatsache der eigenständigen okzitanischen Zivilisation und Kunst von seiten der Gotik her einen falschen Maßstab auferlegen. Die südfranzösische Kunst ist um 1200 keineswegs innerlich ausgelaugt.

Das hier unbedingt noch zu erwähnende eigenwillig expressive Tympanon von Conques (Abb. 18) stellt im Rahmen der languedocischen Skulptur einen Sonderfall dar. Beziehungen zur auvergnatischen Romanik sind hier offensichtlich.

Eine Reihe von Fragen muß offen bleiben. Nur eine wichtige sei hier noch kurz angedeutet. Die romanische Skulptur war bekannterweise bemalt. Kann dies auch in allen Fällen für die Languedoc behauptet werden? Obwohl in Conques am Tympanon und an Skulpturen der Emporen von St-Sernin Farbspuren ihrer originalen Fassung erhalten sind, scheint doch die languedocische Skulptur in vielen Fällen nicht bemalt gewesen zu sein. Für diese Annahme sprechen vor allem zwei Beobachtungen: erstens die vergleichsweise gegenüber dem Norden bevorzugte Darstellung im Flachrelief und die Verwendung des Marmors als an sich schon ›schönen‹, sprich wertvollen Materials. Die offensichtliche Liebe zum Marmor und dem Flachrelief hat in der Languedoc ihre eigene Tradition, die an spätantike ästhetische Vorstellungen gebunden zu sein scheint. Die enge künstlerische Affinität zum Flachrelief darf allerdings nicht, wie es leider so oft geschieht, im Zusammenhang stilgeschichtlicher Analyse, als Indiz einer Rückständigkeit gewertet werden, die der Entwicklung der Vollfigur hindernd im Wege gestanden sei. Das Portal von Oloron (Farbt. 11) zeigt beispielsweise die Kombination von Flachrelief, Hochrelief und Vollplastik innerhalb eines in sich geschlossenen Ensembles. In allen drei Formen der Skulptur ist die Oberflächengestaltung eine eminent plastische.

In der zweiten Hälfte des 12. Jh. war eine gewisse Beruhigung auf dem Bausektor eingetreten. Eine vorübergehende Sättigung war erreicht. Viele große Bauvorhaben waren im wesentlichen abgeschlossen. Wo noch gebaut wurde, kann nicht von Dekadenz gesprochen werden. Eine Pause ist kein Ende. Wer die südfranzösische Skulptur als kraftlos empfindet, geht von der sicher nicht zu objektivierenden Vorstellung aus, daß die Skulptur der Gotik die einzig mögliche Art der künstlerischen Darstellung im 13. Jh. gewesen sei. Das Beispiel des Benedetto Antelami, der am Kreuzgang von Arles mitgearbeitet haben soll, zeigt deutlich, daß andere, dem romanischen Wesen adäquatere Formen möglich waren. Daß die okzitanischen Länder, allen voran die Languedoc, sich nach einer gewissen Stagnation nicht mehr zu neuen, eigenwertigen Formschöpfungen aufschwingen konnten, hat andere Gründe, wie wir noch sehen werden.

2 Pretz und Paratge – Troubadours und langue d'oc

> »Die Geschichte Frankreichs beginnt in dem Augenblick als die französische Sprache erscheint. Die Sprache ist das Hauptmerkmal einer Nation.« (J. Michelet)

Was Jules Michelet in seiner ›Histoire de France‹ so sehr betont, erlaubt sich der streitbare Südfranzose André Dupuy in seiner ›Historique de l'Occitanie‹ auch auf die Entstehung der langue d'oc, die Sprache des oc, anzuwenden.

Emanzipation der Frau, Liberalität, Aufklärung, Gleichheit für alle. Man möchte meinen, die Parolen gereizt demonstrierender Blaustrümpfe zu vernehmen. Doch nicht mit Spruchbändern wild gewordener Suffragetten des 19. und 20. Jh. haben wir es zu tun, sondern mit den Idealen einer uns nur noch durch Kunst und Literatur bekannten Zivilisation des 11. bis 13. Jh. Nichts illustriert uns dies mehr als eine erhaltene Akte des Jahres 1097 (les ›Fors de Bigorre‹): »Wir, die wir jeder von uns ebensoviel wert sind als Ihr und die wir vereinigt mehr vermögen als Ihr, setzen Euch als unseren Herren ein, unter der Bedingung, daß Ihr unsere Rechte und Freiheiten anerkennt.« Selbstbewußte Menschen müssen es gewesen sein, die so mit ihren Herren verkehrten. Nichts von muffigem Untertanengeist. Wahrlich ein ›contrat social‹, und dies fast sieben Jahrhunderte vor der Französischen Revolution ebenfalls auf heute französischem Boden.

Zu Beginn unseres Jahrtausends waren die Länder der langue d'oc politisch nicht vereint, sondern offiziell aufgeteilt zwischen dem Königreich Frankreich und dem Hl. Römischen Reich, deren tatsächlicher Einfluß aber gleich Null war. Die wichtigsten autonomen Dynastien Okzitaniens waren: die Herzöge von Aquitanien (und Könige von England), die Grafen von Barcelona (und Könige von Aragon) und die Grafen von Toulouse (Herzöge von Narbonne und Barone der Provence). Trotz der Rivalität ihrer drei großen Adelshäuser kannte die Gesamtheit all dieser Länder doch eine reelle Einheit, wenn auch keine politische. Die Bezeichnung Provence und provençalisch für alle südfranzösischen Territorien bürgerte sich im Mittelalter ein. Natürlich bedurfte es zunächst ständiger und intensiver menschlicher Beziehungen im Bereich dieser Länder, daß bis zum Jahre 1000 die Bevölkerung dieser Regionen nur noch eine Sprache kannte und eine einzige Kultur lebte. Die Grundbedingung dafür war eine bereits seit vorrömischer Zeit praktizierte Eigenart dieser Völker: die ›convivencia‹. Am Beginn der Landnahme der Griechen in Marseille steht nicht eine blutige Heroengeschichte, sondern der friedliche Mythos einer rührenden Liebesgeschichte. Der Bericht Strabos über Bordeaux zeichnet ähnliche Züge.

Bereits seit dem späten 7. Jh. vollzieht sich in der alten Gallia eine Aufteilung in eine nördliche und eine südliche gallo-römische Hälfte. Die Erfahrungen der frühen Karolinger mit der südgallischen Bevölkerung sind uns bekannt. Zwei unterschiedliche gallo-römische Sprachen bilden sich heraus. 806, also zur Zeit des Teilungsplanes von Thionville, müssen beide bereits erkennbar gewesen sein. Die Anfänge der langue d'oc, des Okzitanischen oder auch Provençalischen, weisen weit in die Vergangenheit zurück. Mediterrane, vorindogermanische, iberische, ligurische und keltische Idiome gehen in sie ein. Die heutige Unterscheidung der beiden gallo-römischen Sprachen geht auf die jeweilige Umformung der lateinischen Bejahung zurück: so wird aus *hoc ille* das nordfranzösische *oil* (langue d'oil) und aus *de hoc* das südfranzösische *oc* (langue d'oc).

Die wissenschaftliche Tradition der karolingischen Klosterschulen fehlt im Süden gänzlich. Das klassische Latein scheint sich hier sehr früh zu verändern. Eine mündlich gebildete und tradierte Umgangssprache verwandelt das Vulgärlatein in eine echte Volkssprache auf lateinischer Basis. In der zweiten Hälfte des 10. Jh. taucht diese neue romanische Sprache immer zahlreicher in südfranzösischen Texten auf. Die älteste erhaltene amtliche Urkunde, die vollständig in der langue d'oc verfaßt ist, stammt aus dem Jahre 1002. Noch aus dem 11. Jh. datiert ebenfalls das älteste in langue d'oc verfaßte Gedicht. Um 1060 entsteht die älteste Literaturgattung des mittelalterlichen Westens, das Heldenepos *(chanson de geste),* das die westliche Ritterschaft zum gottgewollten Waffengang mit den Arabern in Spanien animieren soll. Aus dieser Zeit dürfte auch die ursprüngliche Fassung des ›Rolandliedes‹ stammen. ›Die Wallfahrt Karls des Großen‹ und die ›Wilhelms-Epen‹ liegen auf derselben Welle. Aber auch die Pilger sangen auf ihren Wegen Lieder in lateinischer oder ihnen vertrauter Sprache. Eines der bekanntesten ist im Codex Calixtinus festgehalten. Die Straßen, die durch Frankreich zum Apostelgrab in Galizien führten, markieren nicht nur wesentliche Etappen der Entstehung und Verbreitung romanischer Kunst, sondern bilden auch den allerlebendigsten Hintergrund für die Entstehung der epischen Dicht- und Liedkunst.

Das folgende 12. Jh. zeigt die langue d'oc auf einem wahren künstlerischen Höhenflug. Der Franzose Cl. Bunel hat für die Zeit bis 1201 über 500 Urkunden in langue d'oc durchgesehen. Die ältesten davon stammen aus dem Gebiet zwischen Moissac, Toulouse, Castres, Millau, Rodez und Villefranche. In diesem unwegsamen Gelände am Südhang des Zentralmassivs, in das sich schon die frühgeschichtlichen Vorfahren der languedocischen Bevölkerung zurückgezogen hatten, verlor sich offensichtlich der nur oberflächliche lateinische Einfluß am schnellsten. Eben hier findet sich die früheste schriftliche Verbreitung der neuen Vulgärsprache. So bilden die Languedoc und die Provence in den okzitanisch sprechenden Ländern nicht nur deren geographische Mitte, sondern auch den Teil, in dem am reinsten und längsten diese Sprache lebendiger Mittelpunkt der Kultur war. Wie sehr das neue Idiom zum selbstverständlichen geistigen Allgemeinbesitz geworden war, zeigt seine Verwendung als Verwaltungs- und Kanzleisprache in der sich rudimentär abzeichnenden Administration Raymonds IV. Auch im geistlichen Bereich hatte das Latein an Boden verloren. Berühmt ist jene öffentliche Diskussion zwischen päpstlichen Missionaren und sogenannten ›Vollkommenen‹ der Katharer im Jahre 1178. Die ›Vollkommenen‹ seien unfähig gewesen auch nur zwei Worte Latein aneinander zu reihen, und die allerhöchsten Vertreter Roms mußten sich herablassen die Häretiker in der Volkssprache anzuhören und in dieser zu erwidern. Ein bedeutsamer wie bezeichnender Vorgang. Das Volk konnte zuhören und sich sein eigenes Bild machen. Die durch lateinische Gelehrsamkeit und Sophistik geschulten Repräsentanten der Kirche konnten ihre Zitate und Spitzfindigkeiten nicht in der gewohnten Form anbringen. Die die orthodoxe Hierarchie fördernde Sprachbarriere zwischen Laien und Geistlichen war aufgehoben. Die Zivilisation der Languedoc war alles in allem eine laizistische, die durch das Zusammenwirken aller gesellschaftlichen Kräfte zu einem Höhepunkt strebte, der im Europa seiner Zeit fast einmalig war. Wesentlich zu dieser Mischkultur (vergleichbar der in Sizilien und Unteritalien entstehenden) trugen auf intellektuellem Gebiet noch zwei Elemente bei: Italien und Spanien und die jüdische Bevölkerung.

Dies war also der allgemeine Rahmen, innerhalb dessen die langue d'oc das hauptsächliche Kommunikationsmittel war. »Von Anfang an hatte die okzitanische Sprache mehr einen föderativen als gleichmacherischen Charakter, Ergebnis einer Anpassung an konkrete Lebensumstände und nicht die Folge einer aufgepfropften herrscherlichen Willkür.«[17] Wie sehr die durch Sprache und Lebensverhältnisse geschaffene Einheit dieser Länder auch als politische Wirklichkeit gesehen wurde, zeigt eine Urkunde von 1187: in ihr verleiht der König von Jerusalem den Händlern dieser »großen Provinz« besondere Privilegien in der Stadt Tyrus.

Die vermehrten schriftlichen Kontakte der intellektuellen Welt des languedocischen 12. Jh. mit Italien und Spanien weiteten in unerhörtem Ausmaß deren Weltbild. Über Italien und Spanien kamen aber auch Einflüsse der überlegenen islamischen und byzantinischen Kultur ins Land. Den literarischen Höhepunkt aber erreicht die okzitanisch-languedocische Kultur in der neuen Kunst und Sprache der *Troubadour-Dichtung*. In ihr schuf sie sich ein Instrument des sprachlichen Ausdrucks, das sofort von allen anderen europäischen Ländern aufgegriffen wurde. Freiwillig, ohne politische Vormundschaft, wählten sich die Troubadours als ihre Sprache jene, die sich um Toulouse am reinsten ausgeprägt hatte. Die *langue d'oc* wurde für die Troubadours, aus welcher Gegend sie auch stammten, zur *Koiné* der okzitanischen Welt. Die Sprache der Troubadours bildete ein auf höchstem geistigen Niveau stehendes Band der Vereinigung der okzitano-katalanischen Welt. Sie ist gleichzeitig die erste nachantike zur Literatur befähigte Hochsprache des christlichen Abendlandes, die zwar auf dem Latein beruht, aber außerhalb des klerikalen Bereichs entstanden ist. Ihr Umfang wird auf ca. 180 000 Worte geschätzt. Die reiche Verwendung von Vor- und Nachsilben verleiht ihr einen ungemeinen Reichtum an Ausdrucksfähigkeit. Der Sinn eines Wortes kann durch Beibehaltung des Wortstammes aber Hinzufügen von Suffixen zu einer Vielfalt von Nuancierungen des ursprünglichen Sinnes verändert werden.

Die Lyrik der Troubadours ist spätestens seit dem Ende des 11. Jh. schriftlich überliefert. Als erster Troubadour gilt, in Ermangelung älterer Beispiele, Wilhelm IX., Herzog von Aquitanien (1071–1127). Nur elf Gedichte sind uns von seiner Hand erhalten. Aber sie alle sind von einer solchen Reife und Vollendung der künstlerischen Form, daß sie unmöglich als die ersten Werke dieser Kunst gelten können. Nach Wilhelm IX. kennen wir über 400 Dichter in dieser Gattung. Trobar heißt finden (= erfinden) und ein *trobador* ist jemand der (er)findet. Die überwiegende Mehrheit dieser Troubadours stammt nicht aus der Languedoc im engeren Sinn. Die Übernahme von deren Sprache ist um so bedeutsamer. Die wichtigsten Vertreter dieser Kunst repräsentieren so recht eigentlich alle Stände ihrer Heimat. Marcabru ist aus der Gascogne gebürtig, Bernard de Ventador und Bertrand de Born stammen aus dem Limousin wie Wilhelm IX. selbst. Im Périgord beheimatet ist Giraud de Borneil und Raimbaut Comte d'Orange kommt aus der Provence. Lediglich Peire Vidal hat in Toulouse das Licht der Welt erblickt. So verschieden ihre lokale Herkunft, so wenig einheitlich ist auch ihre soziale Abstammung: Vom hohen Herrn (Wilhelm IX., Raimbaut d'Orange) bis

DER HÖHEPUNKT: DIE TROUBADOURS

zum Sprößling eines Ledermachers und eines Küchenmädchens (Bernard de Ventador). Nichtsdestoweniger verkehren sie auf gleichem Fuß eines höfisch-aristokratischen Lebensraums. Das Talent allein erlaubt die Anteilnahme an dieser Lebensform.

›Paratge‹, die Gleichwertigkeit aller, ist der bestimmende Faktor, nicht die blutmäßige Abstammung. ›Pretz‹ heißt der Schlüssel zu diesem Zugang. Pretz (Preis und Wert) gilt es zu gewinnen um zu höherer Wertschätzung *(valor)* zu gelangen. *Pretz* und *Paratge* sind die Garanten der ›convivencia‹, die auch volle Gültigkeit in der höfisch-ritterlichen Welt der Languedoc besitzt. Inhalte und Motive der Troubadour-Dichtung variieren stark: von der einfachen Gefühlsrührung bis zur gesellschaftlichen Kritik. Hauptthema aber ist die Liebe, die sich ausdrücken kann in derbster und zotigster Form wie in rein vergeistigter, platonischer Zuneigung. Diese Liebe ist aber normalerweise nicht platonisch, allerdings außerhalb des gesellschaftlich vorgegebenen Rahmens der Ehe. Verständlich wird diese Konzeption allein vor der in languedocischen Ländern üblichen höheren gesellschaftlichen Stellung der Frau, der die normale Zweckheirat keine Erfüllung ihrer Person vermittelt. Die Liebe wird in dieser kultivierten und geistig durchdrungenen Form zur Freude, zum Ideal eines Zustandes höchsten Glückes, das wiederum Quelle aller anderen Beglückungen und Tugenden ist. Man muß zugeben, ein sehr laizistisches Ideal, das eben nur im historisch-gesellschaftlichen Rahmen der Languedoc entstehen konnte. Den prächtigen Hintergrund aller dieser Troubadours bilden die Höfe der sowohl feudalen als auch bürgerlichen Aristokratie in Toulouse, Narbonne, Saragossa und Barcelona. Für die Herkunft dieser hochgemuten Dichtung sind verschiedene Quellen angeführt worden: maurische und mozarabische Dichtung ebenso wie christlich paralithurgische Hymnensammlungen, wie beispielsweise jene von St-Martial in Limoges (11. Jh.). Wenn auch die große Zeit der Troubadours im 13. Jh. dahinschwindet, um sich in anderen Ländern in anderer Form weiterzuentwickeln, haben wir doch ein spätes großartiges Zeugnis dieser okzitanischen Literatur in dem ›Chanson de la Croisade‹, in dem diese Zivilisation ihren eigenen Untergang besingt. Die langue d'oc bleibt aber weiterhin die einzige und verbindliche Verkehrssprache. Jacques Duèze, gebürtig aus Cahors, war 1316 bis 1334 unter dem Namen Johannes XXII. oberster Herr der Christenheit geworden. Er machte keinerlei Anstalten, Französisch zu lernen, ihm genügten Latein und langue d'oc. Aber die Unterdrückung dieser Sprache war bereits beschlossene Sache. 1455 müssen sich die auvergnatischen Pfarreien statt nach Toulouse nun nach Paris wenden. Ihre Amtssprache wird Französisch. 1539 erhebt Franz I. mit dem Erlaß von Villiers-Cotteret das Französische zur obligaten Amtssprache aller Länder seines Königreichs. Zumindest die politische Führungsschicht mußte von nun an französisch sprechen. Heinrich IV. war der letzte französische Monarch, der noch langue d'oc sprach. Doch die Bevölkerung blieb bei ihrer Sprache. Zur Zeit der Französischen Revolution beherrschten sie noch 95% der Bevölkerung. Hundert Jahre später soll sich der Prozentsatz nicht wesentlich geändert haben. 1904 bekommt F. Mistral für seine Dichtung in Provençalisch den Nobelpreis für Literatur. Noch 1913 gibt es in Deutschland allein vierzig Lehrstühle für die langue d'oc. Erst in unserem Jahrhundert wurde durch ein rigoroses Verbot der langue d'oc an den südfranzösischen Schulen das Französische erzwungen. Heute fordert die wiedererstarkte okzitanische Bewegung, die durch alle Parteien geht, das Recht auf Unterricht in der eigenen Sprache. Ein Volk, das über Jahrzehnte hinweg zum Schweigen gezwungen war, will wieder sprechen.

V Languedoc am Wendepunkt

1 Vorboten des Unheils

Die Absicht der Gregorianischen Reform war ursprünglich die Befreiung der Kirche von allen weltlichen Einflüssen. Neben den bekannten politischen Konsequenzen (Investiturstreit) zog sie aber noch als wesentlich gefährlichere Folge eine Mindereinschätzung der Laien allgemein nach sich. Diese waren nun weitgehend aus allen kirchlichen Belangen hinauskatapultiert. Das erst neu erwachte religiöse Bedürfnis des Volkes sah sich betrogen. Das gleichzeitige und zahlreiche Auftreten von ›Häresien‹ ist Ausdruck dieses legitimen Interesses an religiösen Dingen. Die von der orthodoxen und offiziellen Lehrmeinung der Kirche abweichenden Vorstellungen traten zunächst außerhalb der Languedoc auf. Der erste Kreuzzug als neue, gemeinsame Aufgabe der Christenheit lenkte vorübergehend das allgemeine Interesse auf andere Dinge. Aber schon kurz nach diesem Kreuzzug, 1119, mußte das Konzil von Toulouse zu neuentflammten Ketzereien Stellung beziehen, die darin bestand, daß sie die weltlichen Herren zur gewaltsamen Unterdrückung der Glaubensabtrünnigen aufforderte. Die Häresien des 11. und 12. Jh. sind das Ergebnis einer rigorosen Volksmoral, die mit ihren Forderungen auf die Buchstaben des Evangeliums zurückgeht. Beliebte Angriffsziele waren vor allem die Vertreter der Geistlichkeit selbst, die durch ihren Lebenswandel und ihre Amtsführung gewiß keine Paradebeispiele gottgefälligen Lebens abgaben.

Gleichzeitig dazu war aber vor allem im Mittelmeerraum die weltliche Entwicklung fortgeschritten. Neue Schichten und Kräfte, Städte und Bürger, machten sich bemerkbar. Diese Entwicklung war nicht aufzuhalten. In der städtisch-laizistischen Zivilisation der Languedoc, wie auch in Oberitalien, vollzog sich als mögliche Folge des Handels die Rückbesinnung auf das alte römische Recht. Bereits im frühen 12. Jh. fand das Studium des römischen Rechts seinen Einzug in Montpellier. Auch auf dem Stuhl Petri setzten sich die Juristen durch. Gegen diese Tendenz der katholischen Kirche protestierte schon lautstark Johannes von Salisbury. Ähnlich wie in Italien, vielleicht von dorther beeinflußt, hatten bis Mitte des 12. Jh. fast alle wichtigen Städte der Languedoc eine eigene Verwaltung, die sogenannten ›Consulate‹. Diese Revolution vollzog sich, man höre und staune, im wesentlichen völlig friedlich. Nur in den Städten, in denen der Bischof die weltliche und geistliche Macht gleichzeitig inne hatte, kam es erst sehr spät zu ähnlichen Entwicklungen, so z. B. in Le Puy, Lodève, Mende und Uzès. Toulouse bildete eine regelrechte Stadtrepublik. Raymond V. hatte in seiner Hauptstadt 1189 zum letzten Mal versucht, auf die Wahl der Consuln Einfluß zu nehmen. Gegen diese neue Entwicklung blieb dem Papst, selbst Großgrundbesitzer, als Stütze und Partner nur die enge Bindung an die großen Feudalherren. Durch persönliche Eide versuchten die Päpste sich des Beistandes der Feudalität als Vasallen des Hl. Petrus zu versichern. Gregor VII. konnte die Grafen der Provence und von Melgueil als Vasallen an sich binden.

Das neue Verhältnis zur Wirklichkeit fand in einem Ideal, das nicht die Kirche geprägt hatte, seine Ausdrucksform: der höfischen Minne. Nach dem Troubadour Montagagol »sollten Liebende reinen Herzens sein und nur an Minne denken, denn die Minne ist keine Sünde, sondern eine Tugend. Minne macht keusch.« Die Kirche reagierte mit einer Unzahl von Klosterneugründungen. Der Zustrom war beträchtlich. Die Gründe für den Klostereintritt waren aber vielfach profaner, d. h. existenzerhaltender Natur. Mit der Drohung der längst überfälligen Wiederkunft des Herrn war offensichtlich niemand mehr zu beeindrucken. Die Weltgerichtsdarstellungen an den Kirchenportalen verschwanden weitgehend in der zweiten Hälfte des 12. Jh. aus der romanischen Kunst. Die endlosen Kämpfe zwischen Kaiser und Papst um die Weltherrschaft hatten zusätzlich viele Gläubige verunsichert und vom katholischen Wege abgebracht. Das Anwachsen der Ketzer war ein Symptom der Zeit. Pierre Valdès und Arnold von Brescia, übrigens ein Schüler von Abaelard, sind nur zwei hervorragende Beispiele einer unendlichen Kette von Kritikern der hochfahrenden Papstkirche.

2 Die Albigenser

> »Es ist unmöglich vom religiösen Interesse ausschließlicher erfüllt zu sein, als es die Katharer waren.« (W. Nigg)

Alle im Laufe des 11. und frühen 12. Jh. aufgetauchten Kritiker an der Kirche, alle Reformversuche und sogenannten Häresien des Mittelalters wurden von einer Bewegung an Bedeutung und Ausdehnung weit in den Schatten gestellt. Diese wuchs zu solcher Größe, daß sie die Christenheit, genauer das Papsttum, in eine seiner schwersten Krisen führte. Es waren die Albigenser. In den vierziger Jahren des 12. Jh. tauchen sie plötzlich in größerer Zahl auf. Der Hl. Bernhard, bekannt als fulminanter Verkünder des christlichen Glaubens, wird zur Hilfe gerufen. In Verfeil weigert man sich, ihn überhaupt anzuhören. Stattdessen predigt er 1147 in Toulouse und Albi. Nach seiner Rede, kaum daß der Beifall verrauscht war, hat man ihn schnell wieder vergessen. Das so plötzliche Auftreten dieser neuen Häresie zwischen den beiden ersten Kreuzzügen läßt seine Herkunft aus dem Orient vermuten. Zwanzig Jahre nach der Predigt des Bernhard von Clairvaux findet in St-Félix-de-Caraman in der Languedoc ein regelrechtes

LANGUEDOC AM WENDEPUNKT

Konzil der Albigenser unter Leitung des Niketas von Konstantinopel statt. Alles vollzieht sich öffentlich. Die Toleranz der languedocischen Bevölkerung in Glaubenssachen macht ein Verstecken unnötig.

Wer oder was sind die Albigenser? Nach heutiger Ansicht handelt es sich bei der Lehre dieser ›Ketzer‹ um wieder ans Tageslicht gelangte Strömungen des alten Manichäismus, der in Armenien überlebt hatte und durch die bulgarischen Bogomilen über Istrien und Oberitalien nach Südfrankreich gelangte. Orléans und Köln, der Oberrhein und die Toskana, die Lombardei und die Provence, alle haben sie ihre Albigenser. Ihre Hauptverbreitung in der Languedoc finden wir zwischen Toulouse, Carcassonne und Albi. Einem historischen Irrtum verdanken die Albigenser ihren Namen; dem spöttischen Empfang der Legaten in Albi 1145 und dem Colloquium zwischen Orthodoxen und Anhängern der neuen Religion, das im benachbarten Lombers stattfand, glaubte man entnehmen zu können, daß diese neue Bewegung in Albi ihren Ursprung genommen habe. Der richtigere Name für die Häretiker ist der der Katharer. Der manichäische Grundzug der katharischen Religion ist der angenommene Dualismus von Gut und Böse, von Geist und Materie. Christliche Hauptquelle bilden die Schriften des Paulus. Petrus, als Verräter Christi, wird verworfen. Die Seele des Menschen ist rein, und die Welt ist von ihrem Grunde her schlecht. Gott ist der Schöpfer der Seele, und sein Gegenspieler Satan ist der Schöpfer der Welt. Es gilt, die Seele von ihrem bösen Gefängnis, dem Leib, zu befreien. Da die Welt böse und schlecht ist, kann sie nicht von Gott stammen, also kann auch Christus nicht Mensch geworden sein. Diesem doketischen Grundzug zufolge, kann Christus auch nicht am Kreuz gestorben sein. Das Alte Testament, die römische Kirche, damit auch der Papst und das Abendmahl werden als Aberglaube und Werk des Satans abgetan. Die Sünden der Menschen stammen nicht von deren schwachem Willen, sondern sind der Beweis des herrschenden Bösen in dieser Welt. »Die Katharer haben die ungestüme Wildheit und die völlige Rätselhaftigkeit des Bösen als eine reale Macht und nicht bloß als eine Negation erkannt. Nicht eine intellektuelle Frage war das furchtbar Böse für sie, sondern eine finstere Bedrohung.«[18]

Dem Bösen aber ist nur das Gute gewachsen. Den Zustand der Reinheit, frei von allem Bösen, gilt es zu erreichen. Wer ihn erreicht hat, erhält das einzige Sakrament, das die Katharer kennen, das *Consolamentum*. Wer das Consolamentum empfangen hat, gehört zur Gesellschaft der Reinen, der Vollkommenen. Um diese Vollkommenen, »les bonnes hommes«, scharten sich ihre Gläubigen. Vier Bischöfe der Katharer sind in der Languedoc bekannt, in Albi, Carcassonne, Toulouse und Agen. Assistiert werden sie von sogenannten ›Söhnen‹, die ihre Nachfolge antreten. Um die Seelsorge bemühen sich Diakone. Die *Endura*, der freiwillige Tod als ersehnter Eintritt in die Geisteswelt, war der absolute Höhepunkt im Leben eines Katharers. Alle weltlichen Genüsse waren streng untersagt, sogar die Ehe. Das beispielhafte Leben der ›Vollkommenen‹ allein schon überzeugte viele Menschen von der Wahrhaftigkeit dieser Religion. Zu zweit, barfuß und ohne Geld zogen sie predigend durchs Land, wo sie große Verehrung auch bei der katholischen Bevölkerung genossen. Jegliche Form von Gewalt lehnten sie ab. Die Anhänger der Katharer gehörten allen Volksschichten an: kleine Leute und Handwerker, Ritter, Patrizierfamilien und der Hochadel. Besonders Frauen waren von der neuen Religion angezogen. In einem Land, in dem die Frauen dasselbe Ansehen wie die Männer genossen, bot ihnen die katharische Kirche Möglichkeiten der öffentlichen religiösen Betätigung, die ihnen die katholische Kirche außerhalb der Klostermauern verwehrte. Obwohl gerade in die aufgeklärten und belesenen Bürgerfamilien die Katharer am schnellsten Zugang fanden, kann ihre Bewegung nicht als Ausdruck sozialer Spannungen gedeutet werden. Was den Zeitgenossen an den Katharern die größte Hochachtung abrang, war deren außer Zweifel stehende Sittlichkeit und Moral. So finden sich in allen Inquisitionsakten keinerlei Anspielungen auf zweideutige oder unreine Handlungen, und bereits Bernhard von Clairvaux, der ja ausgezogen war, gegen sie zu predigen, befand, daß es nichts Christlicheres als diese Ketzer gäbe.

3 Antwort der Kirche

»Darum ist es auch nicht erlaubt, den Häretiker zu töten, weil man sonst einen unversöhnlichen Krieg über die Welt brächte.«
(Joh. Chrysostomos)

In einem Klima der Toleranz, wie es im Europa des 12. Jh. nur in der Languedoc existierte, ist es nicht verwunderlich, daß die neue Religion bald Ausmaße annahm, die den Vertretern der römischen Kirche, allen voran den nach Weltherrschaft strebenden Päpsten, doch Schrecken einflößen mußte. Entsprechend hektisch war die Reaktion der Kirche. Die Konzile von Reims (1148), Montpellier (1162) und Tours (1163) befaßten sich mit dem Ketzerproblem, und jedesmal erging an die weltlichen Gewalten die Aufforderung, mit eisernem Besen das besudelte Gebäude der Kirche reinzufegen. 1173 appelliert der Erzbischof von Narbonne um Hilfe an den französischen König, und vier Jahre später gesteht Raymond V. in einem vielzitierten Brief dem Generalkapitel von Cîteaux seine Ohnmacht gegenüber den Katharern ein. Das Colloquium von Lombers hatte zwar zur Verdammung des Ketzers Olivier geführt, eine Vollstreckung des Urteils fand jedoch nie statt. Das dritte Laterankonzil sprach die Exkommunikation über die Ketzer und deren Helfershelfer aus. Im Jahre darauf wurde die erste Strafexpedition – der erste Kreuzzug gegen Christen – gegen die Stadt Lavaur durchgeführt. Statt Bekehrung fanden Massenhinrichtungen statt. Endlich schritten der Bischof von Reims und der Graf von Flandern in ihren Landen tatkräftig ein: in Arras loderten die ersten Scheiterhaufen. Für die jenseitssüchtigen Katharer waren weltliche Strafe und Qual kein Schrecken. Die unchristlichen Methoden der christlichen Kirche brachten den Ketzern immer noch mehr Sympathien ein. Wie positiv stachen sie doch von den

LANGUEDOC AM WENDEPUNKT

Brennender Ketzer, zeitgenössische Darstellung

Vertretern der römischen Kirche ab! Mehrfach mußte der Papst in der Languedoc wegen allzu weltlicher Amtsführung Bischöfe und Erzbischöfe exkommunizieren, so geschehen in Le Puy, Narbonne und Arles. Als flankierende Maßnahme wurden auch die Predigt und der öffentliche Disput von Rom aus verstärkt verlangt und betrieben. Der Eindruck, den die kirchlichen Vertreter dabei hinterließen, scheint nicht sehr überwältigend gewesen zu sein, denn Erfolge haben sie keine gezeitigt. »Aus den Urteilen über die Albigenser geht die enorme Bedeutung dieser mittelalterlichen Ketzerbewegung hervor. Sie beweisen eindeutig, wie auch die Kirche des Hochmittlalters nie ohne wesentlichen Widerspruch bestanden hat.«[19]

Die Languedoc blieb weiter tolerant. Nur von außen kamen alle Initiativen zum Kampf gegen die Häresie. Der Weg, den man schließlich zur Bekämpfung der Albigenser beschritt, wurde letztlich bestimmt durch das Spiel der politischen Interessen und Kräfte.

4 Ein Lichtblick am Horizont: Der Hl. Dominikus

Zur wirksameren Bekämpfung der Häresie in den Landen des Grafen von Toulouse hatte das Papsttum schließlich zwei direkt dem Hl. Stuhl verantwortliche Legaten eingesetzt: Pierre de Castelnau und Raoul de Fontfroide, denen dann noch der Abt von Cîteaux, Arnaud Amaury, beigesellt wurde. Auf der Rückreise von Rom trafen 1206 zwei vor Eifer glühende und von christlichem Glauben beseelte Missionare in der Languedoc ein, die der traditionellen Predigt ein neues Gesicht verleihen sollten: Diégo, der Bischof von Osma, und Dominikus, der Subprior von dessen Domkapitel. Diese beiden erkannten den einzig christlichen Weg zur Rückgewinnung der verlorenen Schafe, nämlich die Predigt nach dem Vorbild der Apostel. Ohne Prunk und Geld, ausgestattet mit der demütigen Hingabe an das Werk der Glaubensverkündung durch das Wort. Das war nicht neu. Genau das taten ja die Katharer und die Waldenser. Neu war es nur für die hochmütig gewordene katholische Kirche. Der Anblick solcher Vertreter der Christenheit, barfüßig, in eine einfache Kutte gewandet und nur von Almosen der Nächstenliebe lebend, mochte die languedocische Bevölkerung zunächst etwas verunsichert haben. Doch wurden Diégo und Dominikus überall freundlich empfangen. Sie wagten sich sogar in die Höhle des Löwen, mitten in die Hochburgen der Katharer, und schon bald stellten sich Erfolge ihrer Mission ein. Arnaud Amaury ging zurück nach Cîteaux, um mit zwölf (entsprechend der Zahl der Apostel) zisterziensischen Äbten zurückzukehren, die das Predigtwerk der beiden Spanier unterstützen sollten. In der Gegend um Carcassonne feierten Diégo und Dominikus ihre schönsten Anfangserfolge. In Verfeil, wo man sich noch 1147 geweigert hatte, den Hl. Bernhard anzuhören, gelang es ihnen, einige Häretiker in ihrer Überzeugung schwankend zu machen. Zwischen Fanjeaux und Montréal, in Prouille, errichteten sie eine erste Niederlassung für bekehrte Männer und vor allem Frauen. In Rom vernahm man mit Genugtuung die Erfolge der Prediger. Aber dem Papst war dies alles zu wenig. Er hatte hochfahrendere und weitreichendere Pläne. Die Methode von Dominikus war ihm einfach zu langsam, zu ineffektiv. Er war Jurist und Weltpolitiker. Seine Pläne, die Verwirklichung einer Theokratie unter römischer Fuchtel, waren erheblich gestört durch das Unruhezentrum Languedoc. Der neue Papst war Innozenz III. Auch seinem Legaten, Pierre de Castelnau, ging alles zu langsam. Er versuchte Raymond VI. dazu zu zwingen, ja zu erpressen, daß dieser endlich gegen die Ketzer mit Feuer und Schwert vorginge. Er forderte das Schwert. Und er war der erste, der durch das Schwert umkam. Ein Fanatiker aus dem Kreis der Höflinge von Raymond hatte ihn an einem grauen Nebelmorgen am Ufer der Rhône ermordet.

5 Spielball der Supermächte

Innozenz III. hatte sich als Jurist einen genialen Plan ausgedacht. Unter dem Vorwand, einen allgemeinen Gottesfrieden in den südfranzösischen Ländern durchzusetzen, hatte er versucht, als Garantie für diesen Frieden den Vasallenschwur aller angrenzenden Gebietsherren zu bekommen. Bis 1207 war es seinen Legaten gelungen, alle provençalischen und languedocischen Herren zur Leistung des Vasalleneides auf den Papst zu bewegen. Nur die Consulate der großen Städte und, als einziger Feudalherr, Raymond VI. von Toulouse hatten sich bislang mit Erfolg dem römischen Würgegriff entziehen können. Raymond VI., politisch hochbegabt und weitschauend, hatte die langfristigen Konsequenzen dieser Eide erkannt. Im Jahre 1207 wurde er aber unter dem Vorwand, die Steuern in unzulässigem Maße erhöht zu haben, exkommuniziert und als Gegner des Friedens, des sogenannten Legatenfriedens, verteufelt. Durch Nachgeben erreichte er die Rücknahme der Exkommunikation, machte aber dann keinerlei

LANGUEDOC AM WENDEPUNKT

Anstalten, seinen Vasallenpflichten, nämlich der Ausrottung der Häresie in seinem Land, nachzukommen. Dies war die Situation, als der Legat Pierre de Castelnau mit Raymond VI. zusammentraf. Die nach dem hitzigen Gespräch mit dem Grafen erfolgte Ermordung des Legaten lieferte Innozenz III. den erwünschten Vorwand, in eigener Regie härter einzugreifen. Wiederum wurde der Graf von Toulouse exkommuniziert und sein Land zur Beute freigegeben. Innozenz III. forderte Philippe II. Auguste auf, den päpstlichen Willen durchzusetzen. Damit hatte er offiziell den französischen König ins Spiel gebracht, der zwar von alters her de jure Lehnsherr der Grafen von Toulouse war, aber de facto bisher keinerlei Gewalt über diese besaß. Der König hatte die Aufforderung des Papstes entgegengenommen und als erster Kapetinger damit ebenso offiziell seinen Anspruch auf die südfranzösischen Lehen ausgesprochen. Da er aber anderweitig gebunden war, durch die welfische Koalition seiner Gegner Kaiser Otto von Braunschweig und Johann-ohne-Land, gestattete er wenigstens formell sowohl die Predigt zum Kreuzzug in seinen Ländern, als auch das Eingreifen des Papstes in der Languedoc. Damit beginnt unter dem Vorwand eines Kreuzzuges gegen die Ketzer eines der schändlichsten und brutalsten Kapitel der Geschichte Frankreichs und der Päpste. Von nun an schrecken Innozenz III. und seine Schergen vor keiner Bluttat und keinem Rechtsbruch mehr zurück.

VI Geschichte einer Unterdrückung: Der Albigenser-Kreuzzug

1 Blutiger Auftakt

Das Drama beginnt. Raymond VI. sieht für sich und sein Land nur einen Ausweg: Im Juni 1209 unterzieht er sich, ähnlich wie vor ihm Heinrich IV. in Canossa, aus rational-politischen Gründen in St-Gilles dem entwürdigenden Ritual einer öffentlichen Unterwerfung unter den Willen des Papstes. Der zur Reinigung der raymondinischen Lande von der Häresie aufgerufene Kreuzzug hatte seine ihm zugrunde liegende Berechtigung damit verloren. Dennoch wird der Kreuzzug durchgeführt. Er richtet sich nun gegen den Vizegrafen von Béziers, Carcassonne und Albi, den jungen Raymond Roger von Trencavel. Der oberste Lehnsherr von Raymond Roger ist aber nicht der französische König, sondern der katalanische Peter II. von Aragon.

Béziers besaß nur eine Minderheit von Häretikern in seinen Mauern. Weil sich die Bevölkerung weigerte, ihre andersdenkenden Mitbürger auszuliefern, wurde Béziers noch während der Verhandlungen gestürmt. Zwischen 12 000 und 20 000 Menschen sollen dabei getötet worden sein: Mütter, Greise und Kinder eingeschlossen. Auf die Frage, wie man denn die Ketzer wegerkennen könne von den Christen, soll der Leiter des Kreuzzugs, Arnaud Amaury, der ranghöchste Zisterzienser, geantwortet haben: »Tötet sie alle, Gott wird sich die Seinen schon heraussuchen.« Das nächste Ziel des Kreuzfahrerheeres war Carcassonne, wohin sich Raymond Roger geflüchtet hatte. Obwohl sich Peter II. von Aragon nun persönlich einschaltete, um zwischen seinem Vizegrafen und den Kreuzfahrern zu vermitteln, wird auch Carcassonne im Sturm genommen, werden die Bürger aus der Stadt vertrieben und der Vizegraf in den Turm gesteckt, wo er bereits drei Monate später, angeblich an Dysenterie, stirbt. Niemand will so recht an einen natürlichen Tod des jungen Herrn von Trencavel glauben. Nicht einmal der Papst. Der Kreuzzug wäre mit der Eroberung von Carcassonne endgültig erfolgreich beendet gewesen. Die meisten Kreuzfahrer, darunter auch Angehörige des französischen Hochadels, verließen nun die ›Heilige Sache‹, sie hatten ihre für die Absolution notwendigen vierzig Tage abgedient.

DER ALBIGENSER-KREUZZUG

2 'Dies ater': Muret

Innozenz III. brach den Kreuzzug nicht ab. Das Unternehmen enthüllte nun sein echtes Gesicht als Eroberungsfeldzug. An die Stelle des abgesetzten Raymond Roger wird als neuer Graf der eroberten Gebiete Simon von Montfort, ein Haudegen aus der Ile-de-France mit normannischem Blut in den Adern, von den Legaten eingesetzt. Peter II. von Aragon weigert sich, Simon von Montfort als Vasallen anzuerkennen. Trotz Intervention des Aragon beim Papst wird Simon von diesem anerkannt. Der Krieg, den dieser so unerschrockene wie tüchtige Feldherr führt, ruiniert jetzt auch systematisch die Lande des Grafen von Toulouse, der sich nun seinerseits nicht mehr an seinen Vasalleneid, den er gezwungenerweise dem päpstlichen Legaten gegeben hatte, gebunden fühlt und seinen schutzbedürftigen Untertanen zur Hilfe eilt. Peter von Aragon erzielt 1212 zusammen mit dem kastilischen König bei Las Navas de Tolosa den entscheidenden Sieg über die Sarazenen in Spanien. Als Held der Reconquista und Retter der Christenheit kann niemand in ihm einen Feind der Orthodoxie sehen. Entbunden von seiner spanischen Aufgabe entschließt er sich nach 1212, seinem Schwager, Raymond VI., gegen den räuberischen Simon von Montfort beizustehen, dessen Kampf sich längst nicht mehr gegen die Ketzer richtet. Wie hätte er auch sollen? Die Katharer waren ja Pazifisten und als solche jeglicher Selbstverteidigung abhold. Beflügelt und leichtsinnig geworden durch seinen Sieg bei Las Navas de Tolosa, hört Peter von Aragon nicht auf den weisen Rat Raymonds VI. und will seine militärische Entscheidung. Ohne die Hilfstruppen aus Toulouse richtig abzuwarten und den Feind langsam zu zermürben, stellt er sich bei Muret am 12. September 1213 dem zahlenmäßig weit unterlegenen Simon von Montfort zur Schlacht. Durch einen genialen taktischen Schachzug gelingt dem Franzosen ein grandioser Sieg über Peter von Aragon, der in dieser Schlacht seinen Tod findet. Die katalanisch-languedocische Front ist damit zusammengebrochen. Es sollte für immer sein. Zwar gelingt es Simon nicht, Toulouse einzunehmen, sein Sieg ist dennoch gewaltig. Innozenz III. bestätigt auf dem 4. Laterankonzil, teilweise gedrängt durch seine Legaten, die eroberten Gebiete als legale Besitzungen des neuen Grafen Simon von Montfort, nicht aber ohne diesen ausdrücklich an seine Lehnspflicht gegenüber dem französischen König zu erinnern. Der große Sieger also heißt Philippe II. Auguste, der, ohne einen Schwertstreich geführt zu haben, einen praktisch souverän gewordenen Vasallenbesitz zurückerhält. Da Philippe II. selbst durch seinen Sieg bei Bouvines seine größten direkten Gegner besiegt, ist der französische König innerhalb eines Jahres zum mächtigsten Feudalherrn Europas aufgerückt. Der Nachfolger Peters von Aragon ist ein fünfjähriges Kind. Ähnlich sind die Verhältnisse in England nach dem Tode Johanns-ohne-Land. Der Graf von Toulouse ist landesflüchtig, und den erst neunzehnjährigen Staufer Friedrich II. nimmt noch niemand als Gegner ernst. Der nun mächtigste Fürst ist aber ein treuer Vasall des Papstes in Rom. Innozenz III. kann sich glücklich schätzen. Sein Plan scheint gelungen. Die Stunde des höchsten Triumphes der mittelalterlichen Päpste ist angebrochen.

Und dennoch ist ihre Politik nicht aufgegangen. Nachdem Innozenz III. 1209 den Kreuzzug gegen die südfranzösischen Ketzer inszeniert, dadurch die okzitanische Kultur zerstört und den Aufstieg des kapetingischen Königshauses wesentlich mitbewirkt hat, wird es einer der letzten kapetingischen Könige, Philipp der Schöne, sein, der den Päpsten ihre größte Schmach zufügt: genau hundert Jahre nach Beginn der Albigenser-Kriege landen die Päpste in dem von ihnen zerstörten Land, in Avignon, als Marionetten in den Händen des französischen Königs. Der Traum der Weltenherrschaft fand in der ›Babylonischen Gefangenschaft‹ sein jähes und ernüchterndes Ende.

3 Die Folgen von Muret

In der Languedoc war, wie wir nun wissen, eine hochblühende Kultur ganz eigenen Gepräges entstanden. Das Land war ein Teil der okzitanischen Sprachgemeinde, deren geographischen Mittelpunkt sie bildete. Ob in der Wissenschaft (römisches Recht, Medizin), der Kunst, der Literatur oder der wirtschaftlichen Blüte, überall stand die Languedoc mit an der Spitze der damaligen Entwicklung. Ihre geographische Situation und ihre freien Kontakte zu aller Welt, vor allem aber der mittelmeerischen, hatten sie zu dem gemacht, was sie war: eine hochstehende Kulturnation. Alle Geschichtsbücher zum Mittelalter sind voll von der Geschichte Englands, Deutschlands, Frankreichs, Burgunds oder Italiens. Über den Südwesten Europas aber schweigen sie. Dort war jedoch eine Macht im Entstehen begriffen, die, wäre sie zur Entfaltung gekommen, die Karte Europas entschieden verändert hätte. Wie wir wissen, waren es vor allem drei mächtige Dynastien, die sich dort um die Vorherrschaft stritten: Aquitanien, Toulouse und Barcelona. Letztlich konzentrierte sich die Rivalität auf die Häuser Toulouse und Barcelona, die die gesamten südfranzösischen Länder soweit sie zum Mittelmeer tendierten, unter sich aufteilten. Die beiden Häuser waren gleichzeitig schon seit Generationen eng miteinander verwandt. Was ein Krieg nicht entschieden hätte, über die Wahrscheinlichkeit der natürlichen Erbfolge wäre sicher entstanden, was allen europäischen Herrscherhäusern drohend vor Augen stand: ein geeinter okzitanischer Machtblock von den Alpen bis zu den Pyrenäen. Frankreich wäre für immer vom Mittelmeer abgeschnitten gewesen. Der französische König aber hätte nie seine europäische Führungsstellung erlangt. Daß er diese aber haben sollte, schien den Päpsten für sie selbst von größtem Vorteil. Die Kreuzzugstrategie in Südfrankreich war politisch ein genialer Schachzug aus der Sicht Roms und Frankreichs. Wie rechtzeitig das Eingreifen des Papstes kam, zeigt das Jahr 1271, in dem genau das passierte, was eben die Befürchtung der europäischen Kräfte ausmachte. Die Dynastie der Raymondinen in Toulouse starb ohne Nachfolge aus. Die Angst vor einem katalanisch-languedocischen Mittelmeerstaat war also kein Hirngespinst. Wie wichtig den kapetingischen Königen das Mittelmeer war, zeigt die Gründung von Aigues-Mortes durch Ludwig IX., den man den Heiligen nennt. Freilich waren die französischen Könige allesamt keine Seefahrer. Nicht nur

81

DER ALBIGENSER-KREUZZUG

Karl der Große hatte mit seiner Mittelmeerpolitik Pech. Auch Ludwigs Unternehmungen am Mittelmeer, genauer in der Languedoc, zeugen von Unvermögen. Aigues-Mortes war ein totgeborenes Kind. Während Barcelona, Marseille und Genua ständig an Größe und Bedeutung gewannen, nahmen die einst so blühenden Seehandelsstädte der Languedoc, wie z. B. St-Gilles und Narbonne, den Weg eines schleichenden Niedergangs. Nur Montpellier wuchs und gedieh nach der französischen Landnahme in der Languedoc. Montpellier gehörte als einzige der ehemaligen languedocischen Städte zu Aragon; es unterstand weder einem königlichen Statthalter noch besaß es einen Bischof.

4 Letztes Mittel zur 'Befriedung': Die Inquisition

Nach Muret war aber längst noch nicht alles entschieden. Seiner Führer vorläufig beraubt, kämpfte nun das Volk allein gegen seinen Unterdrücker. Raymond VI. und seinem Sohn Raymond VII. gelang es noch einmal vorübergehend ihr Land zurückzugewinnen. Bei der vergeblichen Belagerung von Toulouse 1218 fiel Simon von Montfort. Die Wurfmaschine, die den Henker Gottes erledigte, wurde nach tolosaner Überlieferung von einer Frau bedient. Erst jetzt sah sich das französische Königshaus genötigt, selbst einzugreifen. Dennoch gelang es dem jungen Grafen Raymond VII., alle ernsthaften Angriffe auf sein Eigentum mit mehr oder minder Erfolg abzuweisen. Warum er sich, damals von allen als Sieger gewähnt, auf den Vertrag von Meaux und den damit verbundenen schändlichen Unterwerfungsfrieden von Paris 1229 eingelassen hatte, ist auch heute noch unergründlich. Aber wenn auch der Herr des Landes wenigstens dem Anschein nach aufgegeben hatte, sein Volk muckte unverdrossen gegen die nordfranzösische Unterdrückung auf. Bis in die erste Hälfte des 14. Jh. dauerte es, daß endlich alle Ketzer erledigt und der letzte Widerstand des Volkes erlahmt war. Fast jede Stadt der Languedoc hatte ihre Aufstände und Volkserhebungen. Die Ketzer waren nach 1218 eher mehr als weniger geworden. Die Großoffensive der Kirche, parallel zu den militärischen Aktionen, wurde systematisch weitergetrieben. Die Anhänger und Mitarbeiter des Hl. Dominikus erhielten ihre Anerkennung als Orden. Vom Papst wurde ihnen ausdrücklich der Status und das Privileg des Predigers verliehen. Die Ausweitung des neuen Predigerordens, der Dominikaner, erfolgte in großem Stil. Das 4. Laterankonzil führte zusätzlich die Ohrenbeichte als jährliche Pflicht ein. Länger als ein Jahr konnte also niemand mehr unerkannt Ketzer sein. Im Frieden von Paris mußte sich Raymond VII. für zehn Jahre zur vollen Unterhaltung von Magistern in Toulouse verpflichten. Die damit verknüpfte bzw. verordnete Universitätsgründung verfolgte also eindeutig das Ziel, die orthodoxe Lehre zu festigen und zu verbreiten. Drei spätere Päpste haben in Toulouse kanonisches Recht gehört.

Als letzte und gravierendste Maßnahme dieser ›Gegenreform des 13. Jh.‹ wurde schließlich das schwerste Geschütz aufgefahren. Gregor IX. verfügte per Bulle die Einführung einer Sonderjustiz, die ausschließlich der Auffindung und Austreibung der Häresie dienen sollte und nur dem Papst unterstand. Seit 1234 in der Languedoc eingeführt und praktiziert, hat diese Sonderjustiz, die Inquisition, hier wie andernorts, der Kirche mehr Schaden zugefügt als Nutzen. Wie sich der Albigenser-Kreuzzug hundert Jahre später in Avignon bitter gerächt hat, erwies sich auch diese grausige Maßnahme der Errichtung einer Sonderjustiz des Hl. Stuhles mit Methoden, die jeder christlichen Gesinnung hohnlachen, als ein Schlag ins eigene Kontor. Viele der bekannten Aufstände der Bevölkerung waren gegen die Kirche und die Minderbrüder, Dominikaner und Franziskaner, die Träger der Inquisition, gerichtet. Die Inquisition machte vor nichts halt. In ihrem heiligen Eifer schreckte sie nicht davor zurück, sogar Tote zu exhumieren, zu verurteilen und zu verbrennen.

Um uns nicht allzu lange mit diesem schauerlichen Kapitel aufzuhalten, wollen wir uns einem letzten, doch erheblich erfreulicherem Ergebnis dieser ›Gegenreform‹ zuwenden, der Baukunst.

5 Kunstimport aus dem Norden: Die Gotik

Ähnlich wie bei der romanischen Architektur wird der deutsche Betrachter languedocischer Gotik seine Vorstellungen in vielen Punkten korrigieren müssen. Was er hier vorfindet, muß ihn verwundern: schwere, massige Mauern mit ebensolchen Mauerstreben; keinerlei Öffnungen im unteren Bereich des Baues. Erst im oberen Bereich Fenster. Gewiß, diese sind etwas größer als bei vergleichbaren romanischen Bauten, aber das Blockhafte der gesamten Anlage, ihr Mauercharakter, läßt ahnen, daß es sich bei diesem Kirchentypus doch noch mehr um einen Massenbau mit gotischen Formen als um einen gotischen Gliederbau handelt. Keine Fialen, Krabben, Wimperge und schlanken Strebebögen. Wie Festungen sehen sie aus, die gotischen Kirchen der Languedoc. Paradebeispiele dafür sind die Kirchen von Lodève, Clermont-l'Herault und La Dalbade in Toulouse. Sicher trifft dies nicht für alle Kirchen zu. In Rodez (Abb. 13), Toulouse und Narbonne sind wir erstaunt, hochgotische Kirchen vorzufinden. Vom Osten her betrachtet, sehen sie alle gleich aus. Dies ist auch nicht verwunderlich, denn sie alle haben denselben Architekten, Jean de Champs, einen Meister der Auvergne, der vermutlich in Reims seine Kunst studiert hat und von dem auch noch die Kathedralen von Clermont-Ferrand und Limoges stammen. Von den beiden zu groß konzipierten Kathedralen von Toulouse und Narbonne sind jeweils nur die Chöre fertig geworden. Wie der gescheiterte Versuch einer Kunstdiktatur stehen sie, recht eigentlich als Fremdkörper, herum, diese überproportionierten unfertigen Chöre. Sie sind nur groß, der Esprit und die Eleganz ihrer nordfranzösischen Schwestern konnten nicht mit importiert werden.

Neben dieser homogenen Gruppe von Kathedralfragmenten zeichnet sich eine zweite Serie von Bauten ab. Diese ist weniger einheitlich. Es handelt sich dabei um drei Bauten, von denen jeder ein Unikum für sich darstellt, singuläre Erscheinungen ohne direktes

DIE GOTIK

Vorbild und ohne Nachfolge in der Languedoc. Die Kathedrale von Auch (Abb. 42) gehört zu den Kirchen, die noch im 15. Jh. in ›gothique flamboyant‹ begonnen worden sind, aber im Laufe der Stilwandlung mit der aufkommenden Renaissance ein neues Gesicht erhalten haben. Die formschöpferische Lösung der Westfassade als Zweiturmanlage in Renaissanceformen findet in dieser gelungenen Weise, wie wir sie in Auch vor uns sehen, nur ein vergleichbares Werk in Frankreich, St-Michel in Dijon. Das zweite dieser Unika ist die Jakobinerkirche in Toulouse (Abb. 78). Von außen ein ungefüges Werk, typisch für die languedocische Gotik, überrascht sie im Innern mit einer Raumschöpfung, die dem Atem verschlägt: eine Halle von einer unbeschreiblichen Eleganz und einem berauschenden Raumgefühl, eine Lösung, wie sie nur in der Languedoc entstehen konnte (Abb. 80). Die dritte im Bunde dieser Gruppe der Sonderbauten ist das martialisch aussehende Ungetüm einer Kirche, Ste-Cécile in Albi (Abb. 92). Diese letztgenannte Kirche gehört aber genau besehen von ihrer Anlage her zu einem Bautypus, der als die eigentliche gotische Kirchenform der Languedoc gelten kann.

Diese languedocische ›Sondergotik‹ stellt im Prinzip nichts anderes dar als die Fortführung eines uns bekannten Bautypus der Romanik in gotischen Formen: Die Saalkirche, wie wir sie in Lescar vorgefunden haben. Ein großer Einheitsraum mit offenen Kapellen zwischen den mächtigen Mauerstreben und zweigeschossigem Aufriß ist das zugrunde liegende Prinzip. Die Formen sind gotisch, d. h. die Seitenkapellen öffnen sich zum Hauptraum hin in spitzbogigen Arkaden, und die Wölbung erfolgt durch weitgespannte Kreuzrippen. Als wichtige Nahtstelle zwischen Romanik und languedocischer Sondergotik gilt allgemein der raymondinische Neubau der Kathedrale St-Etienne von Toulouse. In rein formgeschichtlicher Ausdeutung mag dies zutreffen. Aber in diese, für die languedocische Kirche des 13. und 14. Jh. typische Formschöpfung des Kirchenbaues gehen sicher noch andere zeitbedingte Aspekte hinein. Der äußerliche Festungscharakter und der große Einheitsraum im Innern antworten in sinnvoller Weise auf wichtige Anforderungen dieser Zeit. Die politische Stellung der Bischöfe und Priester in der Languedoc nach der französischen Eroberung war keine sichere; die vielen Volkserhebungen gegen den Bischof einer Stadt zeugen von der Notwendigkeit einer Wehrarchitektur. Vielfach, z. B. in Albi und Narbonne, baute der Bischof noch vor der Kathedrale seine Zufluchtsburg. Auch die Kirchen mochten dieser Bestimmung unterliegen. Zum anderen machten die Bedingungen der neuen Volkspredigt, zu der die Bischöfe und Priester ihre Kirchen zur Verfügung stellen mußten, eine neue Raumkonzeption nötig, durch die gleichzeitig möglichst große Volksmengen angesprochen werden konnten. Predigtkirche, Wehrbau und die alte Tradition der romanischen Baukunst verschmolzen in dieser Sondergotik zu einer organischen Einheit.

Auf Frankreichs Südrouten nach Santiago de Compostela

I Von Le Puy nach Ostabat

1 Im Bannkreis des Zentralmassivs

Le Puy – Rodez – Conques

Der Fernreisende aus Deutschland wird, nachdem er bei *Lyon* kurz die Rhône berührt hat, diesem europäischen Schicksalsstrom sofort wieder den Rücken zukehren und, sich der neuen Autobahn nach *St-Etienne* anvertrauend, in eine andere, etwas unwirtlichere Landschaft eintreten. Unendliche Hügelketten, viel Grün und noch mehr Kurven. Bei *Firminy*, wo die Raserei ein Ende hat, weil hier die Autobahn vorläufig endet, findet sich der Reisende wieder in einem Flußtal. Diesmal ist es die Loire. Noch ein französischer Schicksalsstrom. Eigentlich vermutet man die Loire ja ganz woanders, nämlich dort, wo die berühmten Schlösser stehen. Nun, die Loire ist bekanntlich Frankreichs längster Strom. Sein Oberlauf ist vielen unbekannt. Das Departement Haute Loire, im wesentlichen die Landschaft des Velay umfassend, bildet sich aus zwei Flüssen und drei Hügelketten, die ihrerseits Ausläufer des Zentralmassivs sind. Die nüchterne, ja strenge Schönheit dieses Landes ist uns vertraut, kennen wir sie doch von unseren Mittelgebirgen her. Ehrwürdig und gelassen, wie ein in sich zusammengesunkener Riese, liegt es vor uns, das Zentralmassiv. Ehrwürdig ist auch sein Alter. Längst vor den Alpen entstanden, gehört es neben den Ardennen, den Vogesen und dem Armorikanischen Schild zu Frankreichs ältesten Landmassen. Granit und Basalt bilden seinen Leib. Der dunkle Stein verleiht den Bauten ihre Erdenschwere. Wir folgen ab Firminy dem abwechslungsreichen Verlauf der N 88 (Route Nationale) stromaufwärts, um nach einer knappen Stunde am Ziel unserer ersten Etappe zu sein.

Le Puy

Doch bevor wir in Le Puy Halt machen, sei dem Reisenden empfohlen, zunächst in Richtung *St-Flour/Aurillac* weiterzufahren, um nach ca. 1 km stadtauswärts kehrt zu machen. Nun vom Westen sich Le Puy nähernd, erlebt man das volle Panorama dieser

Le Puy

LE PUY

fantastisch gelegenen Stadt in seiner ganzen Einmaligkeit. Die sanften Hügelketten des Velay (Abb. 2) erfahren eine dramatische Wende. Bizarre Formen stören den Urschlaf des stillen Hügellandes. Über eine Million Jahre ist es her, daß die Erde sich räkelte und sich dabei Schürfungen zuzog. Vier unvermittelt und schroff aufsteigende Felsen bestimmen das Plateau von Le Puy (Abb. 1). Vor uns liegen die beiden Felsen, der Rocher Corneille (Mont Anis) und der spitze Zacken von Aiguilhe. Bestürzung, ja Beklommenheit vor der Unwirklichkeit und Bewunderung für die unbeschreiblich wilde Schönheit dieser Formationen mischen sich beim Anblick von Le Puy. Niemand konnte sich bisher dem Zauber dieser »berühmten und volkreichen Stadt«, wie sie eine Chronik des 10. Jh. beschreibt, entziehen. »Die Perle des Massif Central«, »die male-

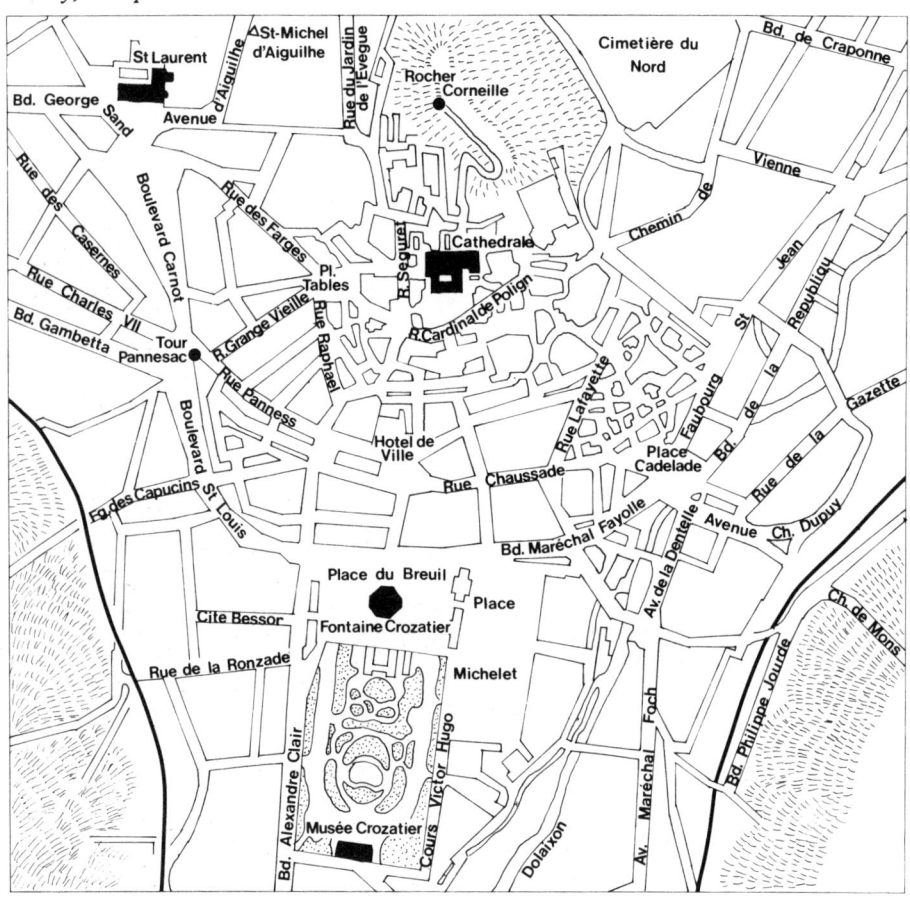

Le Puy, Stadtplan

1 LE PUY Blick auf die Stadt

2 Die Landschaft in der Nähe von LE PUY ▷

3, 4 LE PUY Fassade und Turm der Kathedrale

5, 6 LE PUY Kathedrale, Porche du For und Pilasterkapitell des Porche St-Jean

7 LE PUY Kathedrale, fünftes und sechstes Joch
8 LE PUY Kreuzgang

9 LE PUY Kapitell im Kreuzgang

10 LE PUY Kathedrale, Chorsockelwand mit gallo-römischem Relief

11 LE PUY St-Clair

12 LE PUY St-Michel d'Aiguilhe

13 RODEZ Westfassade der Kathedrale

14 RODEZ
Hauptschiff der
Kathedrale

16 Blick auf
CONQUES ▷

15 RODEZ
Kathedrale,
aquitanischer
Sarkophag

17 CONQUES Westansicht von Ste-Foy

18 CONQUES Ste-Foy, Tympanon ▷

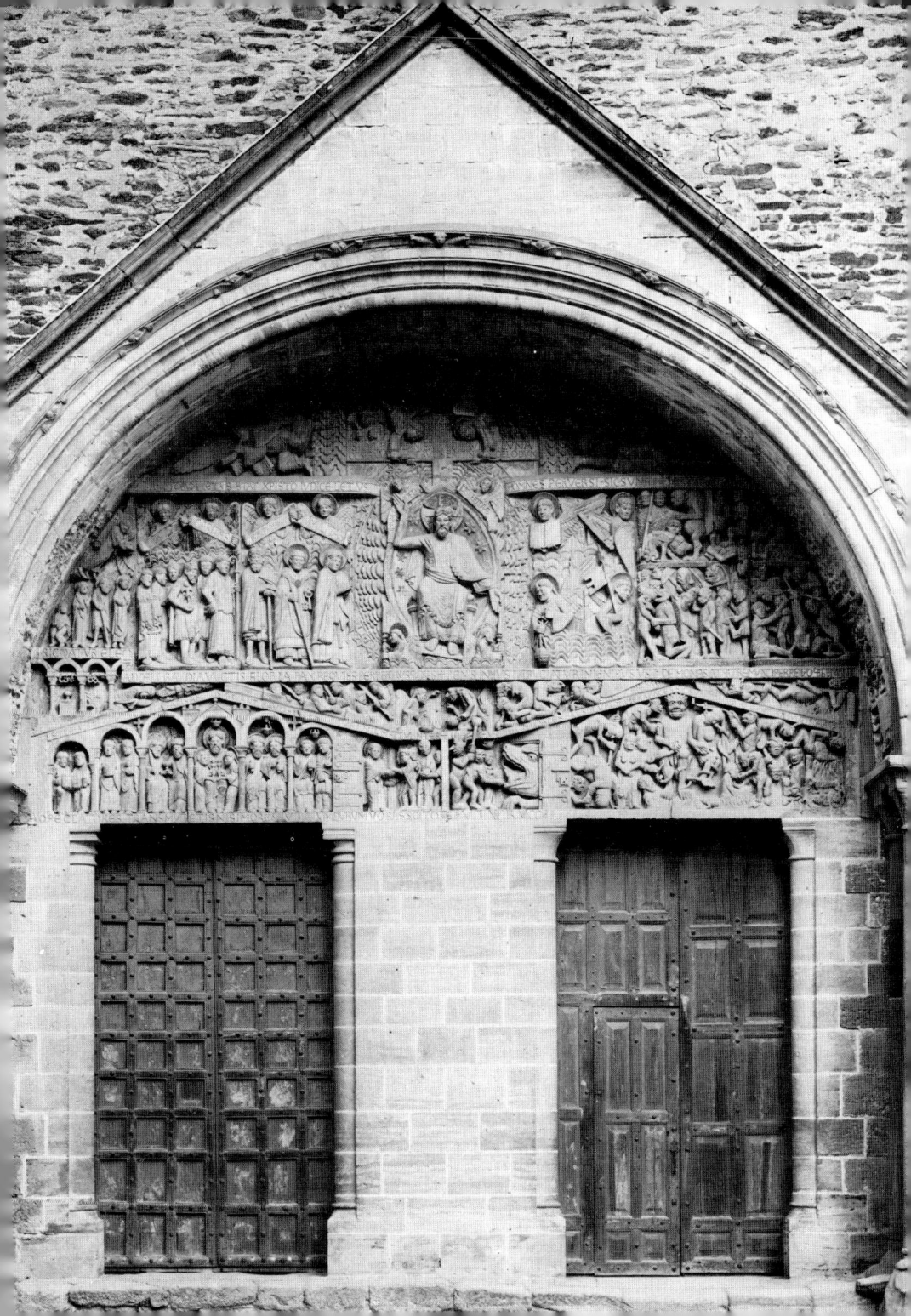

19 CONQUES Ste-Foy, Detail des Tympanons

20 CONQUES
›Verkündigung‹
im nördlichen
Querhaus

21 CONQUES
Kreuzgang-
kapitell

22, 23 CONQUES Ste-Foy von Osten und Hauptschiff mit Kuppelansatz
24 FIGEAC Oustal de lo Mounedó

25 CAHORS Kathedrale St-Etienne, Detail des Tympanons

26 CAHORS Blick auf die Kathedrale

27 MOISSAC St-Pierre, Portalbau

28, 29 MOISSAC St-Pierre, Trumeau und Vorhallenwölbung

30 MOISSAC St-Pierre, Maskenrelief am Portal

rischste Stadt der Welt« bietet von nahem wahrhaft den Anblick einer Akropolis des Mittelalters.

Über dem unentwirrbar verkeilten Häusermeer mit den unzähligen Gassen und Treppen erhebt sich auf etwa halber Höhe des Rocher Corneille (130 m) die stolze *Kathedrale,* um ihrerseits von der riesigen Statue der Notre-Dame-de-la-France, einem gußeisernen Koloß des 19. Jh., überragt zu werden. Auch als Mont-St-Michel des Festlandes hat man diesen heiligen Berg bezeichnet. Der Vergleich hat vieles für sich. Auch Le Puy hat sein Michaels-Heiligtum und eine berühmte Wallfahrt zu diesem verehrten Heiligen des Mittelalter. *St-Michel d'Aiguilhe* (Abb. 12) ist gleichzeitig eines der ehrwürdigsten und ältesten Zeugnisse der Verehrung dieses Erzengels, nachdem dessen Kult über den Monte Gargano in Süditalien ins Abendland eingedrungen war. Wie ein natürlicher Menhir ragt der Felsen unvermittelt über 80 m in die Höhe.

Eine der wichtigsten französischen Nord-Süd-Verbindungen, die *via regordana,* lief von Paris über Clermont-Ferrand und Alès nach Nîmes im Rhône-Delta. Sie führte direkt an Le Puy vorbei. Undenkbar, daß die Felsen von Le Puy nicht schon seit frühester Zeit Sitz religiöser Kulte gewesen wären. In römischer Zeit soll auf dem Rocher d'Aiguilhe ein Merkur-Heiligtum gestanden haben. Allerdings gibt es keinerlei archäologische Bestätigung für diese lokal sehr verbreitete Annahme. Die Häuser um den Felsen von Aiguilhe lagen im Mittelalter außerhalb der Mauern von Le Puy und bildeten eine bescheidene Gemeinde für sich.

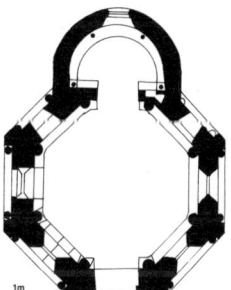

Le Puy, Kapelle St-Clair, Grundriß

Auf dem kleinen Dorfplatz, von dem aus man zum Aufstieg zur Michaelskirche gelangt, zieht sofort ein Gebäude durch seine oktogonale Form, seine uns zunächst fast orientalisch anmutende Inkrustation in verschiedenfarbigem Naturstein und seine harmonischen Proportionen unser Augenmerk auf sich: es ist die *Kapelle von St-Clair* (Abb. 11). Obwohl der Streit um ihre antike Herkunft noch kaum verstummt ist, kann ihre Datierung in die zweite Hälfte des 12. Jh. als gesichert gelten. Sie gehörte als Totenkapelle zum ehemals anschließenden Komplex des Hospital St-Nicolas, das in der Zeit der zahllosen Pilgerzüge relative Bedeutung für Le Puy besaß. Zusammen mit dem freistehenden Pilgerkreuz aus dem 15. Jh. und dem kleinen Brunnen in neugotischer Manier bildet die Kapelle St-Clair ein sehr mittelalterlich anmutendes Ensemble.

LE PUY

St-Michel d'Aiguilhe

Wir wenden uns aber jetzt dem Michaelsheiligtum zu (Abb. 12). 269 Stufen führen zu ihm hinauf. Der Aufstieg in den Morgenstunden empfiehlt sich, einmal, weil die kühle Morgenluft das Treppensteigen merklich erleichtert, und zum anderen, weil man von der Spitze aus einen herrlichen Blick über die Stadt bei Gegenlicht hat, dies um so mehr im Frühjahr oder Herbst, wenn die Morgennebel langsam von den Häusern weichen. Am Anfang dieses Michaels-Heiligtums steht, wie sollte es anders sein, eine lokale Legende. Ein Mädchen der Stadt war in den Verruf gekommen, ihre Unschuld verloren zu haben. Trotz flehentlicher Beteuerungen ihrer Unschuld wollte ihr diese aber niemand mehr abkaufen. In ihrer Verzweiflung rief sie Gott, die Hl. Jungfrau und den Erzengel Michael als ihre Zeugen auf. Entschlossen kletterte sie auf den Felsen, stürzte sich zu Tal und – im Flug ereilte sie ein Engel, wer anders als der Hl. Michael, der sie sanft zu Boden trug. Durch dieses Wunder war eine große Menge Neugieriger angelockt worden, die alles nicht glauben wollten und eine zweite Auflage des Wunders verlangten. Übermütig geworden, stieg das Mädchen noch einmal auf den Felsen und stürzte sich abermals in die Tiefe. Doch der Erzengel, in der Meinung, daß ein Wunder ausreichen müsse, versagte diesmal seinen Beistand und die Kleine stürzte sich jämmerlich zu Tode.

Im Gegensatz zur Kathedrale sind wir über die Baugeschichte der Michaelskirche sehr genau informiert. Der Dekan der Kirche von Le Puy, Truannus, beschloß um die Mitte des 10. Jh., vielleicht vom Vorbild des Mont-St-Michel angeregt, auf dem Rocher d'Aiguilhe ein Michaels-Heiligtum zu errichten. Mit der Unterstützung des Bischofs Godescalc ließ er einen Weg zum Gipfel und dort ein kleines Oratorium erbauen, das am Donnerstag, dem 18. Juli 961 vom selben Bischof eingeweiht wurde. Bei dem Oratorium des Truannus handelt es sich um ein damals sehr beliebtes Schema, nämlich einen quadratischen Raum mit drei Apsiden im Osten, Norden und Süden. Dieser karolingische Bau ist heute noch von außen

Le Puy, St-Michel d'Aiguilhe, karolingischer Kernbau, Schnitt und Grundriß

sehr gut erkennbar. Im Innern bildet er den Chor des nunmehr romanischen Baues des 12. Jh. Dieser romanische Erweiterungsbau brachte nicht nur eine Vergrößerung, sondern eine völlig neue Konzeption. Die Unregelmäßigkeit des Felsplateaus ausnützend wurde der alte Kern mit einer Art Ringhalle ummantelt. Während der karolingische Bau keinerlei Skulpturenschmuck aufwies, brachte der Neubau eine stattliche Bereicherung auch hierin.

Die 32 teilweise monolithen Säulen des Innenraums sind mit reichskulpierten Kapitellen versehen, die nach neuester Erkenntnis allesamt in der zweiten Hälfte des 12. Jh. entstanden sind. Die sechs umstrittenen ›merowingischen‹ Kapitele (s. Fig., Nr. 1–6) stammen wahrscheinlich von einer lokalen Werkstatt, deren Eigenart im Tradieren vorromanischer Kapitelle bestand.

Der interessanteste Teil der Kirche aber, die Skulptur betreffend, ist die Fassade (Farbt. 3). Über einem einfachen, von zwei Säulen flankierten und mit einem skulpierten Türsturz abgeschlossenen Portal eröffnet sich eine zweite reichgestaltete Bogenzone. Das Bogenfeld selbst ist nicht gestaltet (möglicherweise war es bemalt), wird aber eingefaßt von einem üppigen Rankenmotiv. Drei sechspaßförmig angelegte Bogenfelder mit figürlicher Darstellung werden wiederum durch Ranken, in die Figuren eingelassen sind, zusammengefaßt. Ein Fries aus verschiedenfarbigem Naturstein schließt das Bogenfeld ab. Als dritte Zone erhebt sich darüber als waagerechter Abschluß der Fassade ein Wandkompartiment, bestehend aus einem floral verzierten Okulus, Zierbändern aus verschiedenfarbigem Stein und einer Reihe von fünf Blendarkaden mit ebenfalls figürlichen Darstellungen. Die zwei Sirenen auf dem Türsturz und die Säulen

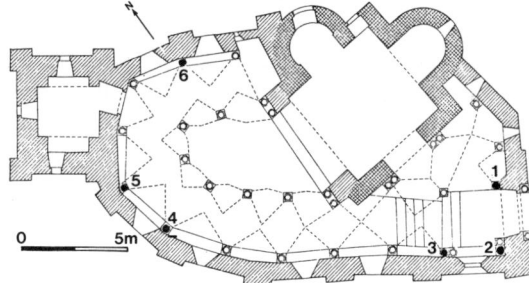

Le Puy, St-Michel d'Aiguilhe, Grundriß; 1–6 ›merowingische‹ Kapitelle

sind Neuschöpfungen des 19. Jh., allerdings skrupulös nach den alten Vorbildern angefertigt. In den kleeblattförmigen Bogenfeldern im Zentrum das Agnus Dei umgeben von Engel und Adler und vier Ältesten der Apokalypse (?). In den Feldern links und rechts Adoranten des Lammes Gottes. Im Zentrum der oberen Arkadenreihe thront Christus als Richter zwischen (v. l. n. r.) Johannes, Maria, Michael und Petrus. Sowohl das ikonographische Programm als auch seine Anordnung von Skulpturen und vielfarbiger Inkrustation sind streng komponiert und stellen einen absoluten Einzelfall für das gesamte Velay dar. Doch wenden wir uns jetzt dem Hauptwerk von Le Puy, seiner Kathedrale, zu.

LE PUY

Die Kathedrale

Was bei der Kapelle St-Clair und dem Portal von St-Michel als wohltönender Akkord angeschlagen wurde, hier vor der Fassade der Kathedrale (Abb. 3) schwillt der exotische Traum zu einer Symphonie aus farbigem Stein und Erinnerungen an Tausend-und-eine-Nacht an. »Alles erinnert hier an den Orient, jenen ewigen Orient, der das Mittelalter so fasziniert hat. Das Fremdartige der Kathedrale erscheint dem Durchreisenden wie ein Rätsel.«[20] Nicht ganz so euphorisch wie Emile Mâle sieht Viollet-le-Duc immerhin in dieser Kirche »das Bauwerk des französischen Südens, das von allen das höchste Interesse verdient«.

Sicher saßen schon Kelten vor der römischen Invasion am Mont Anis. Die Hauptstadt der Vellaver in römischer Zeit war Ruessium, das heutige St-Paulien. Die Quellen berichten nur sehr spärlich. Im 5. Jh. soll der Heilige Evosius (St-Vosy) seinen Sitz aus wahrscheinlich strategischen Gründen nach dem Mont Anis verlegt haben. Die französischen Könige hatten aus naheliegenden machtpolitischen Gründen immer ein sehr reges Interesse an diesem Ort. Unter den Besuchern der Stadt finden sich illustre Gäste: dreizehn Könige, darunter Karl der Große, Karl der Kahle, Philipp August, Ludwig der Heilige und Franz I., sechs Päpste (darunter Urban II. und Alexander III.) und zahlreiche Heilige, wie Majolus, Odilo, Petrus Venerabilis (alle Cluny), Dominikus, Antonius von Padua, der Hl. Rochus, Vincent Ferrier u. v. m. Die politische und wirtschaftliche Geschichte allein genügt nicht, um das zu erklären, was Le Puy im Mittelalter bedeutete. Es gibt auf dieser Erde eine Reihe von Orten, die geradezu Religion und Religiosität provozieren und hervorbringen. Le Puy ist ein solcher Ort. Sein Ambiente, die beiden Felsen, bilden ein natürliches Heiligtum, das im Mittelalter, einer Zeit, die fast ausschließlich vom Religiösen erfüllt war, seinen Höhepunkt erfahren mußte.

Als im 5. Jh. Evosius seinen Bischofssitz von Ruessium nach Anicium verlegte, wußte er nicht sofort, wohin er seine Kathedrale bauen sollte. Es war die Jungfrau Maria, die ihm auf wunderbare Weise den Platz für die neue Kathedrale enthüllte. Er führte seine Gemeinde an die ihm geoffenbarte Stelle und fand dort einen Stein, den wunderwirkenden *Pierre de Fièvre*. Nach Meinung einiger Gelehrter handelt es sich bei diesem Stein um Reste eines alten Druidenaltars, der einer gallischen Göttin geweiht war, die jungfräulich gebären mußte. Diese Auffassung besitzt einige Wahrscheinlichkeit dadurch, daß in Gallien tatsächlich an mehreren Orten die Verehrung einer jungfräulich gebärenden Göttin in vorchristlicher Zeit bekannt war. Somit hätte die christliche Mutter Gottes nur die Nachfolge einer heidnischen Vorgängerin angetreten. Der wundertätige Stein der Jungfrau Maria war schon seit frühester Zeit Anziehungspunkt für fromme Pilger. Der Erbauer der ersten Kathedrale war ein Senator namens SCVTARIVS, der später selber Bischof von Anicium wurde. Dieses erste christliche Heiligtum wurde christlicher Legende zufolge von Engeln eingeweiht, woher sich im Mittelalter die Bezeichnung *Chambre Angelique* für den ältesten Teil der Kathedrale ableitet.

Für die frühe Marienverehrung spricht der Fund eines Sarkophages des späten 4. Jh., auf dem die seltene Abbildung der Zweifel Josephs dargestellt ist. Das Bekannteste an Anicium wurde bald das Heiligtum der Jungfrau Maria, das man allgemein als Puy de Ste-Marie bezeichnete, woraus sich schließlich als Kurzform immer mehr der Name Le Puy einbürgerte.

Die nächste große Gestalt auf der Kathedra von Le Puy war Bischof Godescalc. Wiewohl die Stadt selbst Anziehungspunkt für zahlreiche Pilger war, unternahm er zusammen mit einem Teil seines Domkapitels als erster Prominenter eine Pilgerfahrt nach Santiago. Er löste damit nicht nur im Abendland die große Welle der Santiago-Pilger aus, sondern knüpfte auch besonders enge Verbindungen zu dem Heiligtum in Galizien. Möglicherweise waren es diese frühen Kontakte mit Spanien, die den besonderen islamisierenden Zug des Velay mitbewirkt haben. Weniger die Verehrung des Hl. Jakobus hat nach neuester Ansicht die Pilgerfahrt des Godescalc bewirkt, als sein legitimes Interesse an der Verehrung der Jungfrau Maria, denn auf dem Weg nach Santiago hat er im spanischen Kloster Albelba den Mönch Gomez beauftragt, eine Kopie des Traktats des Hl. Ildefonso von Toledo anzufertigen, einen Traktat, den dieser wider die Gegner der Jungfräulichkeit Mariens gerichtet hatte. In dem ersten Buch der Wunder der Hl. Fides von Conques bestätigt Bernard von Angers bereits um 1013, daß die Wallfahrt nach Le Puy bekannt und sehr beliebt sei. Wann das erste Gnadenbild der Notre-Dame-du-Puy seine Aufstellung fand, ist leider nicht bekannt. Seine früheste Erwähnung datiert aus dem Jahr 1096, als Raymond IV. von St-Gilles vor seinem Aufbruch ins Heilige Land diesbezüglich eine bedeutende Stiftung hinterließ. In dem berühmten ›Pilgerführer nach Santiago‹ wird Le Puy bereits als der wichtigste Pilgerort an einer der vier empfohlenen Hauptrouten (vgl. Fig. S. 48) zum Apostelgrab in Galizien bezeichnet. Die Eigenständigkeit der Kunst des Velay bezeugt einmal mehr, wie gering der tatsächliche Einfluß der Pilgerwege auf die konkrete Ausformung der einzelnen romanischen regionalen Stile war.

Baugeschichte. Wenngleich auch die ältesten Quellen zur Baugeschichte der Kathedrale von Le Puy erst aus dem 14. Jh. stammen, so sind wir doch heute einigermaßen sicher über deren einzelne Baufolgen informiert. Der von Gregor von Tours erwähnte Bau des Scutarius aus dem späten 5. Jh. weist in seinen heute noch sichtbaren Resten an der Ostseite die reichliche Verwendung von Spolien gallorömischer Bauten auf (Abb. 10). Diese stammen möglicherweise von einem heidnischen Tempel, der an der Stelle des heutigen Kathedralgeländes gestanden haben könnte. Aus dieser Zeit stammt auch der Türsturz der sogenannten Papstpforte an der ›Porche du For‹ an der Südostecke des Baues (Abb. 5). »SCVTARI PAPA VIVE DEO« lautet die Inschrift. Die Bogenstirn ist mit demselben Motiv zweier gegenständig gesetzter S-Formen verziert, das wir auch an der Außenseite des Chores und am Baptisterium St-Jean finden.

In der zweiten Hälfte des 11. Jh. wurde dieser älteste Teil von einer zweiten Kirche umbaut, die aus einem großen Haupt-

LE PUY

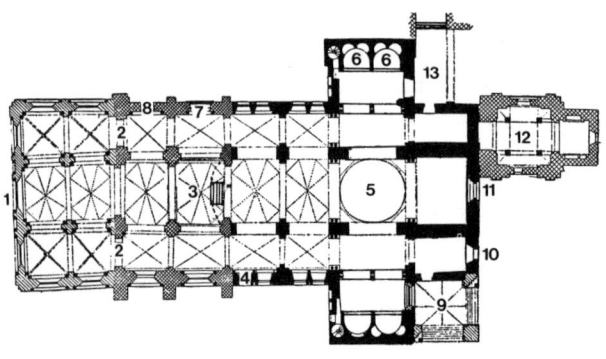

Le Puy, Kathedrale Notre-Dame du Puy, Grundriß

1 Westfassade
2 ›Portes de cèdre‹ (Mitte 12. Jh.)
3 ›Pierre des fièvre‹
4 Heutiger Südeingang
5 Hauptaltar und Statue der Notre-Dame de Puy (17. Jh.)
6 Romanische Fresken: Martyrium der Hl. Katharina, Die Hl. Frauen am Grabe; oben: St. Michael (11. Jh.)
7 Tafel des Pest-Gelübdes (1630)
8 Reliquien-Kapelle
9 Porche du For
10 Eingang zur Sakristei: Schatzkammer
11 Gallo-römische Reliefs an der Chorsockelwand
12 Turm (Skulpturen, Grabmäler)
13 Porche St-Jean (Eingang zum Kreuzgang)

schiff mit zwei Seitenschiffen und einem Vierungsturm bestand. Bereits ein halbes Jahrhundert später war diese Kirche für den anwachsenden Pilgerstrom zu klein geworden. Bei dem folgenden dritten Bau wurde Le Puy II in umgewandelter Form zum Chor des Neubaues, der nun ein weitausladendes Querhaus mit offenen Tribünen bekam und im Westen um zwei Joche erweitert wurde. Diese beiden Joche wurden durch einfache, queroblong gestellte achtseitige Klostergewölbe überkuppelt.[21] Noch im selben Jahrhundert war ein zusätzlicher Erweiterungsbau notwendig geworden. Wiederum wurden zwei Joche im Westen hinzugefügt. Diese beiden Joche sind die einzigen Bauteile der Kirche, die im Laufe der Jahrhunderte nicht entscheidend verändert worden sind. Bei diesem Erweiterungsbau war aber bereits die Grenze des Felsenabhangs erreicht und erste Substruktionen mußten errichtet werden. Die Westfassade, also bereits über dem Hang liegend, war durchbrochen durch ein großes Mittelportal, von dem aus man über Stufen direkt Zugang zum Altar im Mittelschiff hatte. Nach der Aufstellung der wundertätigen Statue der *schwarzen* Notre-Dame-du-Puy (1254?) wurden noch einmal zwei Joche im Westen hinzugefügt, diesmal weit über den Hang hinaus. Die Westfassade mußte nun bis zum neuen Treppenansatz hinuntergezogen werden, wodurch die Fläche eine Vergrößerung um etwa die Hälfte ihrer ursprünglichen Dimension erfuhr. Am Ende einer monumentalen Freitreppe entstand eine ungeheure Mauerfläche, die im unteren Teil durch drei große Arkadenöffnungen aufgebrochen war und durch deren mittlere man wiederum direkt in Fortsetzung der äußeren Treppe bis zum Hauptaltar gelangen konnte.

Die Passage zwischen dem 2. und 3. Joch war abgesperrt durch ein kupfernes Portal, die *Porte Dorée*. Diese einmalige Konzeption war sicher, bedenkt man das Ritual einer Pilgerfahrt, von ebenso einmaliger Wirkung. Der Bau dürfte einschließlich der Westfassade Ende des 13. Jh. weitgehend fertig gewesen sein.

Bereits im 15. Jh. beginnt nun die Leidensgeschichte des Baues. Ein gewaltiges Erdbeben erschütterte die Westfassade, die im 17. Jh. durch zwei massive, aber höchst unelegante Mauerstreben gestützt werden mußte. Aus praktischen Überlegungen wurde im 18. Jh. die Konzeption der zentralen Pilgerzuführung aufgegeben und der Strom der Wallfahrer über eine seitliche Treppe auf der Nordseite umgelenkt. Der älteste Teil des Kreuzgangs, dessen Südgalerie, wurde dabei völlig abgebaut. Damals entstand auch das Sprichwort, man müsse die Kathedrale durch die Nasenlöcher betreten und durch die Ohren, die beiden östlichen Portale, wieder verlassen. Die erneute, diesmal vollständige Restaurierung des 19. Jh., wenn auch teilweise mit sehr viel Aufwand, Geschick und Originalgetreue von Mallay durchgeführt, ließ den heutigen Bau der Kathedrale in fast keinem Abschnitt ungeschoren. Die gravierendsten Eingriffe waren aber wohl die neue, nun südliche Seitentreppe, die völlige Neugestaltung der Vierungskuppel (Tour Angelique), die vollständige und absolut sinnlose Veränderung des ältesten Teiles, nämlich des Chores, und der Abriß und Wiederaufbau des Glockenturmes. Eine kurze, aber präzise stilgeschichtliche Baubeschreibung und Interpretation erscheint wegen der zahlreichen Veränderungen des Baues und seiner lückenhaften Quellenlage hier unmöglich. Dem Leser seien deshalb in Kürze lediglich die wichtigsten Details zur Orientierung in die Hand gegeben.

Außenbau. Die Westfassade (Abb. 3). Von der Place des Tables ausgehend, führt eine breite Monumentaltreppe direkt auf die Fassade, deren Hauptcharakteristikum, die reiche Inkrustation aus verschiedenfarbigem Stein, sich wie ein morgenländischer Teppich über die ganze Fläche verströmt. Die fast verwirrende Vielfalt der Muster und die lebendige Farbigkeit lenken etwas von der an sich strengen plastischen Ordnung der Fassadengliederung ab. Der rechteckige, gelagerte Rahmen, bekrönt von drei Giebeln, von denen lediglich der mittlere ein echter ist, wird durch die Überschneidung zweier Systeme lebendig, aber klar rhythmisiert. Der dreigeschossigen Aufteilung in der Höhe entspricht die dreiachsige Anlage. Die mittlere Achse ist überbetont. Die alleinzugängliche, leicht angespitzte Bogenöffnung des mittleren Portals ist breiter als die beiden Seitenöffnungen, die einen reinen Rundbogen als Abschluß haben. Für die Fensteretage gilt das gleiche Prinzip. Das untere Geschoß wird durch vier kräftig hervortretende Lisenen in drei hochaufgerichtete Rechteckfelder eingeteilt. Die Lisenengliederung reicht bis zum Fenstergeschoß. Der Wechsel von leichten Spitz- und Rundbögen in der Horizontalen der beiden ersten Geschosse wird im Mittelteil der dritten Etage in eine vertikale Ordnung umgewandelt. Rhythmischen Wechsel der Formen bekundet auch die alternierende Verwendung des halben Sechspasses in den Blendarkaden über dem Portal und zwischen den Fensteröffnungen und des dreiviertel Vierpasses zwischen den Seitenportalen und den Außenlisenen. Das Verhältnis von Rundformen und Flächen ist einseitig zugunsten der Lisenen und Pilaster verschoben. Die schlanken Säulen haben ausschließlich Dekorfunktion. Trotz der reichen Durchglie-

LE PUY

derung der Fassade bleibt diese in ihrem Wesen flach, also Mauer. Eine Mauer, die keinerlei Aufschlüsse über die Tektonik des dahinterliegenden Gebäudes gibt. Sogar die Geschoßeinteilung verunklärt die dahinterliegenden Raumverhältnisse, denn das unterste Fassadengeschoß reicht bis zum Ansatz der Fenster, während das tatsächliche Niveau des Kirchenbodens dort liegt, wo die kurze Gesimsleiste die Seitenportalöffnungen vom Blendtriforium trennt. Nichts Tektonisches offenbart der Westabschluß, er bleibt Fassade im eigentlichen Sinne des Wortes, gemäß der römischen Tradition der Verkleidung von monumentalen Massenbauten. Dieselbe Funktion besitzen auch die übrigens sehr ob ihrer Authentizität umstrittenen Seitengiebel.

Porche du For (Abb. 5). Das gesamte südliche Querhaus wurde von Mallay abgerissen und erneuert. Dabei gingen vor allem die wertvollen Fresken des 12. Jh. verloren. Dennoch blieb von diesen rigorosen Restaurierungsarbeiten der untere Teil der südöstlichen Portalanlage verschont. Der quadratische Bau stellt in dieser seiner einmaligen Form ein weiteres Beispiel der originären und selbständigen Architektur des Velay dar. Die doppelten Bögen der Portalöffnung, durch kurze Pilaster als Speichen miteinander verbunden, der Rhythmus von Pilaster und Säulen, der Wechsel des Gesteins innerhalb der Pilaster, die Kapitelle von erlesener Qualität und die Bogenstirn der Pforte, die direkt ins Querhaus mündet, sind Beweis dieser Selbständigkeit. Zusätzlichen Wert erhält die Porche du For durch die andere Pforte, die zur südlichen Chorkapelle führt, die sogenannte päpstliche Pforte, über der jener Türsturz aus dem späten 5. Jh. mit der Erwähnung des Skutarius eingesetzt ist.

Der Glockenturm (Abb. 4). Obwohl Mallay den Turm im wesentlichen wegen seiner starken Baufälligkeit abtragen ließ, wurde er unter Verwendung aller

Le Puy, Glockenturm (nach Viollet-le-Duc)

noch brauchbaren Steine, die genau numeriert worden waren, wieder originalgetreu aufgebaut. Der Turm des 12. Jh. steht absolut frei wie seine italienischen Brüder. In seiner Form folgt er den Türmen, wie sie im Limousin üblich sind. Mit Limoges wie mit Poitiers verbanden Le Puy besonders enge Kontakte. Der Turm besteht aus sieben Etagen, deren jede nach oben folgende etwas zurückspringt. Drei Besonderheiten unterscheiden ihn von seinen möglichen Vorbildern im Limousin. Außer daß er völlig frei steht, ruht er auf einem durchbrochenen Unterbau, was ihm eine gewisse Schwerelosigkeit verleiht. Daneben bringt er im sechsten Geschoß mit den hochgezogenen, vorgeblendeten Giebeln eine neue Form in die Romanik ein, die vor allem im Wimperg der Gotik ihre Vollendung finden wird. Zum Dritten besaß der Turm ein reiches Skulpturenprogramm, das durch die Restaurierung weitgehend verloren ging. Das im Musée Crozatier aufbewahrte Original der romanischen Version des berühmten ›Dornausziehers‹ verdient besondere Beachtung.

Porche St-Jean, der seinen Namen dem benachbarten Baptisterium verdankt, ist auf seine Weise ebenso originell wie die gegenüberliegende Pforte. Die Türöffnung zum nördlichen Querhaus war ursprünglich als einziges Portal der Kathedrale mit einem skulpierten Tympanon versehen. Die Revolutionäre haben hier 1794 ganze Arbeit geleistet. Dennoch kann man die ursprüngliche Darstellung aus den Umrissen erkennen. Über einem nach auvergnatischen Vorbild flachgiebelig abgeschlossenen unteren Register erscheint Christus flankiert von zwei Engeln. Darunter war vermutlich das Abendmahl dargestellt. Der unwahrscheinlich flache Segmentbogen auf Pilastern mit stark antikisierenden Kapitellen (Abb. 6), der die Vorhalle zum Baptisterium hin öffnet, wurde lange für eine Neuschöpfung des 19. Jh. gehalten, hat sich aber als Original erwiesen.

Das Innere (Abb. 7). Der heutige Raumeindruck wird empfindlich dadurch gestört, daß man die Kirche nicht mehr frontal von unten her betritt, sondern durch das südliche Seitenschiff. Dies ist von entscheidender Bedeutung. Denn wenn die Annahme von M. Durliat stimmt, daß beim zweiten Erweiterungsbau, d. h. beim Bau der beiden östlichen Langhausjoche, diese nicht ursprünglich überkuppelt waren, dann geht die Idee der Kuppeln auf die gleichzeitige Konzeption der frontalen Innen-/Außentreppe zurück. Formales Vorbild mag dabei das eng verbundene St-Hilaire in Poitiers gewesen sein. Die mittelalterliche Kunst war nicht nur eine theologisch reflektierende, sondern noch viel mehr eine sehr sinnlich gebundene Kunst. In dem Maße aber, wie die Architektur eine sinnlich abbildende (anagogische) Kunst war und der Kirchenbau in irgendeiner Form das Himmlische Jerusalem versinnbildlichen sollte, gehen die Art der Fassadengestaltung, die Treppenbildung und der von unten her erlebte Kuppelraum eine neue, exzeptionelle, aber sehr sinnvolle wie sinnliche Symbiose ein. Jerusalem war auch und vor allem im 12. Jh. eine orientalische Stadt. Und wir dürfen nicht vergessen, daß der Erste Kreuzzug maßgeblich in Le Puy konzipiert wurde.[22] Dieser Zusammenhang in der Geschichte der Darstellung des Himmlischen Jerusalem als konkrete Abbildung orientalischer architektonischer Gegebenheiten ist bis heute in der Forschung überhaupt noch nicht gesehen worden.

Neben den beiden Außenportalen besitzt die Kathedrale noch zwei Innenportale neben der Porte Dorée, die sogenannten ›Portes de cèdre‹, Meisterwerke der mittelalterlichen Holzschnitzkunst.

An der Nordwand des linken Seitenschiffs befindet sich ein hervorragendes Wandgemälde des 15. Jh., die ›Sieben freien Künste‹ darstellend. Von der ursprünglichen Malerei des 11. und 12. Jh., mit der die Kathedrale vor allem in den östlichen Teilen reich ausgestattet war, sind nur noch spärliche Reste erhalten geblieben. So findet man in den Nischen der nördlichen Querhaus-Apsiden zwei Beispiele. In der linken Nische erkennen wir eine Auferstehung mit den drei Frauen am Grab und in der rechten findet das Martyrium der Hl. Katharina seine Verherrlichung. Entgegen früheren Annahmen stammen diese Fresken wohl aus dem zweiten Viertel des 13. Jh. Dennoch können die starken Byzantinismen ihre vermutlich unteritalienische Herkunft nicht verleugnen. Bei weitem älter und von byzantinischen Ikonen her beeinflußt sind die Fresken auf der darüberliegenden nördlichen Tribüne, wo besonders die überdimensional große Figur des Hl. Michael als Drachentöter (5,50 m Höhe) an eine Entstehungszeit im späten 11. Jh. denken läßt. Aber alle solche Frühdatierungen scheitern wohl an der Baugeschichte, die eine Entstehung vor dem ersten Viertel des 12. Jh. nur schwerlich zuläßt. Neben dem Hl. Michael erkennen wir ein Urteil des Salomon. Die restlichen Darstellungen sind nicht eindeutig identifizierbar.

Der Kathedralbezirk umschließt eine Reihe von Gebäuden, die zusammen eine Stadt für sich ergeben. Dies ist aus der religiösen wie auch der politischen Stellung des Bischofs von Le Puy nur verständlich. Eine Stadt in (und über) der Stadt, als solche tritt uns der Kathedralbereich heute noch von seiner erhaltenen Bausubstanz gegenüber.

Baptisterium St-Jean. Auf der nördlichen Seite genau gegenüber vom Glockenturm sehen wir ein fast schmuckloses Gebäude mit zwei einfachen Türöffnungen, deren östliche vermauert ist. Zwei kauernde Löwen flankieren das heute als Eingang benützte Portal, dessen Türsturz erneuert worden ist. Relativ hoch über der Portalzone bilden sechs große unverzierte Blendarkaden einen Fries. Zwei davon sind zu Fenstern vergrößert. Das bescheidene Gebäude bildet im Grundriß außen ein Rechteck und innen einen einzigen Raum mit einem runden Chorabschluß mit fünf radial angeordneten Apsiden. Die Chorscheitelapside wurde ebenfalls in späterer Zeit zu einem Fenster umgebaut. Die uns fremd anmutende Grundrißkonzeption, von außen eckig und innen rund, ist im Mittelmeerraum vor allem in Syrien und Nordafrika seit dem 4. Jh. bekannt und war auch in Südfrankreich bis ins 12. Jh. hinein verbreitet.

Vom 13. Jh. bis zur französischen Revolution ist der Gebrauch dieses Bauwerks als Baptisterium lückenlos belegt. In seiner Grundsubstanz stammt der Bau aus vorromanischer Zeit, und zwar aus derselben wie der älteste Teil der Kathedrale.

Um 1100 oder etwas später ist der Bau mehrfach umgestaltet worden. Die Nischen im Chor und dessen Kalotte ebenso wie das ganze Schiff wurden im 12. Jh. eingewölbt. Nach dem Einsturz des großen Gewölbes wurde dieses durch einen leichten Dachstuhl aus Holz ersetzt. Das

Taufbecken findet sich nicht, wie zu vermuten wäre, im Zentrum, sondern wurde (nachträglich) in die Nordwand eingelassen. Im Chor war ein marmorner Altar aufgestellt, dessen Fundamente man wiedergefunden hat.

Logis des Clergeons. Dieser wesentliche noch erhaltene Trakt des Kapitelkonvents bietet uns seit allerjüngster Zeit eine Reihe hochbedeutender Fresken des 13. Jh. Im Parterre, nur vom Kreuzgang her zugänglich, finden wir die ›Totenkapelle‹, die natürlich ursprünglich nichts anderes war, als der am Hof gelegene Kapitelsaal. Das gesamte Bogenfeld der Südseite dieses Saales wird von einem relativ gut erhaltenen Fresko mit der Kreuzigung Christi eingenommen. Durch den rechteckigen Rahmen der blaugrundigen Kreuzigungsszene erscheint diese selbst innerhalb des Tympanons als Bild im Bilde. Neben Christus erkennen wir Maria und Johannes und über den Kreuzesarmen zwei Engel sowie Sonne und Mond. Ebenfalls über der Kreuzigung huldigen himmlische Heerscharen dem Erlöser. Vier Großfiguren, links Hosea und Jesaias, rechts Philon (der Jude) und Jeremias, jeweils mit großen Schriftrollen, begleiten die Szene. Eine Inschrift in gotischen Lettern auf weißem Grund schließt die Darstellung ab und bestätigt uns, daß dieses Gebäude in nur 99 Tagen errichtet worden ist. Als Vermittler für die byzantinische Auffassung der Komposition und der Personen kamen sicher wiederum italienische Künstler in Frage. Durch Stilvergleiche ergibt sich heute als Entstehungszeit der Beginn des 13. Jh., was auch mit der Baugeschichte korrespondieren würde.

Der Saal über der sogenannten Totenkapelle besitzt ebenfalls noch einige sehr wertvolle wie von der Ikonographie her interessante Fresken. Es handelt sich dabei um die beiden Schachspieler (ein offensichtlich christlicher König spielt gegen einen muselmanischen Emir) und um die Belagerung einer Stadt. Jüngst hat F. Enaud[23] sehr aufwendig nachzuweisen versucht, daß es sich bei diesen Fresken um die Darstellung der Eroberung der Pyrenäenstadt Mirambel handelt, wie sie im Wilhelms-Epos geschildert wird. Die Schachspieler wären demzufolge Karl der Große und der maurische König Mirat; bei dem daneben erkennbaren Prälaten handele es sich um den Bischof von Le Puy. Für die belagerte Stadt sei Le Puy als Vorbild genommen. Entstanden sei die Ausmalung während der Vorbereitungen für den Kreuzzug gegen die Albigenser, für den die Stadt ein wichtiger Sammelpunkt war. Der Auftraggeber wäre demgemäß der Bischof Bertrand de Chalençon. Die ausführenden Künstler zeigen mehr Eigenständigkeit, d. h. ihre Darstellungsweise ist weitgehend frei von den byzantinischen Einflüssen, die wir an der darunterliegenden Kreuzigung feststellen konnten.

Im zweiten Stock, in der Wohnung des Dekans, sind ebenfalls wertvolle Fresken wiederum ganz anderer Prägung freigelegt worden. Der Zyklus aus Medaillons mit heraldischen Tieren weist auf Vorbilder aus der orientalischen Textilkunst. Das Besondere dieser Raumausstattung liegt wohl darin, daß wir mit den Malereien in der Wohnung des Dekans erstmals Fresken in einem profanen Raum des frühen 13. Jh. vorliegen haben. Die bemerkenswerte Einheit dieser Fresken spricht vom erlesenen Geschmack entweder des Auftraggebers oder des ausführenden Künstlers.

Der Kreuzgang (Abb. 8). Sicher der Höhepunkt eines Aufenthalts in Le Puy ist der Besuch seines einmaligen Kathedralkreuzgangs. Betritt man diesen zentralen Raum klösterlicher Stille durch den Nordtrakt und blickt zur Südgalerie und der dahinter sich auftürmenden Nordwand der Kathedrale, fühlt man sich noch mehr als schon zuvor in den Orient versetzt. Erinnerungen an die Mezquita in Córdoba werden wach. Kirchenwand und Kreuzganggalerien stimmen ein in eine Fuge aus farbigem Stein in immer wiederkehrenden einfachsten Formen. Das nicht exakt rechteckige System der vier Arkadengalerien ist organisch und unverrückbar eingespannt in den Komplex hoher Gebäude, der Kathedrale im Süden, des Konventsgebäudes der Domkapitularen im Osten, des heutigen Diözesanmuseums im Norden und des Wehrbaus der ›Machicoulis‹ im Westen.

Trotz seiner Verstümmelungen im 18. Jh. und vorangegangenen Aufstockungen im 17. Jh., zeigt der Kreuzgang heute wieder sein vermutlich ursprüngliches Bild. Jeweils fünf, auf schweren quadratischen Pfeilern mit vorgestellten Säulen ruhende rundbogige Arkaden öffnen sich in Süd- und Nordtrakt zum Hofe hin. Die Arkadenstellungen der Längsseiten sind ungleich breit, so daß wir im Osten neun gegenüber acht Öffnungen im Westen haben. Der interessanteste und älteste Teil des Kreuzgangs, sein Südflügel, ist leider nur eine Replik des im 18. Jh. zerstörten Originals. Vielfach wird dieser Teil noch ins späte 11. Jh. datiert, was aber hinsichtlich der Baugeschichte der Kathedrale selbst nicht sehr wahrscheinlich ist. Richtiger ist wohl eine Annahme des Baubeginns zu Anfang des 12. Jh. Sukzessive im Laufe von ca. 100 Jahren wurden die anderen Teile des Kreuzgangs fertiggestellt. Dennoch haben wir bei der Südgalerie und den ersten Arkadenstellungen des Ost- und Westflügels einen der ältesten steingewölbten Kreuzgänge vor uns. Die Steinwölbung und der massive Charakter dieses Klosterganges haben möglicherweise neben ästhetischen Vorstellungen konkrete praktische Ursachen. Denn der Kathedralkreuzgang von Le Puy war nicht nur zur Meditation und Beschaulichkeit gedacht, er verband auch nicht nur sämtliche wichtigen Gebäude nördlich der Kathedrale miteinander, sondern er war gleichzeitig Herzstück der Verteidigungsanlage der bischöflichen Oberstadt, er war also auch Burghof. Durch das dekorative System der farbigen Steinintarsien wurde die gedrungene Massigkeit der Arkadenpfeiler in morgenländischer Eleganz und Leichtigkeit gemildert. Reicher Skulpturenschmuck an den Kapitellen (Abb. 9) der vorgestellten Säulen und ein durchgehender Relieffries unter der Dachtraufe bereichern die Farbigkeit des Steins und das verwirrende Spiel der Formen. Zwischen der Bogenstirn der Arkaden und den kräftigen Unterzügen, beide in regelmäßigem Wechsel der Steinfarbigkeit eindringlich gestaltet, vermittelt ein monumentaler, stark abstrahierter Astragal. Die Qualität der Kapitelle zeigt erhebliche Unterschiede. Die sogenannten ›karolingischen‹ Kapitelle stammen vermutlich aus derselben Werkstatt wie jene ›merowingischen‹ in St-Michel d'Aiguilhe. So verschmelzen Antik-Römisches, Merowingisches, Maurisches und Mittelalterlich-Romanisches zu einem organischen, märchenhaften Ganzen. An der südwestlichen Ecke dieses Kreuzgangs verschließt ein hervorragendes schmiedeeisernes Gitter des 12. Jh., vermutlich vom Chor der Kathedrale stammend, den Zugang zu dieser.

Le Puy war, wie wir wissen, Sammel- und Ausgangspunkt einer der vier vom ›Pilgerführer‹ empfohlenen Hauptrouten. Viele Wege führen nach Rom; aber im Mittelalter konnte man getrost Rom durch Santiago ersetzen. Wie zahlreich diese Wege waren, zeigt schon allein der Abschnitt zwischen Le Puy und dem nächstgrößeren Pilgerort *Conques-en-Rouergue* (s. auch Karte der vorderen Umschlaginnenklappe). Dem Autoreisenden sei empfohlen, nicht die beiden Pilgerrouten in Richtung Conques zu nehmen, sondern den kleinen Umweg über *St-Flour* zum Cantal zu wählen. Schon von weitem grüßt einem die auvergnatische Bischofsstadt St-Flour, stolz auf einem ca. 100 m über das Tal des Lander ragenden Basaltkegel sitzend, bekrönt von der in grauem Urgestein erbauten Kathedrale des 15. Jh. Im Westen von St-Flour ragt der mit 1856 m zweithöchste Berg des Zentralmassivs, der *Plomb du Cantal*, auf. Wer ihn besteigt, steht auf

Verlauf der Pilgerstraße zwischen Le Puy und Conques

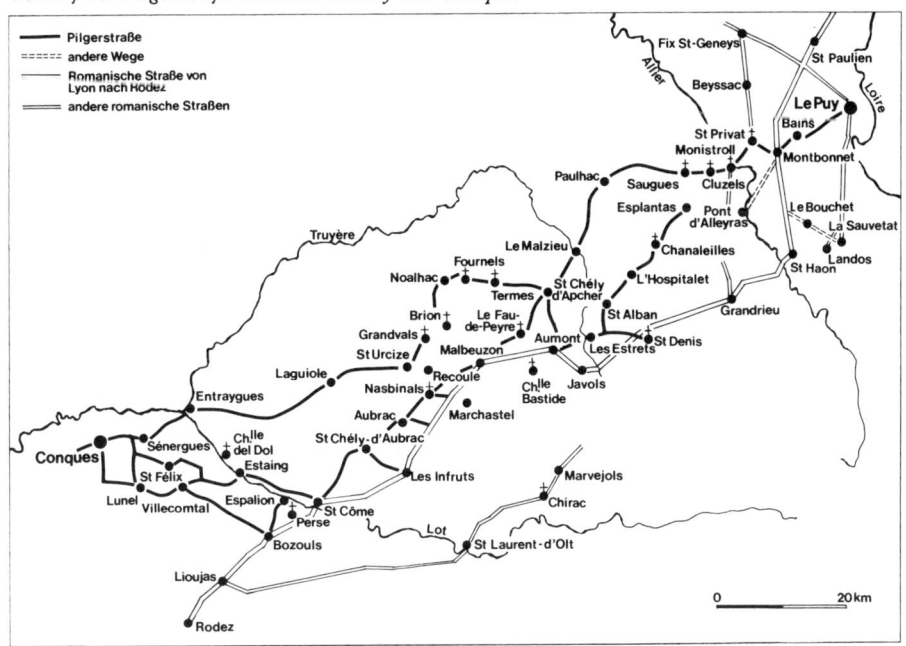

dem Dach Frankreichs. Bis weit in den März ist der Cantal ein vor allem anfängerfreundliches Skiparadies, das im Sommer einer idyllischen Viehzucht weicht. Der etwas streng schmeckende Hartkäse vom Cantal erfreut sich in Frankreich großer Beliebtheit, was durchaus etwas heißen will. Über die N 121 fahren wir von St-Flour direkt nach *Rodez*, wo man leichter als in Conques eine Übernachtungsmöglichkeit findet.

Rodez

Im 3. Jh. bereits soll der Hl. Martial das Evangelium in der Rouergue gepredigt haben. Dessen Werk setzte der Hl. Amand im 5. Jh. fort. Ein erstes Gotteshaus wurde 472 von den Westgoten zerstört. Sidonius Apollonius weihte die sofort wieder aufgebaute Kirche ein. 506 wurden die Gebeine des Hl. Amand feierlich in ein Mausoleum transferiert und die Kathedrale unter sein Patrozinium gestellt. Zehn Jahre später begann der neue Bischof Dalmatius, an der Stelle der heutigen Kathedrale einen Neubau, der diesmal der Gottesmutter geweiht war. Von diesem Dalmatius berichtet sein Zeitgenosse Gregor von Tours, daß er sein langes Episkopat damit verbrachte, Kirchen zu bauen, diese abzureißen, um sie wieder desto schöner neu aufzurichten.

Um die beiden Kirchen St-Amand und Notre-Dame entstanden zwei rivalisierende Stadtteile. Schließlich ging um das Jahr 600 der Titel der Kathedrale auf den Bau des Dalmatius über. Da keinerlei Berichte über Um- und Neubauten der Kathedrale seit dem 7. Jh. bekannt sind, handelt es sich wahrscheinlich bei dem Einsturz des Chores der Kathedrale in der Nacht vom 16. zum 17. Februar 1275 um den merowingischen Bau des Dalmatius. Der damalige Bischof zögerte nicht mit dem Beginn eines Neubaus. Bei der nun hochgotischen Konzeption war mit Sicherheit ein Meister am Werk, der bereits an den Kathedralen von Clermont-Ferrand und Limoges maßgeblich beteiligt war: Jean des Champs (maestre dels Cams). Seine Pläne wurden im wesentlichen bis zur Fertigstellung des Hauptschiffs im Jahre 1550 beibehalten.

Ein basilikales Langhaus mit nichthervortretendem Querhaus wird im Osten von einem sechs Joch tiefen Chor fortgesetzt. Die jeweils ersten beiden Chorkapellen schließen gerade mit der Außenmauer ab, während die folgenden drei Kapellen dem Schema der fünf polygonal abschließenden Radialkapellen des Chorumgangs folgen. Im Innern wirkt die Kathedrale kühl und leblos: die Pfeiler ohne Kapitelle, die ausgedehnte ungestaltete Wandfläche über den Arkaden, die einfallslose und sture rechteckige Rahmung der Triforienöffnungen, die ihrerseits genau die vier Bahnen der Obergadenfenster wiederholen, sowie schließlich die durch das falsche Triforium entstehende große Dunkelzone tragen zur Monotonie und Tristheit dieses Baues bei.

Neben den Chorschranken und dem reichen Chorgestühl sind von der Innenausstattung vor allem noch erwähnenswert zwei spätantike christliche Sarkophage, jeweils in den ersten Jochen der

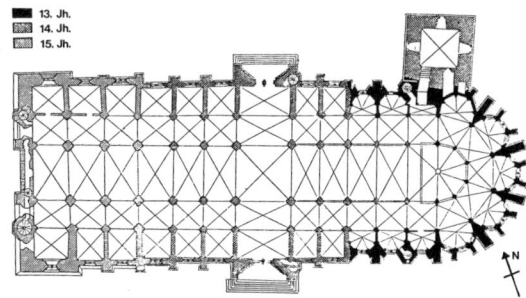

Rodez, Kathedrale, Grundriß

Seitenschiffe des Chores, und eine reichskulpierte Altarmensa (vermutlich Anfang 12. Jh.) an der Nordwand der Chorscheitelkapelle.

Beeindruckend allerdings ist die gewaltige Westfassade, deren Entstehung im 15. Jh. ihr niemand sofort ansieht. Zwei klobige, mit Treppentürmen versehene quadratische Turmbauten flankieren eine bis zur halben Höhe völlig ungestaltete Fassadenwand. Es gibt nur eine Bewegung, die nach oben. Dort kann der sich erniedrigend klein vorkommende Mensch den einzigen, dafür um so reicher gestalteten Teil der Fassade bewundern. Eine zauberhafte Rose in ›gothique flamboyante‹ wird bekrönt von einem anmutigen Renaissancegiebel.

Von gleicher Wucht und Raffinesse wie die Fassadenwand ist der ebenfalls wie in Le Puy freistehende Glockenturm des 14. Jh. an der Nordseite der Kathedrale, dessen oberste Etage im 16. Jh. seine Vollendung erfuhr.

Conques

Von Rodez aus kommend nähert man sich nach einer windungsreichen Fahrt durch das Tal des Dourdou dem heute nur wenige hundert Seelen zählenden Dorf von *Conques* (Farbt. auf der Umschlagklappe u. Abb. 16). Hoch über den engen und wilden Schluchten des Dourdou erhebt sich vor der Kulisse einer kargen und verlassenen Bergwelt, umgeben von Bäumen und Wiesen, inmitten kleiner schindelgedeckter Fachwerkhäuser die alte *Abteikirche der Hl. Fides (Ste-Foy)* (Farbt. 1; Abb. 17). Der einstige Wanderer, nicht der neuen Teerstraße folgend, erlebte den Eintritt in die mittelalterliche Stadt romantischer. Durch die Porte du Barry der alten Rue du Charlemagne folgend, stand er plötzlich vor den gewaltigen Kuben der Klosterkirche. Müde und abgespannt von der Wanderschaft, eingeschüchtert durch die ehrfurchtgebietenden Mauermassen, mußte er beim Nähertreten gleich noch eine gewissenaufwühlende Predigt, die sich gewaschen hatte, über sich ergehen lassen: er stand nämlich schauend und staunend vor dem berühmten Weltgerichtsportal der Westfassade (Abb. 18, 19).

CONQUES

Eine Kirche von solch imposanten Ausmaßen, von dergestalt kühnen Proportionen, ausgestattet mit einem Überfluß an kostbarsten Skulpturen und einem Kirchenschatz, der in Frankreich nicht seinesgleichen hat, muß in dieser gottverlassenen Gegend den heutigen Reisenden doch verwundern. Nun, hinter all dem Staunenerregenden steht natürlich eine Wallfahrt, eine Heiligenverehrung, die im 11. bis 13. Jh. eine der bedeutendsten in Frankreich war. Gleichzeitig liefern Conques und die Geschichte seiner Blüte ein Paradebeispiel dafür, welch wirtschaftliche Bedeutung der Besitz einer kostbaren Reliquie für ein Gemeinwesen im Mittelalter hatte.

Die im späten 8. Jh. von Dadon (Datus) an der Quelle ›Plo‹ gegründete erste Gemeinde war trotz großzügiger Unterstützung durch die Karolinger im Niedergang begriffen. Doch ab 865–866 ging es schlagartig mit der Abtei von Conques aufwärts. Was war passiert? Am Anfang der Geschichte der Verehrung der Hl. Fides in Conques steht ein Diebstahl. In den besagten Jahren soll nämlich ein gewisser Ariviscus, Mönch von Conques, die hochverehrten Gebeine der Seligen Fides aus ihrem Stammkloster bei Agen gestohlen und nach Conques gebracht haben. Der Diebstahl von Reliquien war für damalige Zeit nichts Außergewöhnliches, und niemand dachte im geringsten daran, solches Tun zu verschweigen. In dem ›Buch der Wunder der Hl. Fides‹ wird darüber berichtet.

Die Hl. Fides, Tochter eines angesehenen Bürgers von Agen, war am 6. 10. 303 im Alter von zwölf Jahren auf Befehl des Dacius zum Tod durch Enthauptung verurteilt worden, weil sie sich angeblich geweigert hatte, die heidnischen Götter anzubeten. Sie war damit eine der ersten und gleichzeitig wenigen französischen Märtyrer. Die religiöse Fantasie und die emotionale Erregung erfuhren noch eine bedeutsame Steigerung

Größenvergleich der drei Pilgerkirchen von Toulouse, Conques und Santiago de Compostela

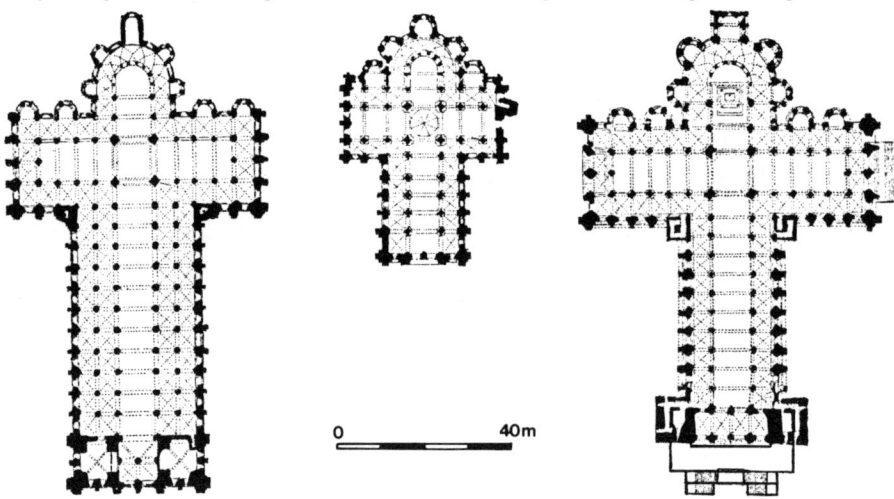

durch den Umstand ihres jugendlichen Alters und ihrer damit verbundenen Jungfräulichkeit. 883 wurden die Gebeine der Hl. Fides offiziell und feierlich in Conques aufgestellt. Stetig und unaufhörlich vermehrte sich von nun an der Pilgerstrom. Die in Umlauf gebrachten Gerüchte über Heilungen und Wundertaten halfen den Ruf von Conques weiterverbreiten. Eine neue, vorromanische Kirche von beträchtlichen Ausmaßen mit drei Schiffen, einem Torturm und einer Michaelskapelle entstand. Diese erste Kirche für die Hl. Fides scheint, abgesehen von den Querschiffen, bereits die Ausmaße des heutigen Baus erreicht zu haben und um 980 fertig gewesen zu sein. Just zu diesem Datum, welch ein Zufall, bewirkte die Heilige ihr größtes und berühmtestes Wunder, die Heilung des blinden Guibert. Die Kunde von diesem Wunder verbreitete sich rasch im ganzen Abendland und zog nun scharenweise Pilger und Neugierige an. Unter ihnen 1013 den Kathedralschulmeister Bertrand von Angers, der in den darauffolgenden Jahren die ersten beiden Bände des ›Liber miraculorum sancte Fidis‹ verfaßte. Im späten 11. Jh. entstehen das ›Chanson de Ste-Foy‹ und zwei weitere Bände mit den Wundern der Heiligen. In der ersten Hälfte des 12. Jh. wird Conques im ›Pilgerführer‹ als eine der wichtigsten Stationen auf dem Weg nach Santiago aufgeführt.

Die heutige Kirche

Sie ist eine Emporenhallenkirche wie jene anderen von Toulouse, Limoges und Santiago selbst, und wurde, wie M. Aubert gezeigt hat[24], zwischen 1041 und 1052 unter Abt Odolric begonnen. Dieser erste romanische Bau (Conques II) ist vermutlich im wesentlichen noch im 11. Jh. fertiggestellt worden. Von Abt Begon III. (1087–1107) wird in der Chronik von Conques *(Chronicon monasterii Conchensis)* nur berichtet, daß er sich dem Bau des Kreuzgangs und der Erweiterung des Kirchenschatzes gewidmet habe. 1065, also kurz vor seinem Tode, ließ Odolric die Gebeine der Hl. Fides feierlich in die fertiggestellten Ostteile der neuen Kirche übertragen.

Im frühen 12. Jh. erfuhr Conques II einen schwerwiegenden Umbau vor allem der Ostteile, dessen Umfang aber noch umstritten ist. Die Frage nach der Fertigstellung des Langhauses ist deshalb von so eminenter Wichtigkeit, weil für den Fall einer weitgehenden Beendigung dieses Bauteils im 11. Jh. die Kirche Ste-Foy zu Conques die erste der großen Pilgerkirchen mit Emporen gewesen wäre. Untersuchungen des Mauerverbandes Ende der sechziger Jahre[25] lieferten keinerlei Hinweise auf irgendeine Änderung oder einen Bauwechsel. Die Fassadentürme und die Vierungskuppel blieben allerdings auch im 12. Jh. unausgeführt. Während die Vierungskuppel im 15. Jh. aufgesetzt wurde, sind die Fassadentürme Zutaten der Restaurierungen im 19. Jh.

Obwohl noch im 16. Jh. die Bevölkerung tätig bei der Rettung der wertvollen Kirchengeräte und Reliquien mithalf, waren doch das Kloster und seine Pilgerfahrt dem Niedergang geweiht. Völlig in Vergessenheit geraten, wurde es 1838 von

CONQUES

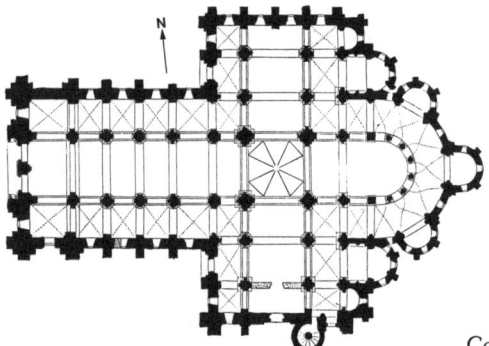

Conques, Ste-Foy, Grundriß

Prosper Merimée wiederentdeckt und seine Restaurierung eingeleitet.

Betrachtet man den Grundriß von Ste-Foy, stechen zwei Besonderheiten sofort ins Auge. Zum einen beeindruckt die verschiedene Tiefe der östlichen Querhauskapellen, die einen für ihre Zeit ungemein harmonischen Zusammenschluß mit den Radialkapellen des Chores bewirkt. Zum anderen fällt die ungewöhnliche Kürze des Langhauses im Vergleich zum weitausladenden Querhaus auf (20,70 m zu 35,00 m). Betritt man das Kircheninnere (Abb. 23), ist man fast bestürzt über die gewaltige Höhenerstreckung des Raumes. Ohne Unterbrechung führen die Pilaster- bzw. Halbsäulenvorlagen bis zum Ansatz der durchgehenden Rundtonne, in der sie sich als kräftige Gurte fortsetzen. Der Höhenzug der Architekturteile wird noch gesteigert durch die Proportionen des Raumes. 22,10 m mißt man vom Niveau des Fußbodens bis zum Scheitel der Wölbung. Das ist mehr als die gesamte Länge des Langhauses und das Dreifache seiner Breite (6,80 m). Zur Vierung hin erfährt diese Aufwärtsbewegung durch die hohe lichte Kuppel eine dritte Steigerung. Die ungewöhnlich hochgestelzten Arkaden der Chorsäulen und die doppelte Reihe von Rundbögen der dreigeschossigen Ordnung des Chorraumes kontrastieren angenehm mit der fast gefühllos nüchternen Architektur des Hochhauses. Die Zwillingsöffnungen der Emporen bringen keine Raumerweiterung, wie es das Prinzip der Hallenkirche wäre. Bestimmend bleibt der aufsteigende Richtungsbau des Hochhauses.

In den Trompen des *Vierungsturmes* sind zwei Engel und die Masken von Petrus und Paulus angebracht. Von der reichen Ausstattung der Kirche sind nur noch das schöne schmiedeeiserne Gitter des Chores, das übrigens enge Verwandtschaft mit denjenigen im Kreuzgang von Le Puy aufweist, und die Skulpturen an Kapitellen und an der Stirnseite des nördlichen Querhauses übriggeblieben. Die ältesten Kapitelle im *Chorumgang* und im *Querhaus* stellen neben S. Pedro de Roda (Nordspanien) das größte Ensemble an Flechtbandmustern dar. Mit zunehmender Bauzeit werden die figürlichen

Conques, Ste-Foy, Längsschnitt

Kapitelle häufiger, die bereits teilweise typische Merkmale des Tympanonmeisters aufweisen. Die lebensgroßen Skulpturen an der Stirnseite des nördlichen Querhauses, links Jesaias, in der Mitte die Verkündigungsgruppe (Abb. 20) und rechts Johannes der Täufer, sind sicher erst später hier angebracht worden. Aller Wahrscheinlichkeit nach waren sie für das in den unteren Teilen nicht mehr ausgeführte Westportal vorgesehen. Der Kopf des Johannes und derjenige des Richter-Gottes am Portal stammen offensichtlich vom selben Künstler.

Verlassen wir durch das Portal des südlichen Querhauses die Kirche, stehen wir unmittelbar über dem ehemaligen Klosterbezirk, von dem nur noch der westliche Trakt des Ende des 11. Jh. unter Begon III. entstandenen Kreuzgangs ganz erhalten geblieben ist.

Das Museum

Am Südende der Kreuzganggalerie befindet sich das neueingerichtete Museum mit dem Kirchenschatz, der durch glückliche Umstände im 16. Jh. vor dem üblichen Schicksal der Plünderung und Einschmelzung bewahrt werden konnte. So besitzt Conques heute in seinem von außen unscheinbaren Museum den größten erhaltenen Kirchenschatz des französischen Mittelalters.

Ste-Foy (Farbt. 2). Einmaliges Prachtstück und Mittelpunkt der Sammlung ist das berühmte Sitzreliquiar der Hl. Fides, das ursprünglich innerhalb des umgitterten Chores der Kirche zur Anbetung und Bewunderung ausgestellt war. Nordfranzösische Skepsis, wegen der Gefahr der Idolatrie, spricht schon aus den Worten des Bernard von Angers, als er 1013 bemerkt: »Sie zum erstenmal betrachtend, ganz in Gold, funkelnd von edlen Steinen und einer menschlichen Figur ähnlich, erschien sie den meisten einfachen Menschen, als ob sie (St. Fides) sie ganz lebendig anschaute und mit ihren Augen die Gebete erhörte.« Bislang ins 10. Jh. datiert, ergab die genaue Untersuchung im Zusammenhang einer gründlichen Restaurierung des Schatzes von Conques durch den ›Service des Monuments Historiques‹ im Jahre 1954–1955, daß die Sitzfigur der Heiligen kein einheitliches Werk ist. So wurden z. B. die unmotiviert und starr aus dem Block herausragenden Arme erst im 16. Jh. massiv gegossen. Die großen Kristallkugeln der Armlehnen sind eine Zutat des 14. Jh. Der Rumpf, ein mit Goldblech überzogener Holzkern, scheint im letzten Viertel des 9. Jh., also genau zur Zeit der ersten feierlichen Aufstellung der Reliquien (883) entstanden zu sein. Diese ursprüngliche Fassung wurde im späten 10. Jh. neu überarbeitet. Wahrscheinlich im Zusammenhang mit der Fertigstellung des vorromanischen Baus und dem damit ebenfalls verbundenen Wunder der Blindenheilung. Die größte Überraschung aber war die Feststellung, daß der Kopf sich als ein spätantikes Porträt aus Goldblech, vielleicht das eines Kaisers, herausstellte. Dieses antike Porträt des frühen 4. Jh. war der ersten Figur von Anfang an aufgesetzt.[26]

Die wertvollsten anderen Stücke des Kirchenschatzes, das sogenannte ›A Karls des Großen‹ die ›Laterne des Begon‹, das ›Hausreliquiar des Papstes Paschalis‹ und der emaillierte ›Tragaltar der Hl. Fides‹, dürften alle um 1100 aus der von Begon III. in Conques installierten Werkstatt stammen. Älteren Datums, um 1000, ist sicherlich das ›Reliquiar des Pipin‹.

Das Tympanon

Bevor wir nach diesem kurzen Besuch des Museums Conques verlassen, wenden wir uns noch einmal dorthin zurück, wo wir unseren Rundgang begonnen haben, nämlich zum *Hauptportal*. Ste-Foy in Conques besitzt neben Beaulieu, Moissac, Vézelay und Autun eines der größten und besterhaltenen Tympana der romanischen Epoche (Abb. 18, 19). Seine Datierung um 1130–1140 kann wegen einiger auffallender Ähnlichkeiten mit bestimmten Kapitellen des Langhauses und der mangelnden Möglichkeit zu direkten Stilvergleichen mit anderen Bildhauerschulen auch durchaus etwas früher angesetzt werden. Die strenge Registereinteilung, die Fülle der Figuren (124) und die Flachgiebel des unteren Registers kennzeichnen dieses Tympanon, das in seiner Gestaltung ganz bewußt auf den einfachen Pilgersmann hin konzipiert ist.

Im Zentrum der Anlage sitzt Christus in einer Mandorla vor Sternen und Wolken, wie er in Matth. XXV beschrieben wird. Hinter, d. h. über ihm, ebenfalls aus den Wolken herabschwebend, halten zwei Engel das Kreuz als Zeichen der Auferstehung. Ganz frontal dem Betrachter zugewandt sitzt der Weltenrichter mit eindeutigem Gestus. Seine Rechte weist nach oben, es ist die Seite der Seligen, seine Linke deutet ins Inferiore, ins Reich der Verdammten. Neben den beiden kreuzhaltenden Engeln blasen zwei andere zum Letzten Gericht. Unter Christus, links, holen Engel die Toten aus ihren Grüften, während rechts daneben deren Widersacher schon auf Beute lauern. Im linken Teil des mittleren Registers gestaltet sich der Zug der auferstandenen Seligen. Auf Wolken über ihnen erscheinen vier Engel, die sich durch ihre Schriftbänder als die vier Kardinaltugenden ausweisen. Der streng geordnete Zug der Seligen wird angeführt von der Jungfrau Maria, die gefolgt wird von Petrus dem Apostelfürsten. Dahinter, ebenfalls direkt auf den Betrachter schauend, ein alter Mann, auf den Stab des Eremiten gestützt, bei dem es sich wohl um Dadon, den ersten Klostergründer, handelt. Dann folgen zwei Äbte, vermutlich Odolric und Begon III. Karl der Große, der legendenhafte Förderer des Klosters, wird an der Hand nachgezogen. Auf der anderen Seite von Christus erscheinen vier Engel, einer mit dem Buch des Lebens, darunter einer mit einem Weihrauchgefäß und daneben zwei bewaffnete Hüter des Himmelreichs. Im äußeren linken Zwickel unter dem mittleren Register finden wir eine Szene aus dem ›Lied der Hl. Fides‹. Wiederum darunter folgt die Darstellung des Paradieses in Form einer idealisierten Architektur, die das Himmlische Jerusalem symbolisiert. Streng in Zweiergruppen geordnet finden wir im Paradies (v. l. n. r.) Apostel, die klugen Jungfrauen, Abraham mit zwei Seelen im Schoß, Propheten und Märtyrer. An der Pforte nimmt ein Erzengel die Auserwählten in Empfang. Ruhe, Ordnung und strenge Hierarchie herrschen im Paradies. Ganz anders die rechte Hälfte der beiden unteren Register. Chaotisch sind dort die Zustände. Im Fangen, Hängen, Würgen und Piesacken sind der Fantasie des Künstlers keine Grenzen gesetzt. Hier tut sich was! Da werden gleich mehrere im Netz gefangen, einem wird der Kopf abgebissen, einer Sünderin werden die Haare ausgerissen, eine Schaufel landet auf einem Kopf, da wird einem sein Lieblingsinstrument fortgerissen, dort wird ein Ketzer lebendig gegrillt, ein hochmütiger Ritter wird mit einer Gabel vom hohen Roß gestoßen, ein buhlerisches Paar wird nackt vor den Satan gezerrt und ein anderer an den Füßen aufgehängt. An dem ebenfalls erhängten Geizhals windet sich eine Schlange empor usw. Jeder bekommt sein Fett ab, ganz wie er es durch seinen ruchlosen Lebenswandel verdient hat. In unbändiger, naiver, aber drastischer Weise wird dem armen Pilger vor Augen geführt, was mit ihm passiert, wenn er nicht die Gebote Gottes und die der Kirche befolgt. 124 Figuren hat der Künstler aufgeboten, um seine Predigt möglichst lebendig zu gestalten. Das Ganze muß man sich noch reich bemalt, und zwar so grell und bunt wie nur denkbar, vorstellen. Denn alle diese romanischen Bildwerke waren ja ursprünglich farbig gefaßt, wie es das Portal von Conques beweist. Es hat als einziges noch Farbreste seiner originalen Bemalung erhalten.

2 Zwischen Lot und Garonne

Figeac – Cahors – Moissac – Agen

Von Conques aus empfiehlt es sich, zur N 662 zurückzufahren und eine Weile dem Oberlauf des Lot zu folgen. Bei der Flußschleife von Capdenac windet sich die Straße über einen kleinen Paß zum parallelen Fluß der Célé. Das hier erreichte **Figeac** geht ebenfalls auf eine Klostergründung zurück, nämlich St-Saveur. Dieses soll sogar älteren Ursprungs sein als Conques, dem es durch Karl den Großen vorübergehend unterstellt worden war. Bei dieser Gelegenheit hatten viele Mönche von Conques dessen unwirtliche Gegend verlassen und sich Figeac angeschlossen, das somit als Neu-Conques bald zur ernsten Konkurrenz werden sollte. Doch nach dem Raub der Reliquien der Hl. Fides durch Conques konnte Figeac trotz aller Bemühungen seine Konkurrentin nicht mehr überflügeln. Es schloß sich im Gegensatz zu Conques im späten 11. Jh. der Clunyazensischen Reform an.

Vom Ende des 11. Jh. stammen auch die ältesten Teile der heute noch stehenden *Abteikirche St-Saveur*, die zunächst der Tradition der Pilgerkirchen folgend mit Emporen gedacht war, aber im Laufe ihrer späteren Bauzeit im 12. und 13. Jh. diese Konzeption zugunsten größerer gotischer Fenster aufgab. Die Stadt selbst besitzt nicht nur eine Reihe malerischer Steinbrücken, die östlichste noch aus dem 13. Jh., sondern auch ein fast einmaliges Ensemble alter Stadthäuser, die leider allesamt einen sehr vergammelten Eindruck machen, wie z. B. das sogenannte ›Château de Balène‹, die ›Maison d'Anglouat‹ oder die ›Maison Murat‹. Die größte Sehenswürdigkeit, mustergültig wiederhergestellt, ist aber das ›*Oustal de lo Mounedó*‹ (Abb. 24), die ehemalige Münze der englischen und französischen Könige. Das rechteckige, zweigeschossige Gebäude des 13. Jh. öffnet sich im Parterre durch große spitzbogige Arkaden, hinter denen sich die Werkstätten befunden hatten. Zwillings- und Drillingsfenster geben reichlich Licht für die Wohnetage. Das ›Soleiho‹ (Sonnensitz) unter dem Dach scheint wohl erst im 17. Jh. aufgesetzt worden zu sein.

Cahors

In einer weiten Schleife des Lot liegt *Cahors*, die Hauptstadt der Grafschaft Quercy. Der schon durch seine Quelle bei den Kelten bekannte Ort erlebte als Divona Cadurcorum seine erste Blüte. Der Hl. Didier († 614), Bischof von Auxerre, stammte aus Cadurca. Sein goldenes Zeitalter erlebte Cahors aber erst im 13. Jh. Diese Hochkonjunktur verdankte die Stadt ihrer verkehrstechnisch günstigen Zentrallage und dem Umstand, daß sich zu Anfang dieses Jh. einige sehr smarte lombardische Geldwechsler und anschließend auch die Templer hier niederließen. Durch das Geschick der Norditaliener in Geldsachen wurde die Stadt nicht nur immens reich, sie wurde sogar zum ersten Bank- und Börsenzentrum Europas. Mit Geld konnten die Cadurcianer schon immer umgehen. Bereits im 6. Jh. war Cahors so reich, daß es sich der dortige Bischof leisten konnte, die Säulen zum Bau der Kathedrale bis aus Toledo kommen zu lassen. Der Bischof Didier (630–635) von Cahors war Vertrauter und Schatzmeister der merowingischen Könige Chlotar II. und Dagobert I. Bischof Gèraud II. de Gourdon erhielt schließlich 1088 von Graf Guillaume Taillefer von Toulouse das Recht, Münzen zu schlagen, was den Beginn der weltlichen Bischofsmacht in Cahors bedeutete. Ende des 11. Jh. wurde ja dann auch die Kathedrale begonnen.

Der Finanzberater und Bankier von Simon von Montfort, und damit des Albigenser-Kreuzzugs, war Raymond de Cahors, ebendort geboren und Angehöriger einer der ersten Familien des Quercy. Jacques Coeur, der Finanzier Karls VII. und des französischen Widerstands gegen die Engländer, stützte sich ebenfalls maßgeblich auf seine engen Beziehungen zu Cahors, Figeac und Montpellier.

Im Hundertjährigen Krieg war das gesamte Quercy in den Händen der Engländer, nur Cahors war wegen seiner Insellage für sie praktisch uneinnehmbar. Die Stadt blieb in ihrer Königstreue unerschütterlich. Im Vertrag von Brétigny trat der ohnmächtige französische König aber die Stadt an die Engländer ab. Die Schlüssel der Stadt wurden den Engländern ausgeliefert unter Hinzufügung der Beteuerung: »Nicht wir haben den König verlassen, sondern er liefert uns einem fremden Herrn aus.« Nach Abzug der Engländer 1450 war die Stadt, die ihr Geld an Päpste und Könige verliehen hatte und eigene Kontore selbst in Norwegen und dem Vorderen Orient besaß, für immer ruiniert. Von der großen Vergangenheit Cahors' künden heute noch vornehmlich zwei Gebäude, die Kathedrale und der ›Pont Valentré‹.

Cahors, Der Pont Valentré auf Wappen und Siegeln der Stadt

CAHORS

Die Kathedrale St-Etienne

Die Kathedrale (Farbt. 6; Abb. 26) ist wiederum ein höchst eigenwilliger wie unorthodoxer Bau, dessen Beginn, wie schon bemerkt, Ende des 11. Jh. anzusetzen ist. Am 27. Juli 1119 wurde von Calixtus II. deren Hauptaltar eingeweiht. Das Ungewöhnliche dieser Kirche ist ihre Einwölbung. St-Etienne-de-la-Cité in Périgueux und St-Etienne in Cahors streiten sich nämlich darum, welche von beiden Kirchen am Beginn der berühmten, etwa siebzig erhaltenen, südwestfranzösischen Kuppelkirchen steht. Den Einheitsraum sowie eine geeignete Überdachungsform suchend, fand man für die Lösung des Problems die Aneinanderreihung von kuppelüberwölbten Raumeinheiten. Das Vorbild dafür dürfte wohl in Byzanz zu finden sein. Gleichzeitig sind die elegant geformten Pendentivkuppeln mit einem unteren Durchmesser von 16 m die größten jemals in Frankreich in Angriff genommenen. Ihre Fundamente, sechs quadratische Stützpfeiler von fast 4 m Seitenlänge, stammen allesamt aus dem letzten Jahrzehnt des 11. Jh. Ihr Abstand zueinander beträgt 20 m und entspricht damit der Scheitelhöhe der verbindenden Joch- bzw. Schildbögen. Die Kirche ist also streng *ad quadratum* entworfen. Die daraus resultierenden harmonischen Innenraumverhältnisse lassen die für damalige Zeit außerordentliche Raumhöhe von 37 m bis zum Scheitel der Kuppel (vgl. Chartres 36,50 m; Notre-Dame de Paris 24,00 m; St-Sernin in Toulouse 21,10 m) nicht ahnen. Die Kalotten waren ausgemalt. Die Malereien in der westlichen Kuppel wurden von Johannes XXII., dem zweiten Papst von Avignon, der aus Cahors gebürtig war, in Auftrag gegeben. Der damalige Bischof Guillaume de Labroune beaufsichtigte gleichzeitig die Kopisten- und Illuminatorenwerkstätten am Päpstlichen Hof. Vermutlich waren es Künstler dieser päpstlichen Ateliers, welche die Malereien in Cahors ausführten. Im übrigen handelt es sich dabei nicht um Fresken, sondern um *al-secco*-Malereien, nach einem sehr alten Rezept auf der Grundlage von Eiweiß und Dot-

Cahors, Kathedrale St-Etienne, Grundriß

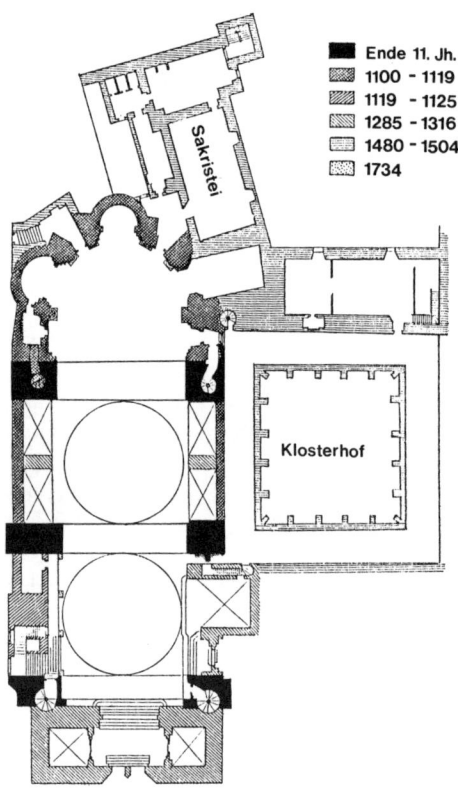

ter. Um ein Medaillon mit der Steinigung des Kirchenpatrons schließt sich ein Fries mit den höchst realistisch dargestellten Richtern des Märtyrers. Strahlenförmig, sphärisch wachsend gehen von hier aus acht 4,50–4,90 m lange Streifen mit den Propheten David, Daniel, Jeremias, Jesaias, Ezechiel, Jonas, Ezra und Habakuk. In ihrer Haltung und kräftigen Orangefarbigkeit erinnern sie stark an zeitgenössische Darstellungen der Glasmalerei.

Das Nordportal (Farbt. 6). Aus der Zeit des ersten absoluten Höhepunkts der romanischen Skulptur um 1130, zeigt es den deutlichen Einfluß der vorangehenden Werke von Toulouse und Moissac. Wie schon in Conques sind Registertypus und Christus-Darstellung in der Mandorla miteinander verwoben. Die Stirnseite der Portalvorhalle mit dem reichen Säulen- und Rosettendekor mußte eine rigorose Restaurierung über sich ergehen lassen. Im Hintergrund aber, im Halbdunkel der Vorhalle, erstrahlt das *romanische Tympanon* (Abb. 25) in all seiner ursprünglichen Kraft. Das Hauptthema dieses Portals ist die selten gestaltete Himmelfahrt Jesu (vgl. Porte Miègeville und Montceaux-l'Etoile) nach vermutlich syrischer Ikonographie. Schwebend mit segnend erhobenen Händen erleben wir Christus im Moment der Himmelfahrt. Himmlische Heerscharen empfangen ihren wiederkehrenden Herrn. In ekstatisch verzückter Bewegung lobpreisen seitlich des Heilands zwei Engel den Vorgang. Gefangen auf Erden, beobachten die elf Apostel den Heimgang ihres Meisters. Singulär ist auch die Anordnung der Jünger unter dreilappigen Arkaden mit abschließender Steinarchitektur, die entweder deren irdische Situation wiedergibt oder aber auch auf das Himmlische Jerusalem, in das Christus einzieht, hinweist. Völlig neu ist auch die zentrale Stellung Mariens. Aus den halben Arkaden am Rande des unteren Registers und der unvollständigen Zahl der Apostel ist vielfach geschlossen worden, daß das Portal bei seiner Versetzung Ende des 13. Jh. von der Westfassade an die Nordseite beschnitten worden sei. Die Zahl elf der Apostel ist aber korrekt zum Zeitpunkt der Himmelfahrt, da ja Judas inzwischen fehlt, und eine Reihe von Details am Tympanonrand schließt zusätzlich jegliche nachträgliche Veränderung des Skulpturenprogrammes aus. In den Feldern neben Christus hat der *horror vacui* der romanischen Künstler noch Platz gesehen, um in vier Szenen die Geschichte des Hl. Stephanus (St-Etienne) lebendig zu veranschaulichen.

Gehen wir um die festungsartige Fassade des 14. Jh. herum, entdecken wir genau gegenüber vom Nordportal, an der *Südseite*, ebenfalls eine Türöffnung von allerdings bescheidenerem Format und orientalisch anmutenden Formen. Beachtung verdienen auch der *Kreuzgang* des 16. Jh., der leider seinen für die damalige Zeit seltenen Figurenschmuck fast gänzlich durch die Zerstörungen der Religionskriege verloren hat, und die im Osten anschließenden Reste der Unterkunft des Archidiakons, ebenfalls 16. Jh.

CAHORS

Rundgang durch die Stadt

Auf jeden Fall sollte man die kleine Kirche *St-Urcisse* mit ihren archaisierenden Kapitellen des 12. Jh. (am Ende der rue Clemenceau) und wenige Schritte daneben am Quai Champillon eines der ältesten Häuser von Cahors, das *Hôtel de Roaldes*, aufsuchen. Am Lot entlang, über Treppen zur Rue des Soubirous gelangen wir im Norden der Stadt zur *Tour Jean XXII.*, Teil eines befestigten Palastes, den 1322 Pierre Duèze, der Bruder des Papstes, auf dessen Geheiß hin erbauen ließ. In direkter Nachbarschaft die Kirche *St-Barthélémy*, ein Saalbau des 16. Jh. mit einem Glockenturm von gedrungener Schönheit. Weiter nordwärts gelangen wir zur sogenannten ›Barbacane‹, den letzten Resten der ehemals gewaltigen Befestigungsanlage, die den Zugang zur Stadt vom Land her verwehrte und an der sich die Engländer die Zähne ausgebissen hatten. In der Nähe der Porte St-Michel findet sich der *Arc-de-Diane*, der Eingang zu den gallo-römischen Thermen. Im *Museum*, dessen Besuch unbedingt zu empfehlen ist, finden wir neben einem prächtigen Sarkophag mit Jagdszenen aus dem 4. Jh. und einigen Kapitellen aus der verfallenen Abtei Marcilhac den berühmten *Pierre Constantine*, der in der Kirche St-Sernin-de-Thèzels als Türsturz angebracht war, selbst aber aus dem 4. Jh. stammt. Ihn sollte man besonders für Moissac im optischen Gedächtnis behalten.

Am Schluß unseres Rundgangs durch die Stadt führt uns der Weg zur zweiten der angekündigten großen Sehenswürdigkeiten, dem *Pont Valentré* (Farbt. 5). Ursprünglich besaß die mittelalterliche Stadt drei solcher Steinbrücken, deren älteste, der Pont-Neuf, erst 1906 dem Neubau einer modernen Brücke weichen mußte. Der Pont-Valentré mit seinen drei Wehrtürmen war aber mehr als nur Brücke. Er stellte eine Festung für sich dar, die den Lot von beiden Seiten her sperren konnte. In seiner Konzeption und Erhaltung liefert er ein hervorragendes Beispiel für die hochentwickelte Festungsbaukunst des späten Mittelalters. Viollet-le-Duc hat ihm entsprechend großen Raum in seinem Kapitel über Brücken im ›Dictionnaire‹[27] eingeräumt. Nachdem sich die 1308 begonnenen Bauarbeiten über mehr als ein halbes Jahrhundert hinzogen, rankte sich

Cahors, Pont Valentré (nach Viollet-le-Duc)

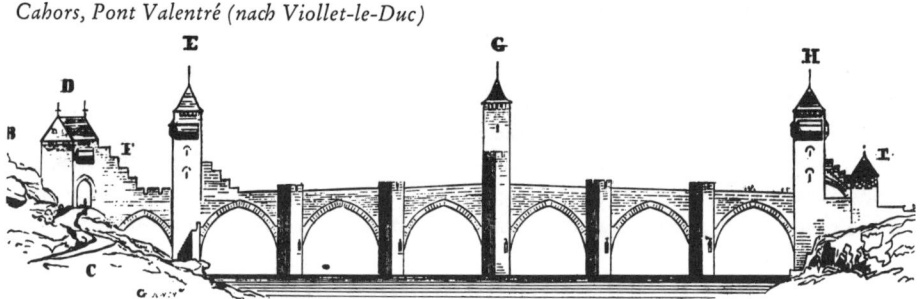

Cahors, Auf dem Pont Valentré (Lithographie, 19. Jh.)

sofort nach ihrer Fertigstellung eine fromme Sage um diese Brücke. Natürlich hatte der Teufel seine Hand im Spiel. Um schließlich das Bauwerk zu einem schnellen Ende zu führen, soll der Architekt einen Bund mit dem Satan eingegangen sein, der ihm auch prompt die versprochene Hilfe brachte. Als die Arbeit unter der Hand des Teufels rapide ihrem Ende zuschritt, verlangte der gewitzte Architekt als vorletzte Arbeit von diesem, er solle ihm in einem Sieb Wasser bringen, was er natürlich nicht konnte. Dadurch war der Bau zwar praktisch zu Ende geführt worden, aber die Seele des Architekten dennoch gerettet. Der mittlere Turm, 40 m hoch über dem Wasser des Lot gelegen, heißt heute noch ›Tour de Diable‹, und ein Stein, der oberste, fehlt. Wie schnell die Bewohner der Stadt die Einmaligkeit dieses Bauwerks erkannten, zeigt der Umstand, daß der Pont Valentré in die Wappen sowohl des Bischofs als auch der Stadt selbst einging.

Moissac

3 km südlich von Cahors zweigt rechts von der N 20 die kleine aber gut ausgebaute Straße D 653 ab. Sie führt uns zunächst durch eine steinige und herbe Gegend. Dann, ab *Lauzerte* am Lendou, verändert sich fast schlagartig das Bild. Die Landschaft zeigt ein lieblicheres Gesicht. Sanfte Hügelketten künden davon, daß wir uns bereits der großen Ebene der Garonne nähern, wo der Atlantik sein ausgleichendes und mildes Klima verbreitet. *Moissac* mit seinen heute knapp 12 000 Einwohnern, 5 km vor der Einmündung des Tarn in die Garonne liegend, bietet weder ein schönes Panorama noch eine sehenswerte Altstadt. Eine einzige Sehenswürdigkeit nennt die Stadt ihr eigen, diese aber zieht die Kunstbeflissenen zu Tausenden jährlich an: es ist die alte Abteikirche St-Pierre.

St-Pierre

Nähern wir uns der Kirche von Süden her über die Place Roger Delthil, erkennen wir schon von weitem, was diesen Bau so berühmt macht: sein Südportal (Abb. 31), das zu recht als großartigstes Figurenportal des so an Skulptur überreichen Südwestens Frankreichs genannt wird und als eines der Hauptwerke der europäischen Skulptur der Romanik gilt.

Bereits Ende des 7. Jh. sollen entweder der Hl. Ansgard oder der Hl. Amand auf Geheiß von Didier, Bischof von Cahors, hier eine erste klösterliche Niederlassung gegründet haben. Diesem Kloster war aber durch die Normannen- und Arabereinfälle ein sehr unruhiges Schicksal beschieden. Mehrfach zerstört und wieder aufgebaut, befand es sich in der ersten Hälfte des 11. Jh. wieder einmal im Niedergang begriffen. 1030 war das Gewölbe der notdürftig neuerrichteten Kirche eingestürzt, und zwölf Jahre später fielen die Konventsgebäude einem Brand zum Opfer. Als der Hl. Odilo von Cluny sich 1047 anläßlich einer Inspektionsreise in Cahors aufhielt, benützte der dortige Bischof Bernard III. die Gelegenheit, das heruntergekommene Klosterwesen von Moissac der mächtigen Organisation der Cluniazenser zu unterstellen. Als Abt bestimmte Odilo seinen Freund und Reisebegleiter Durand de Breton, der sofort mit dem Bau einer neuen Kirche, Moissac I, begann, die am 6. November 1063 eingeweiht wurde. Dieser Bau, eine dreischiffige Anlage mit sehr schmalen Seitenschiffen, einem nur wenig vorspringenden Querhaus, einem Chorhaupt mit Umgang, aber keinem Kapellenkranz, und einem einfachen Tonnengewölbe, war vermutlich beim Tod Durands (1071) noch lange nicht fertig. Der Abt Ansquetil (1085–1115) ließ den Kreuzgang errichten, der laut Inschrift um 1100 fertig war. Ansquetils Nachfolger, Abt Roger (1115–1131) war es, der gleich zu Beginn seiner Amtszeit Moissac I um einen Turmvorbau mit Eingangshalle und Westportal erweitern ließ. Der klassische Streit um Früh- oder Spätdatierung des Westportals kann nach gegenwärtiger Quellenlage nicht eindeutig entschieden werden.

Zwischen 1140 und 1180 wurde schließlich das Langhaus von Moissac I zugunsten einer Lösung nach dem Vorbild von Cahors, also Einheitsraum mit zwei in Reihe gesetzten Pendentivkuppeln, umgestaltet (Moissac II). Simon von Monfort ließ 1212 die Abtei trotz Beteuerung ihrer

Moissac, Abteikirche St-Pierre, Grundriß

Moissac, Schnitt durch den Vorhallenturmbau

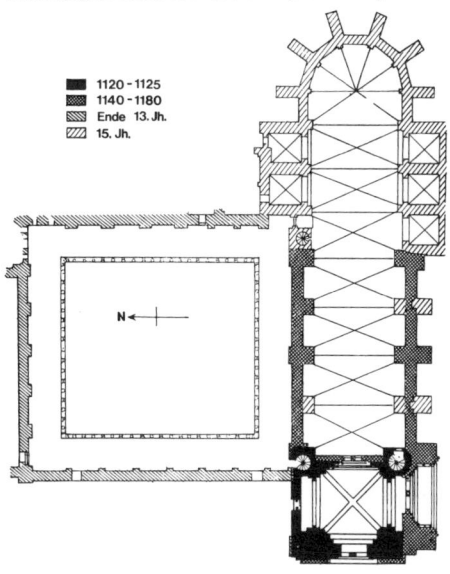
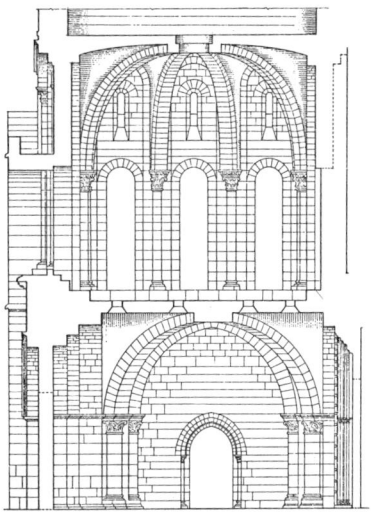

Orthodoxie plündern und brandschatzen. Die Bedachung von Kreuzgang und Kirchenbau nahmen dabei großen Schaden.

Der Kreuzgang wurde noch im Laufe des 13. Jh. umfassend bei Verwendung der alten romanischen Säulen und Kapitelle erneuert. Die Kirche selbst erfuhr erst nach den tiefgreifenden Schäden des Hundertjährigen Krieges eine totale Erneuerung (Moissac III), wobei der Einheitsraum gemäß der languedocischen Sondergotik beibehalten wurde, der Ostteil aber eine geringe Erweiterung erfuhr. Die gesamte Kirche wurde nun durch ›zeitgemäße‹ Kreuzrippengewölbe eingedeckt, die allerdings nur die bescheidene Höhe von 20 m erreichen.

Im 19. Jh., beim Bau der Eisenbahnlinie Bordeaux–Sète, wurde ernsthaft noch mit dem Plan gespielt, die Abteikirche kurzerhand ganz abzureißen. Nachdem man sich Gott sei Dank doch nicht dazu entschloßen hatte, konnte die Kirche eingehend restauriert werden. Auch hier hatte Viollet-le-Duc – wie sollte es bei diesem Titan der Denkmalpflege anders sein? – seine Hände im Spiel.

Der Kreuzgang (Farbt. 4; Abb. 34–38). Sechsundsiebzig leicht gebrochene Bögen aus rotem Backstein bilden im Norden der Kirche ein Rechteck von fast gleicher Seitenlänge (zwanzig Arkaden in der Ost- und Westgalerie und jeweils achtzehn in den entsprechenden nördlichen und südlichen Trakten). Die ungewöhnlich schlanken Säulchen auf einer proportional in ihren Dimensionen genau angepaßten Steinbank und das steil auf offenen Dachstuhl gesetzte rote Ziegeldach verleihen dem Ensemble eine grazile Leichtigkeit. Säulenbesetzte Eckpfeiler, jeweils ein reliefgeschmückter Mittelpfeiler pro Galerie und der Wechsel von Einzel- und Zwillingssäulen läßt keinerlei Anflug von Monotonie aufkommen. Die an sich sehr weit ausladenden Kämpferkapitelle, die vor allem über den Einzelsäulen eine große Körperlichkeit entwickeln, wirken durch die Feinheit und Vielfalt der Skulptur wie ziseliert, ja wie Werke von Goldschmieden.

Die südliche Sonne, die gigantische Zeder und die überaus schlanken Arkadensäulchen evozieren allenthalben Maurisches, ganz fern schwingt im Gedächtnis Granada mit. Der islamische Eindruck muß noch viel stärker gewesen sein, als das quadratische Brunnenhaus, der Arkadenordnung der Galerien folgend, noch gestanden hat. Das traumhaft schöne Ambiente Brunnenhaus–Kreuzgang von Monreale sei dabei in Erinnerung gerufen.

Neben St-Sernin und La Daurade in Toulouse stellt der Kreuzgang von Moissac, der ja bis 1100 fertiggestellt war, eines der umfassendsten wie ältesten Figurenensembles der romanischen Skulptur dar. Die sechsundsiebzig Kapitelle und zehn Großreliefs bilden zusammen eine wahre Summa klösterlicher Theologie. Eine in sich geschlossene, kohärente Ikonographie ist nicht ablesbar, möglicherweise deshalb, weil beim Wiederaufbau im 13. Jh. die ursprüngliche Anordnung nicht mehr beibehalten wurde.

Natürlich war hier nicht nur *ein* Künstler am Werk. Wir können mindestens sechs verschiedene ›Hände‹ unterscheiden. Die bildhauerische Reife vor allem der pflanzlichen Dekorationen (Abb. 35) täuschen eine jüngere Entstehungszeit vor.

Moissac, Kreuzgang mit Verzeichnis der Kapitelle:

SÜDLICHE GALERIE

1 Eckpfeiler: Hl. Matthäus
2 Festmahl des Herodes und Enthauptung Johannes des Täufers
3 Stilisierte Vögel im Astwerk
4 Babylon, die Stadt der Sünde
5 Stilisierte Vögel
6 Nebukadnezar in ein wildes Tier verwandelt
7 Verurteilung und Martyrium des Hl. Stephanus
8 Blumenmotiv
9 David und die Musiker des Tempels
10 Das Hl. Jerusalem
11 Mittelpfeiler
12 Apokalyptische Szene
13 Symbole der Evangelisten
14 Verschiedene Wunder Christi
15 Der barmherzige Samariter
16 Die Versuchung in der Wüste
17 Die vier apokalyptischen Reiter
18 Verklärung Christi
19 Gefangenschaft und Befreiung Petri
20 Taufe Christi
21 Eckpfeiler: Hl. Paulus

ÖSTLICHE GALERIE

22 Eckpfeiler: Hl. Petrus
23 Samson mit dem Löwen
24 Martyrium von Petrus und Paulus
25 Arabisierende Dekorformen
26 Der Sündenfall
27 Blumendekor
28 Martyrium des Hl. Lorenz
29 Fußwaschung
30 Pflanzlicher Dekor
31 Der arme Lazarus und der Prasser
32 Stilisierte Vögel
33 Mittelpfeiler: Abt Durand
34 Blumendekor
35 Hochzeit von Kana
36 Blumendekor
37 Anbetung der Könige und Kindermord
38 Wildes Tier und stilisiertes Blattwerk
39 Blumendekor
40 Martyrium des Hl. Saturninus
41 Blumendekor
42 Martyrium verschiedener Heiliger
43 Verkündigung und Heimsuchung
44 Eckpfeiler: Hl. Jakobus

NÖRDLICHE GALERIE

45 Eckpfeiler: Hl. Johannes
46 Kampf der guten und der bösen Engel
47 Stilisierter Vogel
48 Lineares Ornament
49 Geschichte des Hl. Benedikt
50 Stilisierte Vögel
51 Heilung eines Gelähmten durch den Hl. Petrus
52 Blumendekor

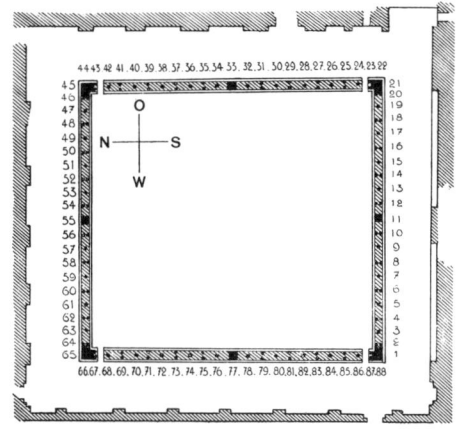

53 Engel im Himmel
54 Der wunderbare Fischfang
55 Mittelpfeiler mit linearem Ornament
56 Daniel in der Löwengrube
57 Ankunft der Kreuzritter am Hl. Grab
58 Blumendekor
59 Die vier Evangelisten
60 Vögel und Palmetten
61 Die Hebräer im Feuer
62 Hl. Martin
63 Lineares Ornament
64 Jesus und die Frau von Samaria
65 Eckpfeiler: Hl. Andreas

WESTLICHE GALERIE

66 Eckpfeiler: Hl. Philippus
67 Das Opfer Abrahams
68 Triumph des Hl. Kreuzes
69 Blumendekor
70 Stilisierte Figur
71 Verkündung an die Hirten und Daniel in der Löwengrube
72 Blumendekor
73 Figur in Pflanzen endend
74 Auferweckung des Lazarus
75 Blumendekor
76 Mensch ein Vogelreptil erwürgend
77 Mittelpfeiler mit Inschrift zur Fertigstellung des Kreuzgangs unter Ansquetil
78 Das Opfer Davids
79 Blumendekor
80 Stilisierte Tiere
81 Blumendekor
82 Die Seligen
83 Stilisiertes Tier
84 Kain und Abel
85 Blumendekor
86 Menschen und Tiere
87 Kampf von David und Goliath
88 Eckpfeiler: Hl. Bartholomäus

Doch beim genauen Hinsehen, besonders bei den historisierenden Kapitellen (Abb. 34), werden wir schnell der zahlreichen Archaismen und Unbeholfenheiten gewahr. Zwischen den beiden Ateliers St-Sernin und Moissac müssen sehr enge Beziehungen bestanden haben. Zweimal taucht bei den Kapitellen in Moissac am Kämpfer das christologisch umgedeutete *Motiv der Clipeus tragenden Genien* (Abb. 36) auf, das wir auch an der Stirnseite des Tischaltars von Bernard Gelduin finden. Als ein weiteres Beispiel von vielen möglichen sei noch das Kapitell mit der ›Verkündigung an die Hirten‹ (Nr. 71 im Plan) zitiert. Die Verwandtschaft der beiden Serien von großen Flachreliefs, sowohl im Chorumgang von St-Sernin als auch im Kreuzgang von Moissac, ist offenkundig. Die großartige Figur des Abt Durandus (Nr. 33) (Abb. 37) gegenüber dem Eingang zum ehemaligen Kapitelsaal wird wohl niemand vergessen können. Streng symmetrisch aufgebaut, scheint sie ihre Vorbilder gleicherweise in der Elfenbeinschnitzerei wie in der Funeralskulptur zu haben.

Das Portal (Abb. 27, 31, 33). Zwischen 1110-1131 entstanden, stellt es im Vergleich zur Porte Miègeville, die 1118 fertig gewesen sein muß, eine völlige Neukonzeption dar. Die Szenerie im Tympanon wird erweitert. Die Entwicklung zum Stufenportal wird fortgetrieben. Die mit Skulpturen geschmückte Portalwand erfährt eine Ausweitung zum Raum. Die Seitenwände dieses Vorraums werden in die figürliche Darstellung einbezogen. Der durch die gewaltigen Ausmaße des Tympanons sehr lang gewordene Türsturz bedarf eines Mittelpfeilers *(trumeau)*, der ebenfalls, wie die Türpfeiler, ins ikonographische Programm eingeschlossen wird. In zuvor nie gekannter Einheit verschmelzen antikische mit neuen, d. h. mittelalterlichen Formen.»Auch an dem großen Relief mit dem Thronenden und den vierundzwanzig Ältesten von Moissac ist ohne das Gesamtgeschehen und ohne das Verhalten und die Gestalt der Himmelswesen, deren Anordnung zwar als ein Formwerk, aber nicht in ihrem Sinn zu erklären. Daß es überhaupt eine Komposition dieser Art gibt, hier also den geschlossenen Block der sieben Gestalten oben in der Mitte und daneben und darunter die etwa gleich hohen Streifen mit den in fast gleichen Abständen verteilten Ältesten, das ist schon hochromanisch...«[28] Hauptthema des Portals ist die Parusie, die zweite irdische Erscheinung Christi, diesmal als Richter des Jüngsten Gerichts. Der Bildhauer hat sich bei seiner Darstellung genau an den Wortlaut der Offenbarung gehalten (Off. IV, 2-9 und V, 8).

Umgeben von dem geflügelten Viergetier (Tetramorph), flankiert von zwei assistierenden Erzengeln erscheint der Weltenrichter im Kreis der vierundzwanzig apokalyptischen Ältesten (Abb. 31). Wie sehr kompositionell, also formal und stilistisch alle Teile als Ganzes empfunden werden, zeigt beispielsweise das Auftauchen ein und desselben Motivs an den verschiedensten Stellen: das Maskenmotiv (Abb. 30) am rechten Ende des Faltenbandes des Tympanons, zwischen der dritten und vierten Türsturz-Rosette von rechts und an den beiden inneren Eckpfeilern der Stirnseite der Portalvorhalle. Bei der Betrachtung des Rosettenmotivs

31 MOISSAC Abteikirche St-Pierre, Tympanon
32, 33 MOISSAC St-Pierre, ›St. Petrus‹ vom linken Türpfeiler und ›Verkündigung‹ und ›Heimsuchung‹ vom rechten Portalgewände

34 MOISSAC Figurenkapitell im Kreuzgang
35 MOISSAC Rankenkapitell im Kreuzgang

36 MOISSAC Kreuzgang, Kapitellkämpfer mit Clipeus-Motiv
37, 38 MOISSAC ›Abt Durandus‹ und ›St. Petrus‹, Pfeilerreliefs im Kreuzgang

39, 40 AGEN St-Caprais, Ostansicht, und linker Türpfeiler vom Kapitelsaalportal

41 CONDOM
    Kathedrale mit
    Kreuzgang

42 AUCH Kathedrale
    Ste-Marie ▷

43 AUCH Kathedrale, ›Grablegung‹ von Arnaud de Moles

45 AUCH Spätgotisches Fenster der Kathedrale

44 AUCH Chorgestühl der Kathedrale

46 PAU Das Schloß
47 ORTHEZ Pont Vieux

49 MORLAAS Abteikirche, Tympanon

◁ 48 MORLAAS Abteikirche, Apostelfiguren am Portalgewände

50 LESCAR Kathedrale, Innenraum ▷

51, 52 LESCAR Pflanzenkapitell und Figurenkapitell

53 LESCAR
    Tierkapitell

54 OSTABAT

55 HOPITAL ST-BLAISE

56 OLORON Ste-Croix,
   Blick in die Kuppel

57 OLORON Ste-Marie,
   Atlanten am Trumeau

Folgende Seite:

58 OLORON Ste-Marie,
   Archivolten

60 ST-GAUDENS Kollegiatskirche

61 ST-GAUDENS Emporenkapitell

Vorhergehende Seite:
59 OLORON Ste-Marie, Reiter vom Portal

sei noch einmal an den *Pierre Constantine* im Museum in Cahors erinnert:[29] sofort wird klar, daß die Antike dieses Motiv geliefert hat. Der Türsturz besteht aus drei Teilen eines antiken Fragments[30], das an der heute gezeigten Breitseite ursprünglich nicht bearbeitet war. Die Rosetten sind zwar als (Schmuck-)Form übernommen, aber von dem mittelalterlichen Bildhauer in einem völlig neuen Sinn gestaltet und einbezogen worden. Der Türsturz markiert nämlich genau die Stelle, wo das ›gläserne Meer‹, die Region des Himmels, endet und die Welt des Inferioren und Sündigen beginnt. Von dort, d. h. von unten, kommen auch in den Stufen des Gewändes undefinierbare Tiere als senkrechter Fries gekrochen. Zwei dämonische Hunde (Zerberus?) speien die Rosetten aus, die als Feuerräder die Unterwelt symbolisieren. Alle vier Dimensionen der romanischen Skulptur[31] gehen in diesen Türsturz ein. Er ruht fest auf zwei eigenwillig gezackten Türpfeilern und einem Trumeau.

Am linken Türpfeiler erkennen wir Petrus (Abb. 32) und ihm gegenübergestellt Jesaias. Beide lassen sich leicht in die Ikonographie dieses Portals einordnen. Ihre großen und gestreckten Figuren sind flacher und zeichnerischer gestaltet als die übrigen am Portal und beide stehen sie sicher ganz am Anfang der Entwicklung der romanischen und gotischen Gewändefigur.

Ein Meisterstück an Erfindung und Gestaltung ist der *Trumeau* (Abb. 28), der als Bestiarienpfeiler ebenfalls am Beginn einer eigenen Entwicklung steht. Links und rechts von den beiden über Kreuz gestellten Löwenpaaren sind höchst kunstvoll zwei Propheten eingearbeitet. Im rechten, dem Propheten Jeremias, können wir unschwer das langgestreckte Vorbild für den berühmten Jesaias von Souillac erkennen. Daß die Löwen finstere Mächte verkörpern, an denen vorbei man in die Kirche gelangen muß, zeigt deren Hintergrundsfolie der höllischen Flammenräder.

Die linke innere Wand der Portalvorhalle ist in zwei Etagen der Sünde und dem Laster gewidmet. Unten erkennen wir in hohen Arkaden stehend die Darstellung der Avaritia und der Luxuria und direkt darüber die Parabel vom reichen Prasser und dem armen Lazarus, dessen Geschichte im nochmals darüberliegenden Fries fortgesetzt wird. Gegenüber, die gleiche Anordnung widerspiegelnd, findet die Kindheitsgeschichte Christi, als erste Parusie bezugnehmend auf die zweite Erscheinung des Herrn beim Weltgericht, ihre Darstellung. Von unten beginnend sehen wir links die Verkündigung und die Heimsuchung (Abb. 33), darüber, ebenfalls noch unter den Arkaden, die Anbetung der Hl. Drei Könige und im oben abschließenden Fries die Stadt Sotine, den Sturz der Idole, die Flucht nach Ägypten und die Darstellung im Tempel. Wen will

Moissac, Romanischer Türsturz von St-Pierre

AGEN

es wundernehmen, daß dieses Portal schon damals, zur Zeit seiner Entstehung, größtes Aufsehen erregt und breiteste Nachahmung gefunden hat? Die Portale von Cahors, Souillac, Carennac und Beaulieu geben uns lebendige Anschauung von der Ausstrahlung dieses Wunderwerks romanischer Skulptur.

Agen

Dem Lauf der inzwischen beträchtlich angewachsenen Garonne folgend, erreicht man bequem in einer Stunde Agen. Das römische Aginnum an der Stelle des keltischen Oppidum Nitiobriges konnte sich schon früh wegen seiner günstigen Lage an der kürzesten Landverbindung zwischen dem Mittelmeer und dem Atlantik einer gewissen Prosperität erfreuen. Ebenfalls recht früh scheint sich in Aginnum das Christentum ausgebreitet zu haben. Zusammen mit der Hl. Fides fand der Hl. Caprasius in Agen seinen Märtyrertod. Die Legendenbildung des 12. Jh. wollte in ihm den ersten Bischof der Stadt sehen. Der erste durch viele Konzilsakte belegte Bischof von Agen war aber Phoebadus, dessen Traktat gegen die Arianer (Contra Arianos, 357 n. Chr.) von der Glaubensgesinnung dieses Mannes Zeugnis ablegt. Im 11. Jh. erhielten die Bischöfe zwar den Titel eines Grafen sowie das Recht, eigene Münzen zu schlagen, doch gehörte das Agenais noch zum westlichen Einflußbereich der mächtigen Grafen von Toulouse. Bertrand de Got, als Clemens V. wenig später der erste Papst von Avignon, weilte 1305 einige Tage in Agen. Als Papst spaltete er 1317 das Bistum in zwei neue Sprengel auf, wobei Condom als zukünftige Bischofsstadt Nutznießer dieser Aktion war. Von der Ende des 13. Jh. entstandenen *Kathedrale St-Etienne* hat die Raserei der Revolution nur kümmerliche Ruinen zurückgelassen. Die alte Kollegiatskirche St-Caprais erhielt im Konkordat von 1802 an deren Stelle den Bischofssitz zugesprochen.

St-Caprais

Die Kirche ist trotz ihrer schauerlichen Restaurierung im 19. Jh. zumindest in ihren Ostteilen (Abb. 39) der interessanteste Bau des Mittelalters in dieser Stadt. In kristalliner Klarheit liegen der *Chor* und dessen drei Apsiden von Osten aus vor uns. Die Blendgalerie von enggestellten Arkaden auf stämmigen Säulenschäften über den einfachen rundbogigen Fenstern der Chorscheitelkapelle sprechen von hochentwickelter Romanik. Tatsächlich wurde St-Caprais erst im späten 12. Jh. begonnen. Die Anlage der *Ostteile,* vier genau im Quadrat gestellte schwere Pfeiler und der anschließende Chor mit drei Radialkapellen, aber ohne Umgang, lassen auf einen ursprünglichen Plan nach dem Vorbild von St-Etienne in Cahors schließen, doch wurde die zu erwartende Pendentivkuppel niemals begonnen. Die Fortsetzung des Baues in den späteren Jahrhunderten ließ einen Kir-

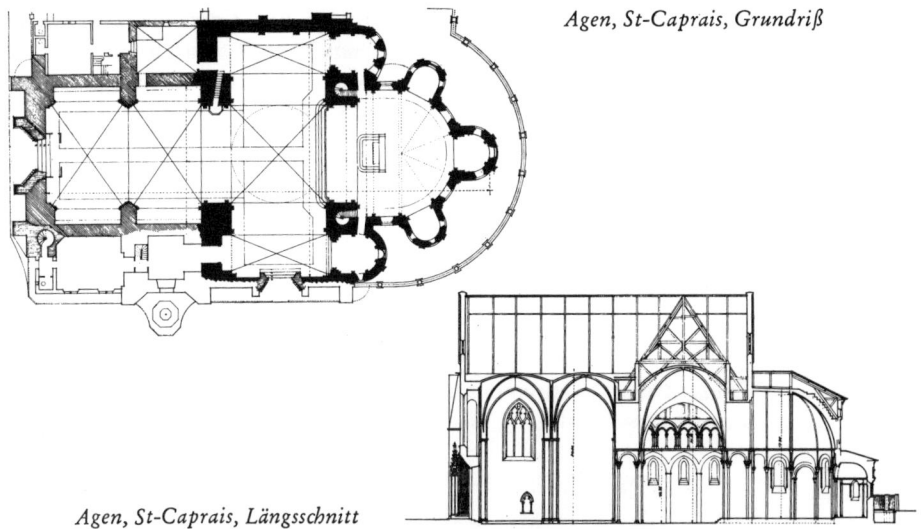

Agen, St-Caprais, Grundriß

Agen, St-Caprais, Längsschnitt

chenbau in languedocischer Gotik entstehen, dessen Turm gar erst aus dem 19. Jh. stammt.

Im Norden der Kirche finden wir als Rest der 1789 zum Verkauf freigegebenen Konventgebäude den alten *Kapitelsaal* mit seinen fünf ehemals zum Kreuzgang hin gerichteten und reich mit Skulpturen versehenen Öffnungen. Die entwickelte Sprache der Kapitellskulptur, vor allem der stark antikisierende Zug der Formen und die vor Pilastern stehenden Gewändefiguren (Abb. 40), nach neuester Lesart links Gabriel und rechts Maria darstellend, deuten doch schlüssig auf stark provençalischen Einfluß, auch wenn dies R. Crozet als nicht erwiesen betrachtet.[32] Der Kapitelsaal, zu dem man den Schlüssel im benachbarten Pfarrgebäude erhält, bildet sich aus sechs gleichgroßen Raumeinheiten, die sich um zwei mittlere Stützen gruppieren. An den Wänden eingelassen finden sich zwei frühchristliche Sarkophage, die von der reichen Vergangenheit der Stadt und der Kollegiatskirche berichten.

In Agen befand sich vermutlich neben Toulouse, Carcassonne und Albi ein vierter Bischofssitz der Katharer. Nicht verwunderlich also, daß sich hier sehr früh die Bettelorden niederließen. Am Festtag der Hl. Katharina anno 1249, so berichtet der dominikanische Chronist Bernard Gui, hätten sich die Prediger in Agen niedergelassen. Ihre Kirche liefert ein weiteres Beispiel für die Übernahme einer sonst nur in Refektorien und Profanräumen bekannten Raumdisposition, nämlich die zweier gleichgroßer, paralleler Schiffe, durch die Predigerorden. Im Kreuzgang dieser Notre-Dame-des-Jacobins wurde 1279 zwischen Philipp III. und dem englischen König Eduard I. jener Vertrag geschlossen, der das Agenais den Engländern auslieferte.

CONDOM

Allein schon wegen der Einmaligkeit der Häusergruppe, aus drei im wesentlichen der Renaissance zugehörigen Stadtpalästen bestehend, würde sich der Besuch des *Museums* von Agen lohnen. Die besonderen Kostbarkeiten dieser Sammlung aber: die 1876 zufällig gefundene ›Venus von Mas‹ aus parischem Marmor und eine stolze Serie echter Goyas, darunter ein sehr bedeutsames Selbstporträt, rechtfertigen zusätzlich eine eingehendere Besichtigung.

3 Durch die Gascogne

Condom – Auch

Verlassen wir den fruchtbaren Garten der Garonne-Ebene in Richtung Süden, betreten wir jenseits des Flusses das Land der Gascogne. Die politische Entwicklung brachte es

Condom, Kathedrale St-Pierre, Grundriß

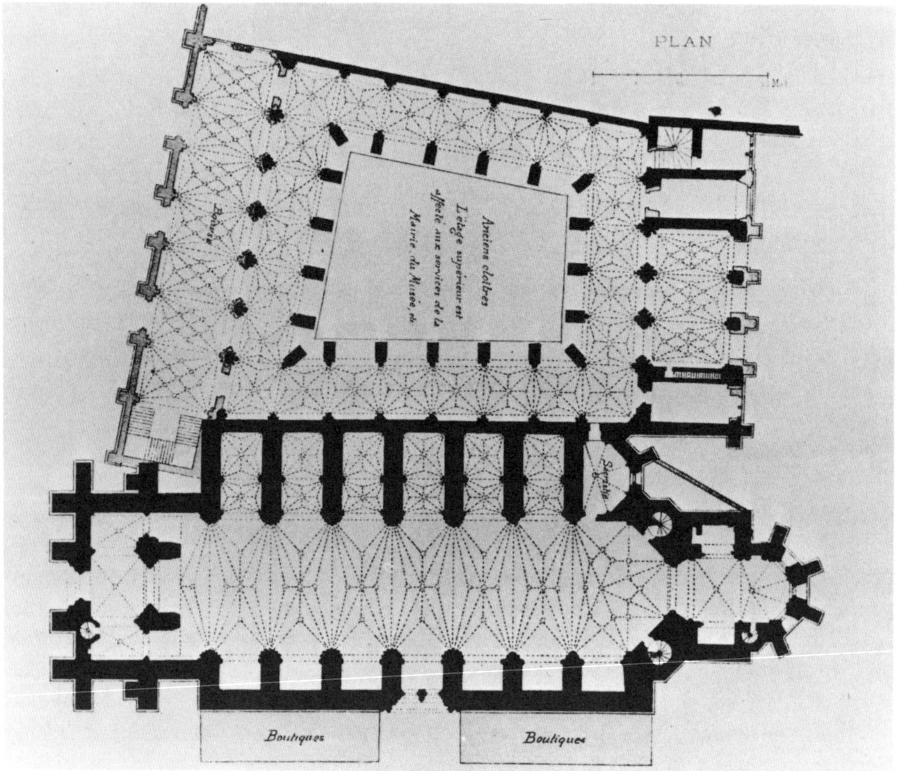

Condom, Kathedrale, Innenraum

Condom, Kreuzgang, Doppelgalerie

mit sich, daß im 16. und 17. Jh. alsbald jeder, der okzitanisch sprach oder auch nur einen ähnlichen Akzent verriet, schlechthin verächtlich als Gascogner bezeichnet wurde.

Die nächste größere Stadt südlich von Agen ist **Condom**. Sie wurde, wie wir bereits hörten, 1317 durch päpstliches Edikt zum Bischofssitz auf Kosten von Agen. Condom ist eine typische Kleinstadt der Gascogne, deren Herzstück, das Armagnac, hier beginnt. Neben Getreidebau und Holzwirtschaft ist es vor allem jenes kostbare Getränk, bei dessen Namensnennung die Zunge aller Liebhaber eines guten Tropfens genießerisch in Bewegung gerät, das die Grundlage des Lebenserwerbs für die bescheidenen Nachkommen d'Artagnans bestimmt. Für den Genießer wird es sicher eine heilige Pflicht sein, hier in Condom eine entsprechende Kostprobe zu sich zu nehmen. Ein Besuch des *Musée de l'Armagnac* wird ihm eine zusätzliche Bereicherung bieten.

Außer Armagnac hat die Stadt aber noch eine *Kathedrale* vorzuweisen, die für den Kenner besonderen historischen Wert besitzt. Durch ihren späten Baubeginn im Jahre 1507 unter Bischof Jean Marre ist sie eine der letzten im languedocischen Stil erbauten gotischen Kathedralen. Infolge des reichen Schatzes an Dokumenten über den Bauverlauf gewinnt sie für die Forschung der Architekturgeschichte des späten Mittelalters fast exemplarisches Gewicht.

Der äußerlich nicht sehr attraktive Bau, der gleich nach seiner Fertigstellung während der Religionskriege wieder schwer beschädigt wurde, überrascht im Inneren weniger durch seine uns bereits vertraute Raumvorstellung als durch seine ungewöhnliche Helligkeit. Möglicherweise wollte der Architekt von Condom die zur Zeit des Baubeginns im benachbarten Auch entstehenden Chorfenster des Arnaud de Moles nachahmen. Der im Norden befindliche Kreuzgang (Abb. 41) besitzt ebenfalls exemplarischen Wert, findet doch hier wie nirgendwo sonst die allgemeine Auflösung der mittelalterlich klösterlichen Welt ihren architektonischen Ausdruck. Das Besondere liegt neben seinen doppelten Galerien, durch die echte Wandelhallen entstehen, vor allem in seiner Öffnung direkt zur Außenwelt und die Aufhebung der Bank, auf der gewöhnlich die Arkadenstützen aufgesetzt sind. Der hermetisch geschlossene Gangcharakter ist damit verabschiedet.

Auch

Das wichtigste und älteste Bistum der Gascogne ist das der Stadt Auch am Gers. Obwohl Funde aus prähistorischer und römischer Zeit im Departement Gers Legion sind, erlebte die Stadt Auch selbst erst durch die Verlegung des Bischofssitzes von Eauze hierher ihre historische Bedeutung. Über die romanische Kathedrale, die angeblich im 11. Jh. entstanden war, wissen wir praktisch nichts. Der heutige Bau, mit seinem Ostteilen etwas über dem Hang liegend, beeindruckt zunächst schon durch seine gigantischen Dimensionen (Abb. 42).

159

AUCH

Die Kathedrale Ste-Marie

Die verschiedenen Baustile verdankt sie ihrer langen Bauzeit von ca. 200 Jahren. Wenn wir in Condom als Besonderheit der dortigen Kathedrale u. a. ihre späte Bauzeit feststellen mußten, so haben wir es hier in Auch mit der letzten großen Kathedrale Frankreichs zu tun, die noch in gotischen Vorstellungen errichtet wurde. Als 1489 der erste Stein von Ste-Marie gelegt wurde, folgte diese dem uns von Rodez her bekannten Schema der languedocischen Kathedralen, wie sie als Typus von Jean Deschamps entwickelt worden sind. Der außen sehr geschlossene Baukörper zeigt im Inneren die üblichen drei Schiffe mit tiefen Kapellen und einem Umgangschor mit fünf Radialkapellen. Das Querhaus tritt nicht über die Längswand hinaus und markiert ziemlich genau die geometrische Mitte des Baues. Während der gesamten Bauzeit wird die ursprüngliche Konzeption im wesentlichen beibehalten. Unter der Ägide des Bischofs Mgr. de Clermont-Lodève (1507-1540), der selbst lange Zeit in Italien gelebt hatte, wurde der Bau mit frischem Elan und neuen Ideen fortgeführt. Die bemerkenswertesten Teile der Kathedrale, nämlich die Ausstattung der Ostteile, gehen auf seine Initiative zurück. Mit dem einmaligen Glasfensterzyklus, den Chorkapellen und dem »reichsten Chorgestühl Frankreichs« bildet der Chor eine wahre Kirche für sich.

Die Glasfenster (Abb. 45). »Was die Fülle und Weite der Gedanken betrifft, gibt es kein Werk in dieser Zeit, das an die Fenster von Auch heranreichte« (E. Mâle). In der ersten nördlichen Seitenkapelle des Chores beginnend, entrollt sich ein Zyklus von achtzehn bunten Glasbildern. Ihr Schema ist immer das gleiche. Drei oder vier lange Glasbahnen vereinigen sich zu einem großen Lanzettfenster. In dessen Bogenzone im Maßwerk, auf blauem oder rotem Grund, ist eine Reihe von Personen einzeln dargestellt, die durch Schriftrollen oder Attribute jeweils als Engel, Märtyrer, Propheten etc. leicht zu identifizieren sind. Diese Figuren stehen auch meist gleichzeitig zu dem darunter befindlichen Altar in Beziehung. Im mittleren Teil stehen wiederum Einzelfiguren vor einer angedeuteten gotischen oder renaissancehaften Scheinarchitektur. Ein waagrechtes Schriftband und eine Szene aus dem Leben einer der oben abgebildeten Personen schließen die Komposition der Fenster unten ab. Drei Fenster weichen von diesem Modell ab. Es sind dies die Fenster, die jeweils szenisch die Erschaffung der Welt, die Kreuzigung und die Auferstehung darstellen. Zu lesen sind die Fenster von links (im Norden) nach rechts, so daß wir im Vorbeigehen die ganze Heilsgeschichte vor uns ablaufen sehen. Geschaffen wurde dieser fantastische Zyklus von einem einzigen Künstler, dem Glasmaler Arnaud de Moles aus St-Sever (Landes).

Das Chorgestühl (Abb. 44). Der Chorraum selbst wird von einer hohen Mauer abgeschlossen, hinter der sich ein wahres Wunderwerk der Holzschnitzkunst des 16. Jh. verbirgt, das weltberühmte Chorgestühl, das im 19. Jh. beinahe zu Kleinholz verarbeitet worden wäre. Über 1500 Figuren und Personen sind aufgeboten. Die fast lebensgroßen Personen im Rückge-

1 Unbefleckte
  Empfängnis
2 Mariä Geburt
3 Darstellung
  im Tempel
4 Hl. Joseph
5 Verkündigung
6 Johannes der Täufer
7 Geburt Christi
8 Lichtmeß
9 Schmerzensmutter
10 Himmelfahrt
11 Fegefeuer
12 Herz Mariä
13 Pietà
14 Hl. Anna
15 Hl. Katharina
16 Abendmahl
17 Hl. Grab
18 Hl. Ludwig
19 Passion
20 Mutter Gottes der Erwartung
21 Mutter Gottes

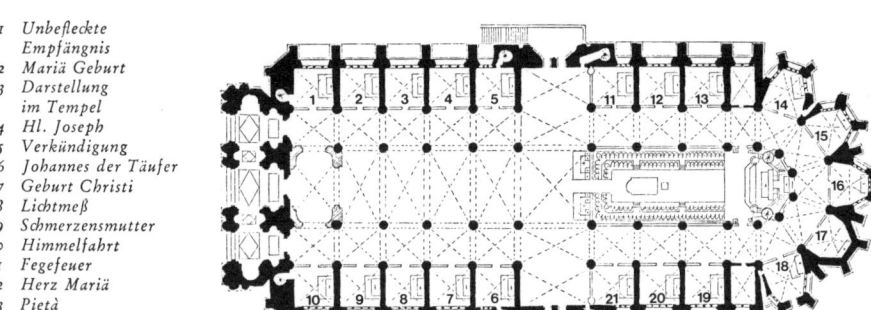

Auch, Kathedrale Ste-Marie, Grundriß

wände des Chorgestühls sind hervorragende Beispiele der Schnitzkunst des 16. Jh. und geben reiches Zeugnis eines neuen Verständnisses von Welt und Körperlichkeit. Um alle Darstellungen zu beschreiben, bräuchte man ein Buch für sich. Die ältesten dieser großen Reliefs in Holz wurden zunächst nach denselben Vorlagen wie die Glasfenster geschnitzt. Wer die Schöpfer der ersten Abschnitte allerdings waren, wissen wir nicht. Ab 1529 scheint es ein gewisser Dominique Bertin gewesen zu sein, der dieses einmalige Werk schließlich 1552 vollendete.

Die Grablegung (Abb. 43). Die erste Radialkapelle rechts vom Chorscheitel hat kein Fenster. Sie ist völlig dunkel. Dennoch ist sie ganz in das ikonographische Programm der Glasmalereien miteinbezogen. Der Kreuzigung folgt konsequenterweise die Grablegung. Die ganze Kapelle ist als riesiges Grab gestaltet. Geradezu genial ist die Idee, die im Dunkel der Grabeskammer sich abspielende Szene nicht auf der lichtgrundigen Glasfläche darzustellen, sondern dem Inhalt der Geschichte die materiellen Mittel unterzuordnen und mit dem Verfahren des Ambiente und der Skulptur zu arbeiten: links und rechts der Grabesgruft die zwei bis an die Zähne bewaffneten Wächter und dahinter, in einer leicht asymmetrischen, weit auseinandergezogenen Komposition die Grablegung mit Nikodemus und Josef von Arimathia an den Enden, den toten und fast ganz entblößten Jesus am Leichentuch haltend, und den vier Frauen und Johannes im Hintergrunde. Alle Figuren der Grablege sind in ihrer vollen Individualität als Person erfaßt. Ihre Trauer ist eine persönliche. Ein bis dahin in der mittelalterlichen Kunst Frankreichs nur wenig verbreiteter Realismus bricht sich Bahn. Die natürliche Bewegtheit der Figuren, ihre individuelle Zeichnung als Einzelcharaktere, die hervorragende bildhauerische Qualität und die gesamte Komposition als Raumkunstwerk kennzeichnen den unbekannten Meister dieser

Grablege als eine herausragende Persönlichkeit in seinem Land und seiner Zeit. Die konsequente Einbeziehung in das Fensterprogramm, schwerwiegende Ähnlichkeiten einzelner Gesichter der Grablegung mit denjenigen der Glasmalereien und die Zeit der Entstehung haben einige französische Forscher veranlaßt, den Schöpfer der Grablege ebenfalls in Arnaud de Moles zu sehen, der offensichtlich von der deutschen Kunst, allen voran derjenigen Dürers, beeinflußt worden ist. Sollten tatsächlich Glasfenster, Entwürfe für die Holzschnitzerei im Chorgestühl und Grablegung in Stein allesamt von derselben Hand stammen, dann hätten wir es bei Arnaud de Moles mit einer der größten Doppelbegabungen des 16. Jh. zu tun, nicht unähnlich seinen berühmteren italienischen Zeitgenossen.

Die Fassade (Abb. 42). So künstlerisch hochstehend der Chor und seine Ausstattung sind, am anderen Ende des langweiligen Hochhauses erfahren sie ihren kongenialen Kontrapunkt. 1560–62 wurden das Untergeschoß der Fassade und ihre Portale von Jean de Beaujeu fertiggestellt. Sie erstrahlen in reinster Renaissance. Eine klassisch-korinthische Doppelsäulenordnung auf hohen Sockeln und abschließender Architrav (Faszien und Figurenrelief) rahmen die drei Portalöffnungen des streng symmetrischen Turmuntergeschosses, das eine über die Breite der Fassade sich erstreckende Vorhalle bildet, hinter der sich erst die eigentlichen Eingänge zum Kircheninneren befinden. Über dem etwas breiteren, mit einem flachen Korbbogen abgeschlossenen Mittelportal ist der Architrav durch eine von zwei Putti gehaltene Kartusche mit dem Insignum Mariä als Huldigung an die Kirchenpatronin durchbrochen. Die harmonischen Proportionen der dreiachsigen wie dreigeschossigen Anlage des Entwurfs von Jean de Beaujeu verraten sofort ihr Vorbild, die gotische Idealfassade von Notre-Dame in Paris. Gott sei Dank sind die ursprünglich geplanten Kuppeln auf den Fassadentürmen nie in Angriff genommen worden. Die Verschmelzung des gotischen Prinzips der dreiportaligen Zweiturmfassade mit klassischen Formvorstellungen der Renaissance ist in Auch zu einer künstlerisch hochstehenden wie glücklichen Lösung gebracht worden, wie sie eben nur an der Wende zweier Epochen möglich ist. Wenn der honigfarbene Sandstein der Fassade im Abendlicht förmlich aufglüht und seine höchste komplementäre Wirkung zum Blau des Himmels erreicht, dann ist dieses Erlebnis allein schon wert, eine Nacht in Auch zu verbringen.

4 Das Béarn

Pau – Morlaas – Lescar – Orthez – Salies – Sauveterre – Ostabat

Den Anblick der abendlichen Fassade von Auch noch vor Augen, durcheilen wir die Gascogne direkt der Pilgerroute von Arles-St-Gilles über Toulouse und Auch nach Pau folgend. Mit Windeseile nähern wir uns südwärts fahrend dem zweiten europäischen Hochgebirge, den Pyrenäen. 11 km vor Pau liegt der kleine Ort Morlaas. Majestätisch breitet sich bei schönem Wetter das eindrucksvolle Panorama der Pyrenäen vor unseren Augen aus. Die ehemalige Vizegrafschaft Béarn war einstmals der größte aller Pyrenäenstaaten. Heute umfaßt sie etwa zwei Drittel des Département Pyrenées-Atlantiques. Diagonal in nordwestlicher Richtung wird das grüne Land von den beiden reißenden Gebirgsflüssen Gave de Pau und Gave d'Oloron durchpflügt. Unendlich saftige Weiden liefern ähnlich wie bei uns in den Voralpenregionen die Grundlage zu einer intensiven Viehwirtschaft. An den der Sonne ausgesetzten Kalkhängen der Pyrenäenausläufer gedeiht aber auch ein vorzüglicher Wein, dessen Spitzenlagen längs des Gave de Pau, der Jurançon, dem Kenner wohl vertraut sind. Aber auch der Rosé de Béarn genießt schon seit alters große Reputation, wurde er doch bereits im 17. Jh. nach Holland und Hamburg exportiert.

Zum Schutze gegen die unbotmäßigen Basken errichtete Ludwig der Fromme 820 die Vizegrafschaft Béarn mit der Hauptstadt Lescar, das bereits zwanzig Jahre später das Opfer marodierender Normannen wurde. Im Laufe der Geschichte wechselte der Hauptsitz des Béarn über Morlaas und Orthez nach Pau. Zu allen Zeiten bewiesen die Bewohner des Béarn einen ausgeprägten Willen zu Unabhängigkeit und Freiheit. Bereits im 11. Jh. mußte Gaston IV., der treue Vasall und Mitstreiter Raymonds IV. im Heiligen Land, die ›Akte von Morlaas‹ unterzeichnen, worin die gegenseitigen Rechte und Pflichten zwischen Feudalherr und Untergebenen genau festgelegt waren. Der Zusammenschluß der Häuser von Foix und Béarn brachten einen immensen Machtzuwachs. Der bedeutendste dieser Grafen von Foix und Vizegrafen von Béarn war der in die Legenden und Sagen eingegangene Gaston Phoebus (1331-1391).

Durch königliche Protektion und eine Reihe günstiger Heiraten gelangte die Familie d'Albret aus den Landes im 16. Jh. in den Besitz von Foix, Béarn und Nieder-Navarra. Heinrich d'Albret heiratete 1527 Margarethe von Angoulême, die Schwester Franz' I. Schönheit, Güte, Intelligenz und Charme dieser Dame waren von den Dichtern ihrer Zeit gerühmt. Pau wurde zum Musenhof nach altem südfranzösischem Vorbild. Von der Toleranz und Freizügigkeit *(convivencia)* am Hofe der ›Marguerite des Marguerites‹ profitierten vor allem religiöse Neuerer wie Clément Marot und Calvin. Wie sich doch die Bilder gleichen. Denken wir nur an Toulouse und die Albigenser. Die gesellschaftliche Rolle dieser Margarethe von Navarra, die »den Körper einer Frau, das Herz eines Mannes und den Kopf eines Engels« hatte, zeigte sich auch in ihrer freizügigen Auffassung von der Liebe. Nach dem Vorbild von Boccaccios ›Dekameron‹ dichtete sie eine Serie von Novellen, die unter dem Namen ›Heptameron‹ in die Literaturgeschichte eingegangen sind. Aus der Verbindung ihrer Tochter Jeanne mit Anton von Bourbon wurde am 13. 12. 1553 im Schloß von Pau ein Knabe geboren, dem man den Namen Heinrich gab. Er sollte die Geschicke Frankreichs für über dreißig Jahre bestimmen: es war Henri IV. Als dieser durch Heirat und Übertritt zum Katholizismus König der Franzosen geworden war, nahm nach Merowingern, Karolingern, Kapetingern und Valois die letzte französische Königsdynastie, das Haus Bourbon, seinen Anfang. Von Geburt und Erziehung war Heinrich IV. Südfranzose. Er haßte die katholische Kirche und sprach als letzter französischer König fließend okzitanisch. Stolz auf seine Herkunft und gleichzeitig aus politischem Weitblick, nämlich zur Befriedigung des unbändigen Freiheitswillens seiner ehemaligen Untertanen, nannte er sich König von Frankreich und Navarra. Eine Lebensschilderung des Henri IV. sprengte ganz sicher den Rahmen dieses Buches. Doch sei dem, der eine lebendige und plastische, wenn auch historisch nicht ganz korrekte Vorstellung dieses Volkskönigs gewinnen will, wärmstens Heinrich Manns reifes Alterswerk ›Henri Quatre‹ ans Herz gelegt.

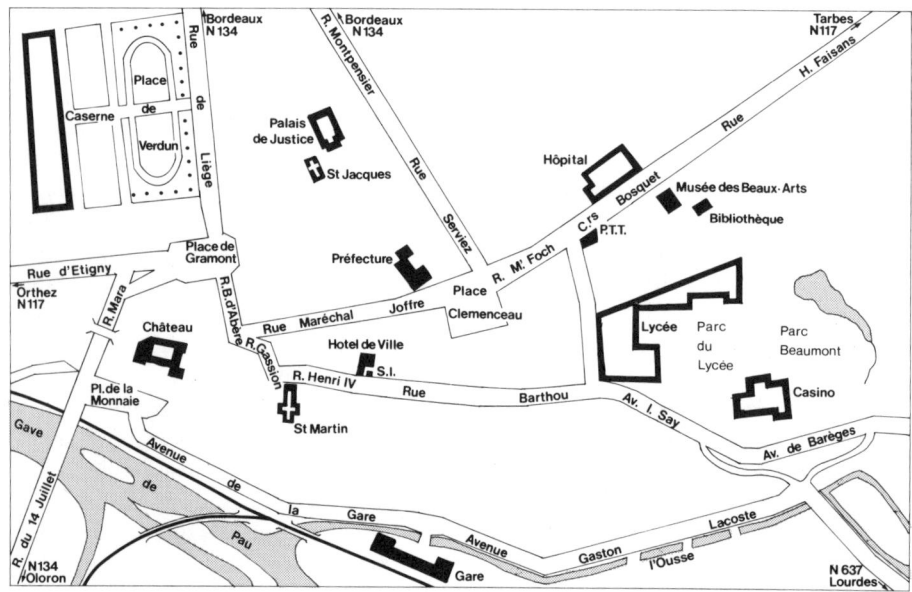

Pau, Stadtplan

Pau

Die vierte und letzte Hauptstadt des Béarn (ab 1464) hat im Michelin drei Sterne, obwohl ihr Denkmäler- und Häuserbestand eine solche Auszeichnung sicher nicht verdient. Das einzig bedeutende Bauwerk ist das Schloß, das auf dem höchsten Punkt der Stadt am steilabfallenden Hang zum Gave de Pau herrlich gelegen ist.

Das Schloß

Von außen einen rechteckigen Bau vortäuschend, bietet es im Grundriß doch erhebliche Abweichungen von dieser einfachen Form. Von der Stadt her gibt es sich weit weniger kriegerisch (Abb. 46). Weit öffnet sich der lange trapezoide Innenhof, der lediglich durch eine dreiportalige und eingeschossige Renaissanceschranke optisch geschlossen erscheint. Links erhebt sich der mächtige Donjon aus roten Ziegeln, der allein übrig geblieben ist von dem Erweiterungsbau des Gaston Phoebus (14. Jh.).

Gaston IV. von Béarn und Henri d'Albret ließen den ursprünglichen Wehrbau im 16. Jh. in einen angenehm zu bewohnenden Repräsentationsbau umgestalten. Als Henri IV. zum Franzenkönig ernannt war, hatte er keine Zeit mehr für sein Stammschloß. Total vernachlässigt und heruntergekommen war es, als sich im 19. Jh. Louis Philippe und Napoleon III. der Erhaltung des Schlosses annahmen. Die Innenräume wurden weitgehend wieder so hergestellt, wie sie sich im 19. Jh. vorfanden.

Die heute zu besichtigenden Süd- und Westtrakte beherbergen eine Reihe hervorragender Innenausstattungen. Der Nordflügel ist dem Museum Henri IV. gewidmet. Betritt man den *Cour d'Honneur* durch seine zierliche Renaissancepforte, ist man beglückt von der schlichten aber maßvoll gestalteten Hoffassade des Südflügels, dessen Renaissance sich in reicheren Formen an den anderen beiden Seiten fortsetzt. Leider wurden die Lukarnen im 19. Jh. nicht sehr korrekt re-

Pau, Schloß, Portikus-Detail

PAU

Pau, Schloß (16. Jh.), Lukarne

Pau, Schloß, Innenhof ▷

stauriert. Im *großen Speisesaal* des Erdgeschosses hängt heute eine Serie von wertvollen Gobelins des 18. Jh., alles Kopien von Originalen des 16. und 17. Jh. Den *ersten Stock* erreicht man über eine 1528 bis 1535 erbaute, 2,65 m breite Ehrentreppe, deren Absätze jeweils Schlußsteine von höchster Kunstfertigkeit besitzen. An den Friesen erkennen wir überall die Buchstaben M und H, Hinweise auf die Erbauer dieses Schloßteiles. Im Treppenabsatz des ersten Stockes zeigen die verschiedenen Wappen all jene Fürstenhäuser, mit denen die Vizegrafen verwandt waren. Wiederum sind es auch im ersten Geschoß die herrlichen Tapisserien, die das Augenmerk des Besuchers auf sich ziehen, vor allem im großen Salon die ›Monatsdarstellungen‹ von Mois Lucas. Im folgenden *Salle de Famille* war es vermutlich, wo Heinrich IV. das Licht der Welt erblickte.

Was aber die Einzigartigkeit des Schlosses ausmacht, erfährt man sehr augenscheinlich, wenn man einen Blick durch die Fenster der Südseite wirft. All die wertvollen Tapisserien, Möbel und Fayencen vergißt man beim grandiosen Anblick der breit hingelagerten Kette der schneebekrönten Pyrenäengipfel, deren von hier aus höchste, der Pic du Midi d'Ossau (2884 m) und der Pic d'Anie (2504 m), auch dem alpenverwöhnten Auge Bewunderung abringen.

Von Pau aus sollte man aber unbedingt, sofern dies im ersten Falle nicht schon bei der Anfahrt geschehen ist, eine Spazierfahrt nach **Morlaas** und Lescar unternehmen. Morlaas war ja während der Blütezeit der Jakobs-Pilgerfahrt Wegstation nach Santiago und Hauptstadt des Béarn. Von seiner einstigen Größe kündet das Portal der dortigen 1089 von Centulle IV. gegründeten Kirche *St-Foix*. Zwar ist die gesamte Portalanlage sehr stark restauriert, so daß sie keinen kunsthistorischen Wert besitzt, doch vermittelt sie dem noch uneingeweihten Betrachter erste wesentliche Eindrücke von der romanischen Kunst des Béarn (Abb. 48, 49).

Was diese anbelangt, so wird sich der Ausflug nach Lescar sicher mehr lohnen.

Lescar

Die Stadt, die schon im 3. Jh. erwähnt und deren Kathedrale seit Beginn des 6. Jh. bezeugt ist, war ja seit 820 die erste, wenn auch ephemere Hauptstadt des Béarn. Doch zeigt der Bau einer Kathedrale im 11. Jh. (geweiht 1062), daß Lescar wieder zu neuer Blüte gefunden hatte.

Die Kathedrale

Um 1100 nimmt das Domkapitel die Regel der Augustiner Chorherren an und beginnt unter Gui de Loos ab 1120 einen Neubau, dessen Ostteile bis 1141 weit-

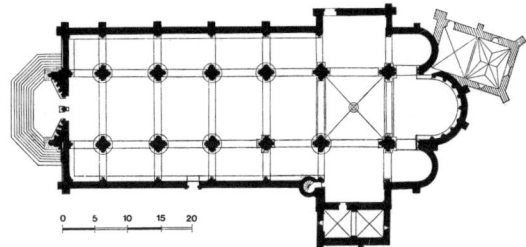

Lescar, Kathedrale, Grundriß

gehend fertig waren. Das Hauptschiff mußte im 13. Jh. neu eingewölbt werden, und das Portal wurde 1550 völlig neu gestaltet. In den Religionskriegen mußte die Kathedrale üble Verstümmelungen erdulden, um schließlich als Tempel den Reformierten zu dienen. Die Restaurierung der Kirche dauerte bis 1633. Nach den abermaligen Zerstörungen während der Französischen Revolution wurde das Gotteshaus, nun nicht mehr Kathedrale, ab 1855 neuerdings restauriert. Der von außen recht dürftige Bau zeigt lediglich an seinen Ostpartien vom kleinen Friedhof aus noch sein ursprüngliches Gesicht, das beredt von seinem einstigen Glanz Zeugnis ablegt.

Betreten wir die Kirche durch das Südportal, erleben wir einen sehr eigenwilligen Bau. Im Grundriß ergäbe er einen dreischiffigen Raum mit hinreichend hervorspringendem Querhaus und drei Ostapsiden. Was wir aber tatsächlich sehen, ist ein breiter, gelagerter Hauptraum (Abb. 50) von auffallend geringer Scheitelhöhe (15 m) und seitliche, rundbogige Öffnungen bis zur Höhe des Tonnenansatzes. Massige Jochbögen mit kräftigen Unterzügen, die sich als Halbsäulen zwischen den Seitenarkaden fortsetzen, betonen die vertikale Jochgliederung. Die rundbogigen Arkaden der ›Seitenschiffe‹ sind gleichzeitig die Stirnbogen der quergestellten Tonnen über den ›Kapellen‹. Durch die quergestellte Wölbung ergibt sich die geringe Höhe der ebenfalls rundbogigen Öffnungen der Seitenschiffjoche zueinander, die dadurch aber für die Raumwirkung kaum Bedeutung erlangen. Abgesehen von der ungemein statischen Wirkung dieser Seitenschiffbildung, erfährt die südfranzösische Halle der Romanik eine Umdeutung zum großen Einheitsraum. Wir erfahren die sich im Grundriß ergebenden Seitenschiffe nicht als niedrigere Parallelräume zum Hauptschiff, sondern als jochweise Erweiterungen des Hauptraums. Würde man den romanischen Rundbogen durch den Spitzbogen ersetzen und schlösse man die für die Raumwirkung unerheblichen Öffnungen der ›Seitenschiffe‹, so hätte man nicht nur im Prinzip, sondern völlig fertig das System der gotischen Saalkirche des languedocischen Typs vor sich.[33] Diese Beobachtung scheint mir von eminenter Bedeutung für die Bautradition des Landes einerseits und die baugeschichtliche Stellung von Lescar andererseits.

Daneben besitzt die Kirche trotz ihrer zahlreichen späteren Veränderungen und Restaurierungen noch eine Reihe romanischer *Kapitelle* von hervorragender Qualität (Abb. 51–53). Soweit die Kapitelle als Original anzusehen sind, scheinen sie in starker Abhängigkeit von Toulouse zu stehen. Dies gilt vor allem für diejenigen der Ostteile, also im Chor und im Querhaus, wo die Rosetten- und Palmettenmotive am Kämpfer und die Beibehaltung der Eckvoluten unschwer ihre Herkunft erkennen lassen.

Als Datierung werden für die östlichen Kapitelle die Zeit ab 1120 und für diejenigen des Langhauses die Zeit nach 1140 angenommen. Zwei besonders hervorragende Exemplare der späteren Phase sind die Halbsäulenkapitelle am zweiten Pfeiler der Langhaussüdseite. Das östliche der beiden zeigt einen unter einer Arkade sitzenden Heiligen mit aufgeschlagenem Buch (Abb. 52), eingerahmt von fünf Assistenzfiguren, während das westliche zwei Löwen mit Mensch und Tier in den Fängen (Abb. 53) darstellt, wobei hervorgehoben sei, wie kompakt und einheitlich Ornament und Figur miteinander verschmolzen sind.

Neben Architektur und Skulptur bietet die ehemalige Kathedrale aber noch eine echte zusätzliche Besonderheit, nämlich seine *romanischen Mosaiken* im Chor (Farbt. 7), die 1886 der Mosaizist Facchina hervorragend wiederhergestellt hat. Die sicher noch von Gui de Loos in Auftrag gegebenen, also zwischen 1120 und 1140 entstandenen Mosaiken, besitzen absoluten Seltenheitswert. Die dargestellten Motive aus dem Jagdleben sind weder in ihrer Ikonographie noch in ihrer christologischen Ausdeutung gesichert. Im einzelnen sehen wir auf dem nördlichen Register einen Esel, der einen Hund oder Wolf hinter sich herzieht und einen mit Olifant, Pfeil und Bogen ausgestatteten Jäger, dessen rechtes Bein amputiert und nach arabischer Art mit einer Prothese versehen ist. Gegenüber, auf der Südseite des Altars, reißen zwei von Vögeln umgebene Löwen eine Antilope, während ein Speerbewaffneter einen Keiler erledigt.

Orthez

Von Pau bzw. von Lescar aus schließen wir uns dem wilden Gesellen aus den Pyrenäen, dem Gave de Pau, an und folgen seinem ungezügelten, von der Zivilisation noch nicht dressierten Lauf, der uns schließlich nach Orthez bringt. Die Stadt war ja bekanntlich noch vor Pau einmal Hauptstadt des Béarn gewesen. Als Gaston VII. 1242 das alte Ortesium zum bevorzugten Sitz der Vizegrafen erkor, ließ er auch die wehrhafte Burg über der Stadt errichten. Von Orthez aus ließen sich auch bequem die bei Salies-de-Béarn sich verdichtenden Pilgerscharen kontrollieren. Die auf Mauerresten des 13. Jh. im 15. Jh. neu errichtete Kirche *St-Pierre* ist allerdings nicht dazu angetan, von der einstigen Bedeutung dieser Stadt zu künden. Der maßgeblich noch aus dem 13. Jh. stammende *Pont Vieux* mit seinem Wehrturm (Abb. 47) erinnert an den ›Pont Valentré‹ in Cahors und läßt schon eher die mächtige Vergangenheit ahnen. Der Weg zur alten Burg, d. h. zum einzig davon erhaltenen fünfeckigen *Donjon* lohnt schon allein wegen seiner prächtigen Aussicht auf das Panorama der Pyrenäen und die zu Füßen liegenden malerischen Dächer der Altstadt. Vollends Leben gewinnt das alte Gemäuer, wenn wir uns plastisch vorstellen, daß hier vor allem sich die Taten und Untaten des legendären Gaston Phoebus abgespielt haben.

Im 16. Jh. hatte sich Orthez entschieden der Sache der Reform angeschlossen und Jeanne d'Albret gründete hier sogar eine calvinistische Universität. Lange weigerte sich die Stadt, den Anschluß des Béarn an Frankreich anzuerkennen. Erst Ludwig XIV. gelang die Unterwerfung der stolzen und freiheitliebenden Béarner. Ebenfalls bei Orthez war es, wo es erst am 27. Februar 1814 der vereinigten Armee aus Franzosen, Spaniern und Portugiesen unter dem Befehl von Wellington gelang, den letzten treuen General Napoleons, Marschall Soult, in die Knie zu zwingen.

Überschreiten wir 8 km flußabwärts von Orthez den Gave de Pau, treten wir ein in die unmittelbare Vorgebirgswelt der Pyrenäen. Obwohl das Städtchen **Salies** (Farbt. 9) keinerlei kunsthistorische Besonderheiten aufzuweisen hat, lädt es mit seinen anmutig und malerisch am Saleys gelegenen Häusern zum Verweilen ein, ein wahres Mespelbrunn der Pyrenäen. Für die Pilger aus Tours, Paris oder Vézelay, die bis hierher bereits an die tausend Kilometer zu Fuß hinter sich gelegt hatten, begann in Salies der für den heutigen Pkw-Reisenden kaum mehr vorstellbare, beschwerliche Aufstieg zur gewaltigen Felsbarriere der Pyrenäen, die den Weg nach Santiago verstellten. Der im Mittelalter mit unzähligen Klöstern, Kirchen und Hospizen gesäumte Weg zur Paßhöhe von *Roncesvalles* (960 m) wird für den modernen Reisenden zu einer der eindrucksvollsten Etappen dieser Fahrt.

Nicht minder schön als Salies liegt **Sauveterre** (Farbt. 10). Fast jedes Haus zeigt von außen deutlich sichtbar Reste mittelalterlicher Gemäuer. Wegen seiner strategischen Lage an der so dicht frequentierten Pilgerstraße gehörte Sauveterre zu den vier bedeutendsten Städten des Béarn. Seine Kirche *St-André* bildet einen interessanten Bau im Übergang von Romanik zur Gotik. Während von außen Chor und dreiportalige Eingangshalle gravitätisch die Impressionen wehrhafter Romanik suggerieren, finden wir im Innern der nach benediktinischem Schema gebauten Kirche kraftvoll geschwungene Kreuzrippen und gotischen Zierat. Was das zunächst dem Betrachter ins Auge springende romanische Figurenportal anbelangt, so handelt es sich hier ebenfalls wie in Morlaas um eine weitgehende Neuschöpfung des 19. Jh., allerdings nach dem alten Vorbild. Der hängende Schlußstein zwischen den beiden kleinen Tympana weißt auf ibero-maurische Einflüsse hin.

Wir setzen unsere landschaftlich reizvolle Fahrt fort bis zu dem heute nur wenige Häuser zählenden Ort **Ostabat** (Abb. 54). Hier trafen sich drei der vier Hauptrouten nach Santiago. Lediglich die Route von Arles/St-Gilles über Toulouse folgte einem anderen Verlauf. Siebzehn Hospize, unzählige Kirchen, Klöster, Wirtschaften und Geldwechselstuben ballten sich hier zu einem internationalen Gewirr aller Sprachen. Von all dem

OSTABAT

ist erschreckenderweise so gut wie nichts geblieben. In der gesunden Höhenluft von Ostabat sammelte man neue Kräfte zu entsagungsreichen weiteren fast tausend Kilometern auf ausgedörrten, steinigen und staubigen Straßen. Von hier ging es weiter über *St-Jean-Pied-de-Port, Roncesvalles,* wo Roland sein heldenhaftes Leben aushauchte, und *Pamplona* nach *Puenta la Reina,* wo schließlich alle vier Hauptrouten zu einem gewaltigen Strom betender und singender Pilger anschwollen, so daß im 12. Jh. der Almoraviden-Emir Ali-ben-Jussuf seinem Herrn in Córdoba berichten konnte, daß die Menge der christlichen Pilger, die nach Compostela wallten und zurückkehrten, so groß sei, daß sie kaum den Weg nach Westen offen ließen.

II Von Ostabat nach St-Gilles

1 Die Pyrenäen entlang

Hôpital St-Blaise – Oloron – St-Bertrand-de-Comminges – St-Just-de-Valcabrère – St-Gaudens – St-Lizier

Mit dem Bewußtsein um die einstige Größe dieses heute so verschlafenen und idyllisch gelegenen Ortes fahren wir ca. 2,5 km weiter südlich, um uns dann links in die D 918 einbiegend über den Col d'Osquich auf den Rückweg über die Südroute nach und von Santiago zu begeben. Auf dem kurvenreichen Weg nach Oloron finden wir das Nest

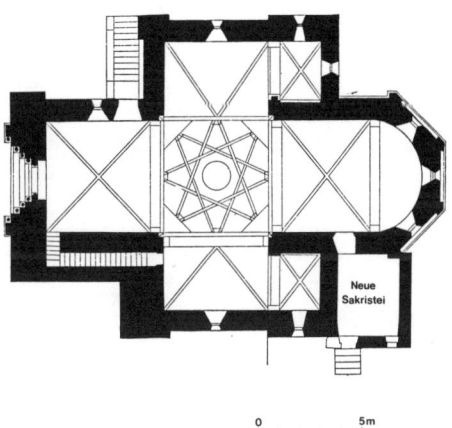

Hôpital St-Blaise, Grundriß

Hôpital-St-Blaise (Abb. 55), dessen Kirche mit ihren orientalisch anmutenden Fenstern und ihrer maurisch beeinflußten oktogonalen Kuppel mit schweren, sich überschneidenden Bandrippen ebenfalls seine einstige Bedeutung als Pilgerstation zwischen den beiden großen Pyrenäenpässen nur noch ahnen läßt.

173

Oloron

Die zwei Gebirgsflüsse Gave d'Ossau im Osten und Gave d'Aspe im Westen teilen Oloron in drei etwa gleichgroße Stadtteile, von denen sich jeder um eine der drei Kirchen *Ste-Marie, Ste-Croix* und *Notre-Dame* schart. Der auf dem Hügel zwischen den beiden Flüssen gelegene Teil, das alte Iluro, bildete in römischer Zeit eine der neun Städte, die zusammen die eigenständige Provinz Novem-Populanium bildeten. Bereits im 6. Jh. ist ein Bischof für Ste-Croix nachgewiesen. Nach dem Einmarsch der Basken im 6. und dem Arabersturm im 8. Jh. wurde Iluro vorübergehend aufgegeben. Im 11. Jh. bildete sich aber in der Ebene westlich des Gave d'Aspe eine Stadt um die nunmehrige Kathedrale Ste-Marie. Während der großen Zeit der Pilgerzüge war Oloron die letzte größere Stadt auf französischem Boden vor dem Aufstieg zum älteren, aber mühsameren Pyrenäenübergang des Col du Somport, der laut ›Pilgerführer‹ eines der drei größten Hospize der Christenheit besaß. Heute ist Oloron mit knapp 14 000 Einwohnern bedeutendes Wirtschafts- und Handelszentrum mit einer eigenen Unterpräfektur.

Ste-Croix. Im historisch älteren Stadtteil, dem ehemaligen Iluro, steht auch diese älteste Kirche der Stadt. Um die Zeit des Konzils von Toulouse (1056) beginnt sich der alte Siedlungskern unter dem Bischof Étienne de Lavedan neu zu formieren. Dessen Nachfolger Amat legt 1070 den ersten Stein zur neuen Kirche, dessen Kapitel sich im frühen 12. Jh. der Regel der Augustiner Chorherren unterstellt. Nach 1840 wird die Kirche weitgehend restauriert bzw. renoviert. Der Ostteil zeigt von außen ähnliche Struktur wie die Kathedrale von Lescar, wenn auch in weit rudimentärerer Form. Der dreischiffige Bau von gedrungenen Dimensionen mit nur drei Jochen im Langhaus, einem wenig vorspringenden Querhaus, einer großen Chorapsis und zwei flankierenden Apsiden bildet schon im späten 11. Jh. fast vorbildlich die südfranzösische Hallenkirche aus, die ihre Verwandtschaft mit zeitlich vergleichbaren katalanischen Bauten nicht verleugnen kann.

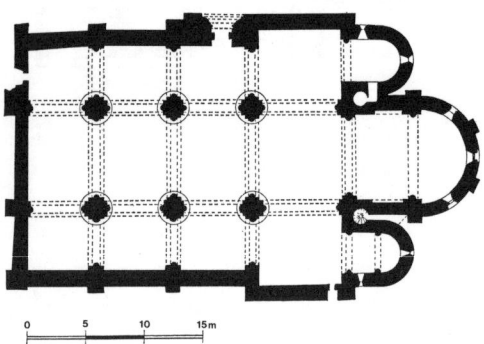

Oloron, Ste-Croix, Grundriß

Eine besondere Akzentuierung erhält der Raum im Bereich der Vierung. Über Trompen (die Muscheln stammen natürlich aus späterer Zeit) wird das Vierungsquadrat zum Achteck übergeleitet, von dem aus auf sechzehn schweren, rechteckigen Gurtbögen, die ebenso wie in Hôpital-St-Blaise eine Sternform bilden, direkt die schwere, hervorragend gemauerte Kuppel (Abb. 56) aufgesetzt ist. Auch hier mag, wie in Hôpital-St-Blaise, die Kuppel der Mezquita in Córdoba Pate gestanden haben.

Ste-Marie. Der interessantere Bau aber ist die ehemalige Kathedrale. 1102 ließ der Bischof Roger de Sentis im Bereich der links des Gave d'Aspe gelegenen Vorstadt eine neue Kirche errichten, auf die im Laufe des 12. Jh. der Rang der Kathedrale überging. Vom nur langsam fortschreitenden romanischen Bau sind lediglich der untere Teil des massiven, quadratischen Turmvorbaus und dessen Figurenportal erhalten.

Ein Bericht von 1840 lehrt uns, daß das Portal und seine Skulpturen vollständig eingegipst waren. Diesem Umstand, ähnlich wie beim Gerichtsportal des Gislebertus in Autun, verdankt diese großartige *Portalanlage* (Farbt. 11; Abb. 58, 59) ihre fast einzigartige Erhaltung, die es für uns zum Hauptwerk der romanischen Skulptur des Béarn macht. Erst von hier aus können wir uns die in Form und Aufbau ähnlichen Portale von Lescar, Morlaas und Sauveterre vorstellen. Zwischen den beiden mit Figurenkapitellen versehenen Halbsäulenvorlagen der Bogen der seitlichen Vorhallenöffnung eingespannt, entfaltet sich ein dreifach zurückgestuftes mit zwei figürlichen Archivolten abgeschlossenes Portal, dessen aus zwölf senkrechten Marmorplatten zusammengesetztes Tympanon von einer Trumeausäule gestützt und von zwei kleineren Tympana unterfangen wird. In den beiden Zwickeln über dem Türbogen steht jeweils eine große Figur (Krieger?). Am Beginn der mittleren Archivolte links und rechts springt jeweils eine senkrechte Vollfigur in den Raum vor. Die beiden kleinen Tympana und die Trumeausäule sind Neuschöpfungen des 19. Jh.

Das ikonographische Programm befaßt sich mit dem Sieg des Christentums über die Welt der Heiden. Im Mittelpunkt, d. h. im großen Tympanon, steht die in Nordspanien und dem Pyrenäengebiet verbreitete Darstellung der Kreuzabnahme. Das beschlagene Kreuz in byzantinischer Form steht auf dem Symbol der Erlösung, dem *Chrismon*, unter dem in Gestalt eines gehörnten Tierkopfes das besiegte Heidentum erscheint. Die äußere Archivolte mit den vierundzwanzig Ältesten der Apokalypse, die das Lamm Gottes, wiederum über einer Tierfratze, umringen, zeigen ebenso wie *Sol* und *Luna* über der Kreuzabnahme das Ende der Zeiten aus christlicher Sicht. Die mittlere Archivolte (Abb. 58) zeigt vermutlich die volkstümliche Illustration zur Vorbereitung des Himmlischen Gastmahls (Matth. 22, 1–5). Die Wahl eines im Béarn verbreiteten Festes (fête du pèle-porc) vermittelt in realistischer Weise dem Betrachter den Eindruck eines vertrauten Vorganges. Die kleinen Tympana zeigen links das siegreiche und rechts das bedrohte Christentum. Das gleiche Motiv liegt auch den beiden vollplastischen Darstellungen

175

zugrunde, nämlich links in Form eines menschenverschlingenden Dämons das Heidentum und rechts als siegreicher Reiter (Abb. 59) über einem Sarazenen das Christentum. Die etwa dreißig bekannten Reiterfiguren der Romanik gehen möglicherweise auf das im Mittelalter vor dem Lateran aufgestellte Reiterstandbild Marc Aurels zurück, das man fälschlicherweise für ein Abbild Konstantins, des ersten Beschützers der Christenheit, gehalten hatte. Eine ebenfalls lokale Einfärbung erhält diese symbolische Darstellung, wenn man in dem Reiter Gaston IV. von Béarn als neuen Konstantin sehen will. Gaston, der getreue Begleiter von Raymond IV. auf dem Ersten Kreuzzug hatte durch die Erfindung einer Kriegsmaschine angeblich wesentlich zur Eroberung von Jerusalem beigetragen. Bei seiner Heimkehr, etwa gleichzeitig zum Beginn der Bauzeit von Ste-Marie, fand er sein Land von den Sarazenen besetzt, das er in zahllosen siegreichen Kämpfen wieder von den Mohammedanern befreite. Dem Vorgang zugeordnet wären auch die zwei wie siamesische Zwillinge aneinandergebundenen großartigen Trägerfiguren des Trumeau (Abb. 57), die eindeutig Sarazenen darstellen.

Die Sonderstellung des Portals von Oloron besteht aber in einer Reihe von künstlerischen Faktoren. Einmal zeigt meines Erachtens die Verwendung verschiedenfarbigen Steinmaterials, z. B. die gelb eingefärbten Ältesten der äußeren Archivolte, die materiell farbig eingesetzten Augen und der hellgraue, leichtgestromte Pyrenäenmarmor, daß die ästhetische Wirkung des verschiedenfarbigen Steins bewußt eingesetzt wurde und eine sonst übliche Bemalung offensichtlich nicht vorgesehen war, d. h. die südfranzösische Skulptur der romanischen Epoche war nicht grundsätzlich bemalt. Zum andern ist durch die senkrechte Stellung des Dämons und vor allem des Reiters zur Portalfläche das Gesamtensemble als räumliches erfaßt und gestaltet (vgl. die Sonderstellung der Grablege in Auch!). Zum dritten ist die Kombination von extremen Flachrelief im Tympanon, gesteigertem Hochrelief in den Archivolten und Vollskulptur nicht nur einmalig in der romanischen Kunst, sondern ein Beweis dafür, daß die Beibehaltung des Flachreliefs im Pyrenäenraum lediglich eine lokale Besonderheit des Geschmacks, aber kein grundsätzlich dekadentes Zeichen für die Unfähigkeit zur Vollplastik ist.

An der schneebedeckten Kette stolzer Dreitausender entlang, fahren wir über **Lourdes**[34], Bagnères-de-Bigorre und Lannemezan nach Montrejeau, von wo aus sich bequem an einem Tag die nächsten Ziele unserer Fahrt erreichen lassen.

St-Bertrand-de-Comminges

An der Stelle eines keltischen Oppidums ließ 72 v. Chr. Pompejus die iberischen Bergbewohner, die er zuvor bei Sertorius besiegt hatte, sich ansiedeln. Unter dem Namen *Lugdunum convenarum* wuchs die Stadt bald zu beträchtlicher Größe an. Noch unter

Augustus wurde die Provinzstadt mit Forum, Thermen und Tempel ausgestattet. Die von Caligula verbannten Herodes Antipas und dessen Frau Herodias haben in Lugdunum ihr Exil verbracht. Im 4. Jh. soll die Stadt an die 60 000 Einwohner gehabt haben. Nach dem Vandalensturm verfiel sie. 586 gelang es dem merowingischen Burgunderkönig Gontram, seinen Gegenspieler Gondowald hier zu stellen und zu töten. Dann folgen 500 Jahre Schweigen. Erst der Bischof Bertrand ›von der Jordaninsel‹ (1075–1123) begann auf dem alten Hügel aus den Trümmern der antiken Stadt eine neue, romanische Kathedrale zu bauen, die alsbald eine neue Siedlung um sich scharte. Von der romanischen Kathedrale, die etwa die Ausmaße des heutigen gotischen Langhauses hatte, ist nur noch der Turmvorbau mit seinem Figurenportal (Abb. 62) stehengeblieben.

Das stark verwitterte einstufige *Portal* mit Trumeau zeigt am Türsturz die zwölf Apostel und im Tympanon die Verehrung Christi durch die Hl. Drei Könige. Ungewöhnlich groß, selbst in der Bedeutungsperspektive des Mittelalters, ist die hohe aufrechte Gestalt des Bischofs Bertrand; hier noch ohne Nimbus, da zur Zeit der Entstehung des Portals seine Kanonisierung (1175) noch nicht ausgesprochen war.

Betritt man die Kirche von Westen, steht man vor der Schranke des Lettners mit zwei kostbaren Triptychen des 16. Jh.

Die eigentliche Kirche aber kann man nur durch den Kreuzgang im Süden betreten. Lediglich die westliche Galerie des unregelmäßigen *Kreuzgangs* (Farbt. 12) mit seinen wertvollen Kapitellen und dem berühmten Evangelistenpfeiler, wohl in enger Anlehnung an die dritte Werkstatt der Daurade in Toulouse entstanden, verdient unsere Beachtung (s. a. Abb. 63, 64).

Die heute etwas ungeschlacht in der Landschaft stehende *gotische Kathedrale* mit nur einem Schiff und neun Chorka

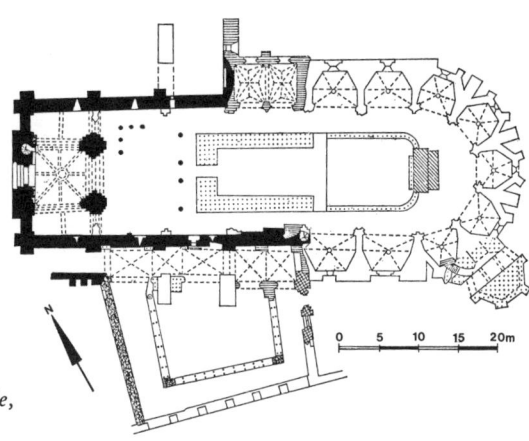

St-Bertrand-de-Comminges, Kathedrale, Grundriß

pellen verdankt ihre Entstehung ihrem Bischof Bertrand de Got (1295–1299), der, als er 1305 unter dem Namen Clemens V. Papst von Avignon geworden war, seine alte Kathedrale nicht vergaß und den Fortgang der Bauarbeiten eifrig unterstützte. Abgeschlossen wurde der Bau unter Bischof Hugo von Chatillon (1351), dessen großartiges Grabmal in der ersten nördlichen Kapelle zu finden ist.

Etwa 1 km Luftlinie nach Nordosten liegt heute inmitten fruchtbarer Wiesen und Felder im Schatten dunkler Zypressen auf dem Gebiet der ehemaligen römischen Unterstadt die kleine, aber sehenswerte Kirche **St-Just-de-Valcabrère** (Abb. 68). Der Fried-

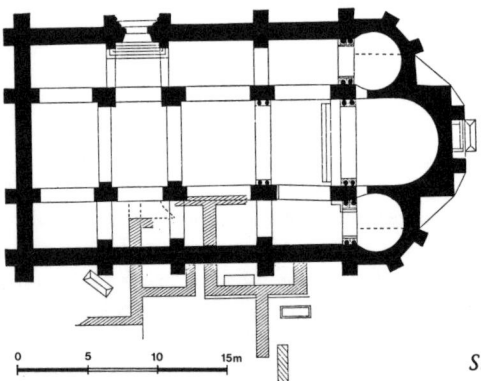

St-Just-de-Valcabrère, Grundriß

hof an der Nordseite der Kirche erinnert daran, daß an dieser Stelle in der Spätantike eine der größten Nekropolen der Christenheit gelegen war.

Aus dem Marmor alter Sarkophage ist auch die heutige Kirche großteils errichtet. Auch sie bildet bereits im frühen 11. Jh. die typische Halle aus, deren Eindruck noch durch das Fehlen eines echten Querhauses unterstrichen wird. Das skulpierte Nordportal (Farbt. 8) vom Ende des 12. Jh. erinnert stilistisch an den Evangelistenpfeiler von St-Bertrand. Im Tympanon sitzt Christus umgeben von Engeln und den vier Evangelisten. Im linken Gewände stehen die beiden frühen spanischen Märtyrer St-Just und St-Pastor und rechts gegenüber der ursprüngliche Kirchenpatron St-Etienne und die Hl. Helena (?). In den Kapitellen über den Gewändefiguren wird jeweils das entsprechende Martyrium des zugeordneten Heiligen demonstriert.

St-Gaudens. Die Stadt, die bis zum 13. Jh. Mas St-Pierre und während der Revolution Haute-Ville hieß, nennt sich heute wieder nach ihrem Märtyrer, der dreizehnjährig bei der Christenverfolgung durch Eurich (475) den Tod fand. Obwohl St-Bertrand und St-Gaudens nicht an einem der vier Hauptrouten der Pilger lagen, waren sie doch allein schon der hier verehrten Heiligen wegen wichtige Station für die mittelalterlichen Wallfahrer. Von der alten Abtei steht nur noch die am Außenbau arg malträtierte

Kollegiatskirche *St-Pierre-et-St-Gaudens* (Abb. 60). Die romanische Hallenkirche wurde in ihren östlichen Jochen als Emporenkirche nach dem Vorbild von Conques und Toulouse begonnen. Beim Weiterbau verwarf man jedoch diese Konzeption zugunsten der einfacheren Hallenlösung. Die Kapitelle an den Emporen (Abb. 61), im Chor und an der Vierung stellen hervorragende Exemplare dieser Spezies und verraten deutlich tolośaner Einfluß.

Für den Freund mittelalterlicher Fresken empfiehlt sich ein kleiner Abstecher zum 13 km westlich gelegenen *St-Plancard*, wo an der Stelle eines alten gallo-römischen Tempels, in der vorromanischen mit zwei Chören versehenen Friedhofskirche *St-Jean* 1943 zwei romanische Freskenzyklen vom Ende des 11. oder Anfang des 12. Jh. entdeckt worden sind.

St-Lizier

Bevor wir uns der alten Kapitale Toulouse zuwenden, sei vorher noch der kleine Abstecher nach St-Lizier, ca. 2 km von St-Girons herrlich am Südhang des Salat gelegen (Umschlagvorderseite, Farbt. 13 u. Abb. 67), unbedingt empfohlen. St-Lizier, wo bereits das kleine Pyrenäenvolk der Consorani seine Wohnstätten hatte, genoß im Mittelalter das einmalige Privileg, zwei Kathedralen zu besitzen. Gregor von Tours berichtet bereits von einem Oratorium zu Ehren seines ersten Bischofs St-Valier. Bis ins 12. Jh. erfreuten sich die Bischöfe der uneingeschränkten weltlichen Macht über ihre Stadt, die ihnen aber dann von den Grafen von Comminges streitig gemacht wurde. Von der Zerstörung und Plünderung der Stadt durch Bernard I. von Comminges im Jahre 1130 erholte sich das einst blühende Gemeinwesen nie mehr.

Die *Kathedrale St-Lizier* in der Unterstadt ist aber heute noch ein Kleinod der Kunst des Mittelalters. 1117 wurde der heutige Bau in seinen wesentlichen Bestandteilen im Beisein des spanischen Bischofs von Roda de Isábena eingeweiht. Um 1300 mußte das durch Brand zerstörte Gewölbe neu errichtet werden. Bei dieser Gelegenheit wurde das Querhaus verbreitert und erhöht und der herrliche, achteckige Vierungsturm aus Ziegeln in reinster tolośaner Manier aufgesetzt. Das kurze dreijochige Langhaus besitzt aber noch im Ostteil seinen romanischen Chor, der stark an St-Just in Valcabrère und St-Plancard erinnert. Die halbe Kalotte der Chorapsis wurde im späten 13. Jh. mit dem stereotypen Motiv des Christus in der Mandorla, umgeben von den Zeichen der Evangelisten, ausgemalt.

Darunter aber, zwischen den hochgezogenen Blendarkaden der halbrunden Chorwand breiten sich wie ein farbiger Teppich die teilweise noch hervorragend erhaltenen *Fresken* aus romanischer Zeit aus. Im oberen Register stehen jeweils paarweise, frontal und aufrecht die Apostel, erkennbar an ihren Büchern bzw.

Schriftrollen. An den Längsseiten, wie man noch an der Südwand erkennen kann, waren die Apostel begleitet von anderen Heiligengestalten und Propheten. Im unteren Register erkennen wir die unwahrscheinlich expressiv und abstrakt komponierten Szenen der ›Verkündigung‹ und der ›Heimsuchung‹ (Farbt. 14) und daneben, weniger gut erhalten, die ›Anbetung der Hl. Drei Könige‹. Großartig, wie der Künstler die zwei Figuren der Heimsuchung unter einem gemeinsamen Nimbus zusammenfaßt. Neuerdings ist es gelungen, den Schöpfer dieser Fresken zu identifizieren. Es handelt sich dabei um einen Meister, der in den letzten Jahrzehnten des 11. und zu Beginn des 12. Jh. im Nordwesten Kataloniens und im benachbarten Val d'Aran gearbeitet hat und nach seinem Hauptwerk in Sant Quirze in Pedret heute als *Meister von Pedret* benannt wird. Die Entstehungszeit der Fresken dürfte also mit größter Wahrscheinlichkeit vor der Einweihung des Chores im Jahre 1117 liegen.

Der annähernd rechteckige *Kreuzgang* (Abb. 66), der wegen seiner Geschlossenheit und einfachen Formen zu den schönsten seiner Art in Südfrankreich zählt, ist leider nur in seinem kunsthistorisch wertvollen Nordflügel in der Datierung gesichert. Die Unregelmäßigkeiten in den nördlichen Ecken rühren vom späteren Umbau der Kathedrale her. Die drei anderen Galerien galten wegen ihrer archaischeren und ungeschickteren Kapitelle als der ältere Teil. Neuerdings will man aber gerade darin Kennzeichen des sogenannten ›troisième art roman‹ sehen und neigt zu einer Datierung bis weit ins 13. Jh. Die auf einfachen, genau halbkreisförmigen Bögen ruhenden Arkaden werden von schlanken, abwechselnd doppelten und einfachen Säulen getragen. Der ursprünglich offene Holzdachstuhl mußte beim Aufbau der oberen Etage im 16. Jh. begradigt werden. In der westlichen Galerie ist der einfache rechteckige Stützpfeiler durch ein elegantes Säulenbündel ersetzt. Neben Rauten- und Blattmustern finden wir Tiere und Personen im Netzwerk der Kapitelle verstrickt (Abb. 65). Dieses Motiv will man im Zusammenhang mit den Arbeiten der dritten Werkstatt der Daurade sehen, ähnlich wie im Kreuzgang von St-Bertrand. Eine Entstehungszeit, zumindest für die qualitätsvollen Kapitelle des Nordflügels, wäre damit zwischen 1150 und 1180 anzusetzen.

Ein Besuch der Oberstadt von St-Lizier, wo burgähnlich der ehemalige Bischofspalast liegt, lohnt nur wegen der prächtigen Aussicht zu den nahen Pyrenäengipfeln.

2 Die Metropole: Toulouse

Je nach der zur Verfügung stehenden Zeit sei es dem Reisenden selbst überlassen, ob er den Weg von St-Gaudens nach Toulouse direkt und schnellstens über die N 125 zurücklegt, oder ob er gemächlich im Zickzack eine Reihe von kleineren aber sehenswerten Orten besucht, als da wären: *Aurignac,* wovon einer unserer ältesten Vorfah-

Toulouse, Stich von Merian

ren, der Aurignac-Mensch, seinen Namen herleitet, das malerische Runddorf *Martres-Tolosanes* mit seinen hochinteressanten spätantiken und westgotischen Ausgrabungen, *Rieux*, dessen typisch tolosaner Backsteinturm schon die Nähe der Hauptstadt ankündet, und *Muret*, in dessen unmittelbarer Nachbarschaft auf freiem Feld am 12. 11. 1213 Simon von Montfort das Schicksal des Landes besiegelte.

Von Muret kommend sollte man die N 20 solange geradeaus stadteinwärts weiterfahren, bis es nicht mehr geht. Biegt man rechts in die Rue de la République ein, befindet man sich bereits automatisch auf dem *Pont-Neuf*, dessen Verlängerung, die Rue de Metz, schon nach ca. 300 m auf der Place Esquirol mündet. Schräg gegenüber, an der nordöstlichen Ecke der Kreuzung Rue de Metz und Rue d'Alsace-Lorraine, der Hauptverkehrsader der Stadt, befindet sich der Komplex des ehemaligen Augustinerklosters mit dem weltberühmten *Musée des Augustins*. Wir sind also bereits mitten im Herzen der Stadt. In dem Altstadtteil zwischen *Place Esquirol* und *Place du Capitole* (großteils Fußgängerzone!) findet man auch die meisten kleinen und sehr billigen Hotels. Am Kapitol befindet sich das Fremdenverkehrsamt (Syndicat d'Initiative).

Wenn man nicht das Ungeschick hat, diese quirlige und aktive Stadt zur *Rush-hour* anzufahren, oder von ausgesprochenem Pech verfolgt einen Regentag erwischt, empfängt einen schon vom Pont-Neuf aus der typische Charme dieser ganz in rotem Ziegelstein erbauten Stadt, die nach dem Wort eines Dichters morgens rosa, mittags rot und abends malvenfarbig aufleuchtet. Von der Brücke aus grüßen auch schon die ebenfalls roten Backsteintürme von *Les Cordeliers, St-Sernin, Les Jacobins* und *St-Augustin*, die weitgehend das Panorama der Stadt bestimmen. Von den wichtigsten Plätzen, dem tagsüber vor Leben sprudelnden Esquirol, der mondänen Place Wilson und der zu groß geratenen Place du Capitole besitzt jeder sein unverfälschtes Flair.

TOULOUSE

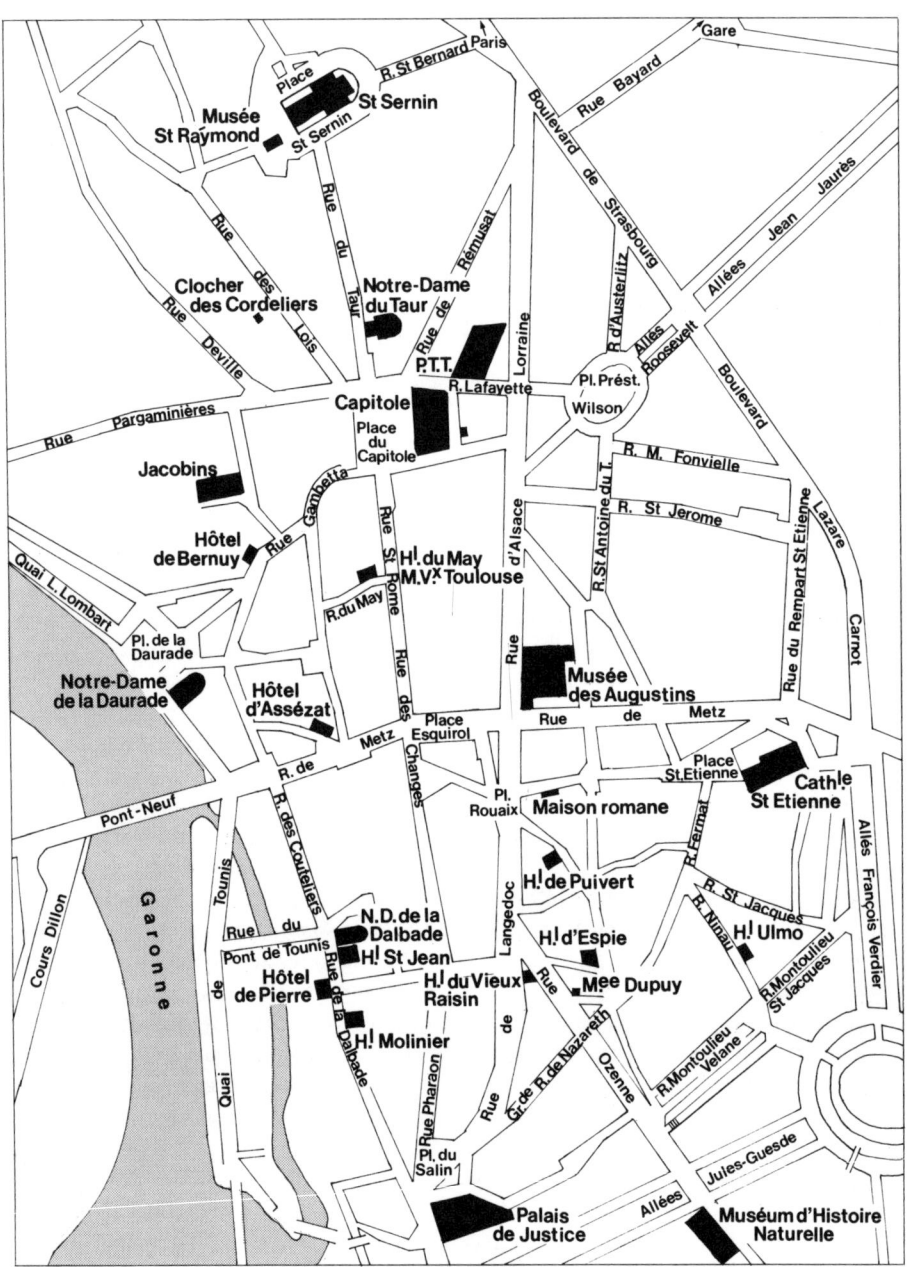

Toulouse, Stadtplan

Die lokalpatriotische Behauptung, Toulouse sei älter als Rom, mag sicher übertrieben sein, aber die Stadt ist seit historischer Zeit Sitz der keltischen Tectosagen (3. Jh. v. Chr.) gewesen. Obwohl in römischer Zeit nicht gleich von Beginn im Status einer Kolonie, gelang es *Tolosa* zumindest auf intellektuellem Gebiet, der Hauptstadt der Provincia Gallia Narbonensis Secunda, nämlich Narbonne, den Rang abzulaufen. Als im 5. Jh. die Westgoten Toulouse zur Hauptstadt ihres sich von der Loire bis zu den Säulen des Herkules erstreckenden Reiches erhoben, behielt die Stadt von nun an den Rang einer Hauptstadt bis zum Jahre 1271. Den schwachen und dekadenten Nachfolgern Karls des Großen entwuchsen das selbständig sich entwickelnde Herzogtum Aquitanien ebenso wie die Grafschaft Toulouse. Die erbliche Dynastie der Grafen von Toulouse gehörte zum angesehensten und ältesten Feudaladel Europas. Der Höhenflug der okzitanischen Kultur hatte sein Zentrum in Toulouse. Die Grafen waren Bürger und Feudalherren in einem. Die Kultur Okzitaniens war vom Beginn an mehr eine oligarchische denn eine rein feudale. Schon sehr früh bestimmten die Bürger von Toulouse durch ihre Consuln ihr Geschick. Der Bischof der Stadt hatte einen vergleichsweise geringen Einfluß. Die Grafen als Mitglieder der *civitas* genossen große Verehrung und Wertschätzung bei ihren ›Bürgern‹. Das Einvernehmen zwischen Graf und städtischer Bevölkerung war für damalige Zeit von geradezu ausnehmender Ruhe und Harmonie bestimmt. Toulouse war es auch, das sogar nach dem Tag von Muret dem Sieger Simon von Montfort noch Widerstand leistete und seine Tore nicht öffnete. Die Stadt organisierte selbst den Widerstand. Gegen den Willen und Beschluß des vierten Laterankonzils öffnete sie 1217 ihrem Herrn Raymond VI. mit großen Freudengesängen die Tore. Und vor den Mauern von Toulouse fand auch der verhaßte Unterdrücker aus dem Norden sein Ende. Nach dem Tod von Raymond VII. versuchte Alphonse von Poitiers, der Bruder des Hl. Ludwig, die Gewalt der Consuln einzuschränken. Als gemäß den Artikeln des Abkommens von Paris (1229) die Grafschaft Toulouse an die französische Krone fiel, erhielt die Stadt einen königlichen Seneschall für die juristische, finanzielle und militärische Verwaltung. Mit dem Seneschall erhielt die Stadt auch einen königlichen, höchsten Bauaufsichtsbeamten. Seit 1298 bekleidete Meister Jean de Mantes dieses Amt. Praktisch hielt erst jetzt die französische Gotik ihren Einzug in Toulouse. Unter der Regie von Jean de Mantes wurde unter anderem die Augustinerkirche begonnen. Bereits 1272, also ein Jahr nach der offiziellen Annexion an die kapetingische Krone, begann man mit dem Neubau der gotischen Kathedrale. Dennoch blieb die Einrichtung der Consuln und ein Teil der städtischen Selbstverwaltung bestehen. Schließlich mußte der französische König 1444 den inzwischen loyalen Bürgern der Languedoc die Errichtung eines eigenen Parlaments zugestehen. Consuln und Parlamentarier standen sich nun als bürgerliche Gewalten konkurrierend gegenüber. Fast gleichzeitig mit dem Ende des Hundertjährigen Krieges (1452) und dem aufblühenden Pastellhandel, erlebte die Stadt bis Mitte des 16. Jh. eine dritte Blüte, die heute übertriebenerweise als das Goldene Zeitalter der Stadt beschrieben wird. Mit den Religionskriegen und dem Import des billigeren Indigo als tödlicher Konkurrenz für den

TOULOUSE

Pastellhandel, begann für die Stadt wiederum, diesmal für fast ein halbes Jahrtausend, die schwere Zeit des Niedergangs.

Begünstigt durch seine verkehrstechnische Lage (wie schon im Altertum und im Mittelalter) und sein sowohl an landwirtschaftlichen Gütern als auch an natürlichen Energiequellen reiches Hinterland ist Toulouse heute wieder Mittelpunkt gewinnbringender Elektro- und Chemieindustrien, des französischen Flugzeugbaus (Concorde) und einer wissenschaftlich hochstehenden Tradition (Theologie, Jura, Geisteswissenschaften und Elektronik). Mit ca. 400 000 Einwohnern ist Toulouse wieder nach Paris, Marseille und Lyon Frankreichs viertgrößte Stadt.

Erster Rundgang: St-Sernin

Am geschicktesten beginnt man die Besichtigung der Stadt vom *Kapitol* aus. Seinen Namen entlehnt das Rathaus der Erinnerung an die Versammlungen seiner alten ›capitouls‹, die ursprünglich hier stattfanden. Mit der ca. 120 m langen Fassade aus der Mitte des 18. Jh. gibt der heutige Bau ein prächtiges Beispiel alternierender Farbigkeit, die die sonst eher strenge Anmut barock-klassizistischer Schauwände angenehm bereichert. Während der linke Teil des Hôtel-de-Ville von den Amtsstuben der Administration eingenommen wird, beherbergt der rechte Flügel das städtische Theater. Betreten wir durch das Portal des streng symmmetrisch eingepaßten Mittelrisalits das Kapitol, werden wir im Innenhof durch die wohltuenden Proportionen im reinsten Stil Henri IV. überrascht, dessen bürgerlich anheimelnder Zuschnitt schon an der Place des Vosges in Paris für sich einnimmt. Über dem Renaissanceportal des Innenhofs steht die noch zu Lebzeiten des Monarchen errichtete Reiterstatue Heinrichs IV. 1632 fand hier am selben Platz die grausige Hinrichtung des königlichen Gouverneurs der Languedoc, jenes berühmten Montmorency, statt, weil er versucht hatte, separatistische Tendenzen gegen die zentralistische Politik seines Königs Ludwig XIII. durchzusetzen. Wir sehen, die Versuche, sich gegen die französische Vormundschaft zu wehren, und die brutale Unterdrückung dieser Ansätze haben auch im 17. Jh. nicht aufgehört, das Verhältnis Toulouse – Paris zu bestimmen. Im Garten der östlichen Rückseite des Rathauses steht, einziger Rest des einstigen Kapitols, der backsteingemauerte Donjon des 16. Jh., in dem sich heute die Räume des *Syndicat d'Initiative* befinden. Die Rue Lafayette führt über die Rue d'Alsace-Lorraine geradewegs zur Place Président Wilson, deren ovale Geschlossenheit und kühle Noblesse den äußeren Rahmen einer kleinen Grünanlage bilden, in deren Mitte die Denkmäler zweier örtlich sehr geschätzter Dichter stehen. Die Rue d'Austerlitz und der schräg links anschließende Boulevard de Strasbourg bringen uns zur Rue St-Bernard, an deren Ende wir den wegen seines architektonischen Formenreichtums überwältigenden Ostabschluß der Pilgerkirche von St-Sernin sehen (Farbt. 15; Abb. 69).

63, 64   ST-BERTRAND-DE-COMMINGES   Sarkophag und Kapitell im Kreuzgang
◁ 62   ST-BERTRAND-DE-COMMINGES   Portal
65   ST-LIZIER   Kapitell im Kreuzgang

66 ST-LIZIER Kreuzgang

67 ST-LIZIER

68 ST-JUST-DE-VALCABRÈRE

69 TOULOUSE St-Sernin, Chor und südliches Querschiff

70 TOULOUSE
St-Sernin, Querhaus

71 TOULOUSE
St-Sernin, Langhaus
innen ▷

72 TOULOUSE
St-Sernin, Altartisch

73 TOULOUSE
St-Sernin, Stirnseite
vom Altartisch

74 TOULOUSE
St-Sernin, Kapitell

75 TOULOUSE
St-Sernin,
Porte Miègeville ▷

76, 77 TOULOUSE St-Sernin, ›Thronender Christus‹ und ›Apostel‹, Flachreliefs im Chorumgang

78 TOULOUSE
Les Jacobins,
Südostansicht

80 TOULOUSE
Les Jacobins, Palmier ▷

79 TOULOUSE
Les Jacobins,
Nordostecke des
Kreuzgangs

81 TOULOUSE Musée des Augustins, ›Herodes und Salome‹ von Gilabertus

82 TOULOUSE
Musée des Augustins,
›L'Annonciation des
Cordeliers‹, Detail

83 TOULOUSE Musée des Augustins, ›Zwei Frauen mit Löwe und Widder‹

84 TOULOUSE Musée des Augustins, Kapitell von La Daurade

85 TOULOUSE Hôtel Assézat

86 TOULOUSE Hôtel Les Vieux Raisins

87 TOULOUSE Romanisches Haus

88 TOULOUSE Maison de Pierre

89 FOIX Grafenschloß

90 PAMIERS Kathedrale

91 MIREPOIX Fachwerkhaus

St-Sernin. Der Hl. Saturninus, der Apostel der Languedoc und erste Bischof von Toulouse, wurde 250 auf Befehl des Präfekten an einen Stier gebunden, der, vom Kapitol stadtauswärts rennend, den Heiligen zu Tode schleifte. Bei der Kirche Notre-Dame-du-Taur, deren Name noch an den Stier erinnert, soll St-Sernin den Tod gefunden haben. An der nördlichen Ausfallstraße vor den Toren der Stadt wurde er nach antiker Sitte begraben, und schon bald erhob sich an dieser Stelle ein erstes Oratorium, zu dem eine eifrige Wallfahrt anhob. Karl der Große beschenkte die Kirche reichlich mit Reliqien, darunter neben den Reliquien lokaler Heiliger die Gebeine von sechs Aposteln. Damit besaß St-Sernin seit dem 9. Jh. den größten Reliquienschatz Frankreichs, den zweitgrößten der katholischen Kirche nach Rom. Unter den sechs Aposteln befanden sich auch die zwei Jakobi, von denen der ältere als unversehrte Reliquie ja auch in Santiago verehrt wurde. Das Erstaunen des mittelalterlichen Wallfahrers ob dieser Kuriosität hat sich im Sprichwort, dies sei wohl »nicht der wahre Jakob«, erhalten.

Im Grundriß folgt St-Sernin dem Schema der vor ihr begonnenen Pilgerkirchen in Conques, Limoges und Santiago. Über lateinischem Kreuz erhebt sich eine fünfschiffige Emporenkirche mit weitausladendem Querhaus. Die Emporen sind vollständig um die beiden Querhäuser herumgeführt und münden in ihrem Untergeschoß in den einfachen Chorumgang. Den fünf Radialkapellen addieren sich noch jeweils zwei östliche Apsiden der Querhausarme hinzu, wodurch sich von außen die reichgegliederte, plastisch gestaffelte Struktur der Ostteile ergibt. Im Langhausinnern (Abb. 71) tragen die Zwillingsöffnungen der Empore zur lebendigen Rhythmisierung der zweigeschossigen Ordnung bei, aber eine Raumweitung im Sinne der Halle bringen sie nicht. Bestimmend bleibt die Betonung des Mittelschiffs, das mit seinen 21,10 m Höhe allerdings nicht die gewaltige Aufwärtsbewegung von Conques erreicht, sondern mehr in die Längsrichtung ver-

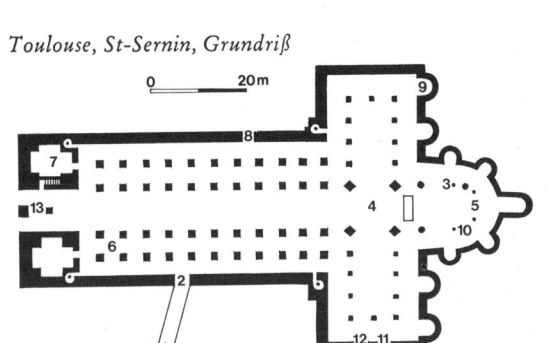

Toulouse, St-Sernin, Grundriß

1 *Renaissancepforte der ehemaligen Klosterumfriedung*
2 *Porte Miègeville*
3 *Hl. Augustin, Fresko des 12. Jh.*
4 *Altar des Bernard Gelduin*
5 *Christus-Relief, daneben die sechs anderen Tafeln*
6 *Sichtbare Änderung des Mauerwerks*
7 *Nördliche Sakristei mit den ältsten Kreuzrippen von Toulouse*
8 *Pforte zum ehemaligen Kreuzgang*
9 *Romanisches Kruzifix*
10 *Eingang zur Krypta*
11 *Porte des Comtes (heute Porte des Pauvres)*
12 *Sarkophage der Grafen von Toulouse*
13 *Westportal*

TOULOUSE

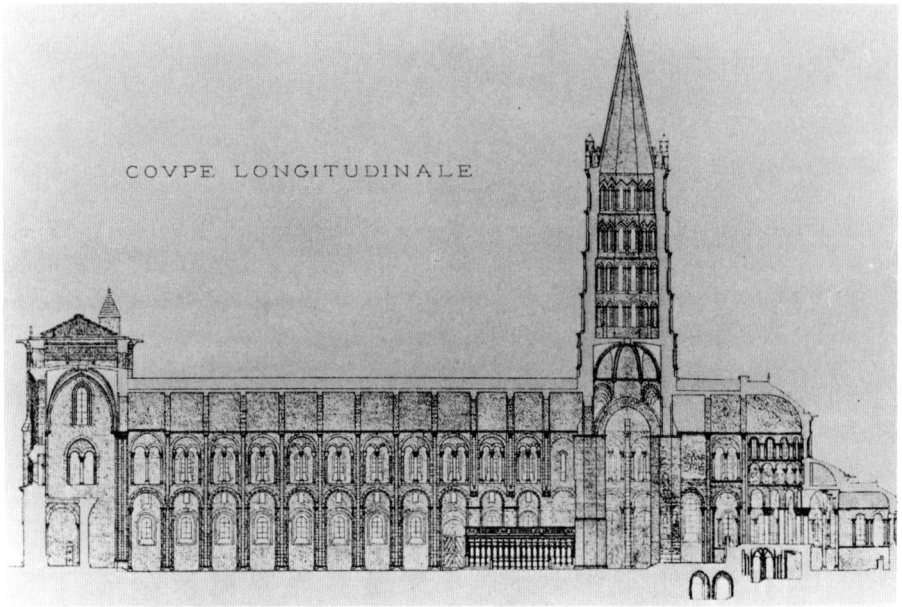

Toulouse, St-Sernin, Längsschnitt

weist. Die durchgängige, richtungbetonte Ausgewogenheit des Hauptschiffes wird heute allerdings geschmälert durch die starke Einschnürung der Vierung, bedingt durch die nachträgliche Verstärkung ihrer Pfeiler bei der Aufstockung des Turmes, und die abgeschlagenen Dienste der drei östlichen Langhausjoche. Mit seiner Gesamtlänge von 115 m und der Tiefe des Querhauses von 64 m (bei einer Breite des Langhauses von 32,50 m) ist St-Sernin, nach der Zerstörung von St-Pierre in Cluny im 19. Jh., heute der größte noch stehende romanische Kirchenbau Frankreichs. Die heutige Kirche wurde wohl um 1080 begonnen. Ihre Ostteile, mit Sicherheit der Chor, dessen Umgang und fünf Radialkapellen, sowie die Ostteile des Querhauses (Abb. 70) bis zur Höhe der Galerien waren bis zur Altarweihe am 24. Mai 1096 durch Urban II. fertiggestellt. In den frühen neunziger Jahren war der Kanonikus Raymond Gayrard als *operarius aedificii* bestellt worden, der mit viel Elan bis zu seinem Tode 1118 den Bau fast zu Ende geführt hat. Der kurzen Bauzeit von ca. 40 Jahren verdankt St-Sernin seinen durchgehend homogenen Charakter, den auch die Turmaufstockung in der Mitte des 13. Jh. und die späte Fertigstellung der Westfassade (1929) nicht grundsätzlich zu beeinträchtigen vermögen.

Noch wichtiger als für die Architektur ist St-Sernin aber für die *Entstehung der romanischen Monumentalskulptur*. Parallel zum Kreuzgang von Moissac entstehen in den Ostteilen Kapitelle, zu deren pflanzlichem Dekor sich auch figürliche Darstellungen hinzugesellen. Diese erste Werkstatt arbeitet auch noch an der *Porte des Comtes,* die ihren Namen davon ableitet, daß in den ihr westlich benachbarten Mauernischen die Sarkophage von vier tolosaner Grafen aufgestellt sind. Die Anlage der Porte des Comtes als zweiportalige Öffnung ebenso wie ihre Ausgestaltung mit einem zusammengehörigen Zyklus historisierender Kapitelle sind absolut neu in der romanischen Kunst. Zusätzlich war die Fläche über den Bogenöffnungen mit Reliefplatten geschmückt, deren mittlere ursprünglich den Hl. Saturninus zeigte. Insgesamt stellen die noch unbeholfen und etwas klobig behandelten Szenen der Gewändesäulenkapitelle die Geschichte vom reichen Prasser und dem armen Lazarus dar. V. l. n. r.: Lazarus im Kampf mit den Hunden am Tisch des Reichen, Himmelfahrt der Seele des armen Lazarus, Bestrafung des Hochmuts des Reichen, der Prasser wird gegen sein Verlangen auf die Erde zurückzukehren in der Hölle behalten, Bestrafung der Buhlerin des Reichen, Spott der Teufel über die Geldbörse des Prassers und Bestrafung der fleischlichen Begierde.[35]

Als Urban II. 1096 den *Altar* von St-Sernin weihte, handelte es sich dabei wahrscheinlich um dieselbe reich skulpierte Mensa, die heute wieder in der Vierung als Hauptaltar aufgestellt ist (Abb. 72). Dieser 2,23 m lange und 1,34 m breite Tischaltar aus weißem Marmor ist die größte Kostbarkeit von St-Sernin, weil wir erstens durch seine Weihe ein relativ exaktes Datum seiner Entstehung besitzen, zweitens durch die Inschrift an der umlaufenden Oberkante des Tisches den

Toulouse, St-Sernin, stereometrischer Schnitt

Künstler kennen: BERNARDVS GELDVINVS ME FEC., drittens die Mensa nicht nur auf die in der Languedoc und im Roussillon übliche Weise an der konkaven Oberseite geziert, sondern an den vier Stirnseiten (Abb. 73) reich mit Figuren- und Pflanzendekor versehen ist und viertens die stilistischen Merkmale dieser Raumverzierungen ebenfalls auf eine Reihe anderer Skulpturen von St-Sernin auftauchen und dadurch auch deren Zuschreibung und Datierung ermöglichen. Letzteres gilt vor allem für die berühmten monumentalen sieben Reliefs im Chorumgang (Abb. 76, 77) und einige Kapitelle an der östlichen Tribüne der Querhäuser (Abb. 74). Ob Gelduinus allein den Altar und die Reliefplatten ausgeführt hat, ist neuerdings nicht mehr ganz sicher.[36] Als von seiner Hand gelten aber einstimmig die beiden Breitseiten des Altars und die drei Großreliefs Christus in der Mandorla, ein Cherub, ein Seraph.

Mit dem Auftauchen des Ateliers von Gelduinus, möglicherweise verbunden mit der Übernahme der Bauleitung durch Raymond Guérard (um 1090), kommt ein

TOULOUSE

völlig neuer Zug in die tolosaner Skulptur: gewandtere Formulierung in Stein, greifbare Monumentalität und vor allem die Einführung antiker Motive in Dekor und Form. Mit Bernard Gelduinus beginnt so recht eigentlich erst die monumentale Skulptur der Hochromanik. Die Verwandtschaft seiner Schöpfung mit Skulpturen im Schloß von Loarre und in der Kathedrale von Jaca verweist die Entstehung der gelduinischen Kunst möglicherweise nach dort.[37] Doch ist ihre Ableitung von der älteren Elfenbeinschnitzerei nicht überzeugend, da die ähnlichsten Stücke dieser (Schrein des Hl. Felix der Kirche San Millan in Cogolla) erst aus derselben Zeit stammen und sich von ihren Vorgängern durch dieselben Merkmale unterscheiden, durch die sich die Skulpturen von Toulouse und Moissac von den vorromanischen Versuchen abheben.

Östlich des Hauptaltars auf erhöhtem Niveau ruht auf vier bronzenen Stieren das Grabmal des Hl. Saturninus (18. Jh.), hinter dem sich die eigentliche Reliquienkammer, die sogenannte *Krypta* befindet. Ihr östlicher Teil diente der Ausstellung der wertvollen Reliquien und war fast ebenerdig angelegt, so daß durch kleine Fenster vom Chorumgang her die wertvollen Exponate betrachtet werden konnten. Die heutige, doppelte Krypta aus der Zeit Ludwigs des Heiligen, erbaut in dessen hochgotischen Formen, wurde im 18. Jh. umgestaltet und erfuhr eine Renovierung (1981 abgeschlossen) im alten Stil. In der östlichen Rückseite dieser Krypta sind seit dem 19. Jh. jene schon mehrfach erwähnten großformatigen Reliefs angebracht. Im nördlichen Querhaus hängt der hervorragend restaurierte überlebensgroße romanische Christus aus Kupferblech (12. Jh.). Die in jüngster Zeit entdeckten mittelalterlichen Fresken werden zur Zeit noch freigelegt und restauriert. Der überdimensional große Augustinus erinnert daran, daß das Kapitel von St-Sernin nach dessen Klosterregeln lebte.

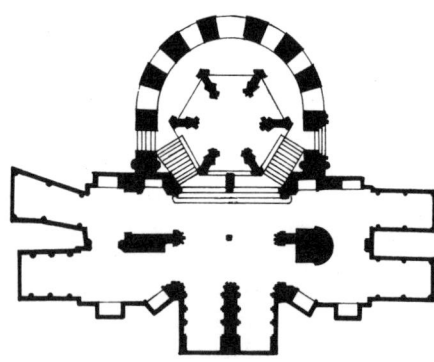

Toulouse, St-Sernin, obere und untere Krypta

Verläßt man St-Sernin durch das Portal des südlichen Seitenschiffes, steht man vor der berühmten *Porte Miègeville* (Abb. 75). Bei den Skulpturen der Porte Miègeville haben wir es mit dem dritten bedeutenden Atelier von St-Sernin zu tun, das aus der Fülle der bildhauerischen Werke (über 260 allein im Innenraum) herausragt. Mehr noch als die Arbeiten der Werkstatt von Gelduinus war es die reife, nun bereits alle Merkmale der languedocischen Skulptur aufweisende Kunst dieses Südportals, die maßgeblich und nachhaltig seine Wirkung ausstrahlte.

Das zweistufige Portal mit eingestellten Säulen und nur einfach gestalteten

Archivolten faßt im Feld über der Türöffnung erstmals Tympanon und Türsturz zu einer formalen wie thematischen Einheit zusammen. Zusammenfassende Wirkung hat auch der mit Palmetten dekorierte und zum Gesimsband der Fassade verlängerte Kämpfer der Figurenkapitelle. Lediglich die in den Zwickeln über den Türbogen links und rechts angebrachten Großfiguren Jakobus d. Ä. und Petrus können ihren additiven Charakter nicht verleugnen. Auch hier zeigt sich bei genauerem Hinsehen, daß das bis 1118 vermutlich fertige Portal in sich nicht ganz so homogen ist, wie es zunächst den Anschein hat. Die drei Kapitelle mit der Darstellung des Kindermordes, der Verkündigung und der Heimsuchung und der Bestrafung Adams und Evas sind rundum skulpiert, waren also zunächst als freistehend konzipiert, bevor sie ihre Verwendung im Gewände der Porte Miègeville fanden. Auch stilistisch unterscheiden sich diese Skulpturen von den anderen des Portals. Sie können noch durchaus von einem dem Gelduinus nahestehenden Meister gefertigt sein. Alle anderen Skulpturen: das vierte Kapitell (zwei Löwen), die beiden Konsolfiguren unter dem Türsturz (König David links und zwei auf Löwen sitzende Frauenfiguren rechts), der Türsturz selbst, das Tympanon und die Großfiguren darüber stammen von einer anderen Hand. Dargestellt sind zunächst die Himmelfahrt Christi und die huldigenden Apostel im Türbogen. Links steht zwischen zwei in Löwenköpfen auslaufenden Zypressen unter zwei sich eigenartig gegenübersitzenden weiblichen Gestalten der Hl. Jakobus. Zu seinen Füßen ruhen zwei Raubvögel über einer Szene mit wiederum zwei auf Löwen reitenden Frauen, die von einer männlichen Gestalt an den Köpfen zusammen gehalten werden. Während die Szene zu Füßen des gegenüberstehenden Petrus als die der Himmelfahrt Christi zugeordnete Geschichte vom vergeblichen Flugversuch des Magiers Simon identifiziert worden ist, hüllt sich geheimnisvolles Nichtwissen um die anderen soeben beschriebenen Darstellungen. Die Verwendung von antikischem Zierat und Marmor als Material, das flache Relief, die Betonung der ornamentalen Dimension (z. B. die Faltenbildung) und die merkwürdige ebenso ornamental aufgefaßte, ins Unwirkliche gesteigerte Gestik und Bewegung werden von nun an maßgebliche Komponenten der südfranzösischen Romanik sein.

Wenige Meter westlich von St-Sernin steht ein wehrhaft sich gebender Bau, der nichts anderes ist, als das von Viollet-le-Duc restaurierte alte Kolleg, das 1523 der Architekt Louis Privat an der Stelle eines 1080 von Guillaume IV. gestifteten Hospitals erbauen ließ und das seit 1892 das *Musée St-Raymond* beherbergt. Es ist neben prähistorischen Exponaten vor allem den Funden aus gallo-römischer Zeit gewidmet.

Über die südlich von St-Sernin einmündende Rue du Taur gelangen wir, vorbei an Notre-Dame-du-Taur, wieder zur Place du Capitole.

TOULOUSE

Toulouse, Les Jacobins, Längsschnitt

Zweiter Rundgang: Les Jacobins

Von der Südwestecke des Kapitolplatzes aus gelangen wir mit wenigen Schritten zum Konvent der Jakobiner. Keine Angst, er hat außer dem Namen nichts mit jenen blutrünstigen Ausgeburten der staatsgebärenden Vernunft von 1791 bis 1794 gemein. Als die Dominikaner 1218 ihre erste Niederlassung in Paris gründeten, lag diese direkt neben dem Jakobstor. Im Volksmund bürgerte sich alsbald für die Dominikaner vom Jakobstor der Name Jakobiner ein. In den Räumen desselben Klosters hielten die berüchtigten Revolutionäre ihre Sitzungen ab, der Name Jakobiner ging auf sie über.

Die Rue Lakanal führt den Besucher zunächst zum Ostteil von *Les Jacobins* (Abb. 78), von wo aus man ein Stück an der Südseite zum bescheidenen Seiteneingang entlanglaufen muß. Mächtige Mauern und Strebepfeiler aus leuchtend rotem Ziegelstein. Nach oben hin werden die Formen eher noch abweisender. Die steilen Arkadenbögen für die Fensteröffnungen verschmelzen unter der Dachtraufe zu einem gewaltigen Band, das die einzelnen Strebemauern vereint, wie bei einem Faß der eiserne Ring die Dauben zusammenzwängt.

Nichts Freundliches scheint dieser erratische Ziegelblock zu verheißen. Mit einer Zitadelle der Orthodoxie hat man den Bau verglichen: ein Bollwerk der Papstkirche mitten in einer von ihr soeben unterdrückten, sprich vom Ketzertum befreiten Stadt. Sehr wohl und sehr sicher scheinen sich diejenigen, die solche Mauern einst errichten ließen, nicht in ihrer Haut gefühlt zu haben. Wir dürfen nicht vergessen, daß die Dominikaner ja seit 1234 zum Predigeramt noch die unglückselige Hauptlast der Inquisition aufgebürdet bekommen hatten und daher dem berechtigten Unwillen des Volkes ausgesetzt waren. So wurde z. B. das Stammkloster von Toulouse, eben Les Jacobins, im Jahre der Fertigstellung seines ersten Kirchenbaues, 1235, von den aufgebrachten Tolosanern besetzt und der allzu forsch vorgehende Inquisitor Guillaume-Arnaud und mit ihm alle Prediger, die gesund waren und laufen konnten, aus der Stadt gejagt.

Nun, wir wollen uns aber nicht von den schroffen Mauern abhalten lassen, die Kirche selbst zu betreten. Fast wie ein Wunder erscheint es jedem, was plötzlich mit ihm geschieht. Keinen größeren Gegensatz zwischen Außen- und Inneneindruck als hier bei der Jakobinerkirche kann man sich vorstellen. Eine riesige, lichte und farbige Halle auf eine mittlere Reihe von sieben nicht enden wollenden Stützen gestellt, umfängt uns, ein gewaltiger Raum von ergreifender Eindringlichkeit. Wie weggeblasen ist alles Bedrückende und Schwere des Außenbaus. Ja fast schwerelos wie ein Spinngewebe schwebt das Gewölbe ganz weit da oben. Das eintönige, bedrohliche Rot der Ziegelmassen ist einer Symphonie gedämpfter, aber reger Farbigkeit gewichen. Das bunte Licht der großen Fensterbahnen trägt seinen Teil zur Unwirklichkeit und Großartigkeit dieser Raumschöpfung bei. Ist das Gotik? oder umgekehrt: ist etwas anderes dagegen auch noch Gotik?

Die nach Art der ›königlichen Kunst‹ (l'art royale = Gotik) erbauten Kathedralfragmente von Toulouse und Narbonne sowie ihre fertiggewordenen Vorbilder in Rodez, Limoges und Clermont-Ferrand können den fahlen Geschmack schlechter Kopien und den Eindruck ihrer Fremdartigkeit im Midi nicht verhindern. Aber hier in der Jakobinerkirche ist der alten mediterranen Tradition des Massenbaues und des Einheitsraumes mit den Gedanken und Vorzügen der Gotik eine Symbiose sondergleichen geglückt. Dies ist um so erstaunlicher, als die frühen Dominikaner keinerlei architektonische oder künstlerische Ambitionen zeigten. Für Bettelmönche, die in quasi-apostolischer Armut von der Mildtätigkeit ihrer Brüder in Christo lebten, lagen pompöse Bauvorhaben auch völlig außerhalb der ursprünglichen Zielsetzung des Ordens.

Einfach und rigoros waren die noch von Dominikus selbst festgelegten Grundsätze. Nach päpstlichem Willen sollte jeweils der

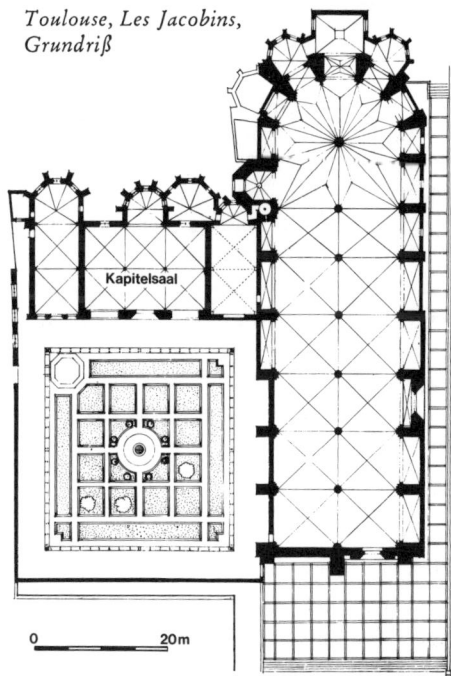

Toulouse, Les Jacobins, Grundriß

TOULOUSE

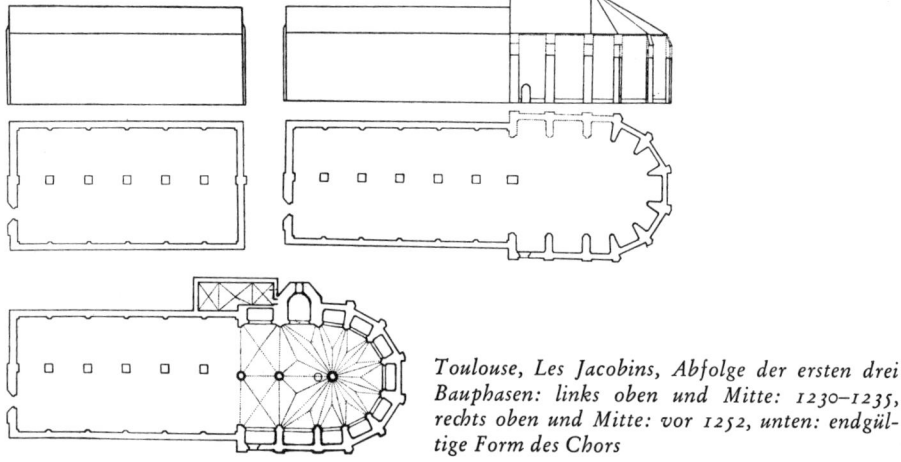

Toulouse, Les Jacobins, Abfolge der ersten drei Bauphasen: links oben und Mitte: 1230–1235, rechts oben und Mitte: vor 1252, unten: endgültige Form des Chors

Bischof einer Stadt den Predigermönchen eine bereits bestehende Kirche für ihre Tätigkeit zuweisen. An eigene Kirchen war zunächst nicht gedacht. Die Konstitutionen von 1220 sahen für die Gebäude eines Dominikanerklosters nur recht bescheidene Dimensionen vor (mediocres domos et humiles habeant ...), die auf dem Generalkapitel von Bologna 1228 wiederholt und präzisiert wurden. So waren als maximale Höhe der Klosterkirche nur 30 Fuß (ca. 11,40 m) und Gewölbe lediglich für den Chor und die Sakristei gestattet.

Gemäß den strengen Vorstellungen der frühen Dominikanerregeln sah der erste Bau von Les Jacobins (1230–35) entsprechend dürftig aus. Ein schlichtes Rechteck von 60 m Länge und 20 m Breite bei einer 1,25 m dünnen Mauer und ein offener Holzdachstuhl, der mit 13,60 m Höhe bereits etwas über der zugelassenen Dimension lag, bildeten einen großen Raum, der durch fünf einfache Pfeiler in zwei Schiffe von ungleicher Breite eingeteilt war. Das nördliche Schiff (9 m) diente als Kirche der Konventsbrüder, das 2 m breitere südliche Schiff war für den Empfang der Predigt durch das Volk vorgesehen. Erst nach dem Tode des Generalpredigers Humbert von Romans 1263 wurden die Regeln etwas freisinniger und ein neuer, höchst anagogischer Zugang zur Schönheit gefunden.

Hauptziel der Prediger war es, eine möglichst große Zahl von Zuhörern, gläubige oder ungläubige, gleichzeitig erreichen zu können. Dem Bedürfnis der Prediger kam die alte Vorliebe für den Einheitsraum entgegen. In drei entscheidenden Erweiterungen erhielt die Jakobinerkirche ihre heutige, so faszinierende Gestalt: 1245–52 wurde dem rechteckigen ersten Bau ein dreijochiger, einschiffiger Ostteil mit großer polygonaler Chorapsis angefügt. Zweischiffiger und einschiffiger Bau, in Reihe gestellt, paßten aber gar nicht zusammen, und man fand schließlich 1275–92 die heutige Lösung des Ostteils mit dem großartigen *Palmier* (Abb. 80) als Verteiler der östlichen Kreuzrippen zum siebeneckigen Chor hin. Dem nun fertigen Chor wurde das westliche Langhaus dank einer großherzigen Stiftung in einer vierten Bauphase ab 1325 angepaßt.

Der 1335 in seiner heutigen Form abgeschlossene Bau verblüffte durch die ebenso kühne wie märchenhaft schöne Innenkonstruktion schon seine Zeitgenossen. Welch unendliche Bewunderung dieses Meisterstück südfranzösischer Gotik im 14. Jh. genoß, möge ein Beispiel demonstrieren: Durch ihre Prediger- und Lehrtätigkeit waren die Dominikaner sehr bald zur größten geistigen Macht des Mittelalters aufgestiegen. Die zweitälteste französische Universität war gleichzeitig die erste dominikanische: Les Jacobins in Toulouse. 1243 trat der ehemalige Schüler des Albertus Magnus, der Hl. Thomas von Aquin, in den Orden der Dominikaner ein. Seine beispiellos reiche Lehrtätigkeit an der Sorbonne, in Orvieto, Viterbo, Rom und Neapel machten ihn schließlich zum größten Theologen und Gelehrten des Mittelalters. Um die Gebeine des 1274 verstorbenen, 1322 seliggesprochenen und dem nach Dominikus selbst berühmtesten Dominikaners, bewarben sich neben Toulouse die Städte Paris und Neapel. Papst Urban V. entschied 1368 den Wettbewerb zugunsten von Les Jacobins mit der Begründung: in dem Maße, wie der Hl. Thomas von Aquin unter all den großen Gelehrten seiner Zeit durch die Schönheit seiner Gedanken hervorrage, so überträfe die Jakobinerkirche in Toulouse alle ihre Zeitgenossen ebenfalls an Schönheit

Toulouse, Les Jacobins, Aufriß des Chores

und Majestät. Urban V. mußte es besonders gut wissen, hatte er doch einige Semester kanonisches Recht bei den Dominikanern in Toulouse gehört.

Der Baubeginn von 1230 hatte aber noch andere historische Hintergründe. 1229 im Frieden von Paris hatte Raymond VII. sich verpflichten müssen, zehn Jahre lang in Toulouse vierzehn Hochschullehrer zu unterhalten. Dies war der vom König diktierte Beginn der Universität in Toulouse, die sogleich, ausgestattet mit Sonderprivilegien, ins Leben gerufen wurde. Die neue Universität hatte zur erklärten Aufgabe den Schutz und die Verbreitung der katholischen Orthodoxie. Toulouse sollte zur Hochburg des Katholizismus umfunktioniert werden. Die neuen Professoren waren fast ausschließlich Dominikaner, denen somit neben dem ursprünglichen Predigeramt auch noch das Lehramt zugefallen war. Für diese ihre neue Aufgabe genügte ihnen ihre bescheidene Unterkunft in der Nähe der gräflichen Burg nicht mehr. Im neuen Konvent, dem heutigen Jakobinerkloster, war gleichzeitig die Universität untergebracht, dessen freistehender Kampanile heute für den Turm der Jakobinerkirche gehalten wird. Der Beginn der gotischen Ostlösung der Kirche im Jahre 1275 erfolgte vier Jahre nach der offiziellen Annexion der gräflichen Länder an die französische Krone und zwei Jahre nach dem gotischen Neubau der Kathedrale von St-Etienne.

Die Revolution konfiszierte das Kloster samt Kirche, und das Kaiserreich wußte damit nichts Besseres anzufangen als darin eine Kaserne einzurichten und die Kirche selbst als Pferdestall zu entweihen. Soldaten und Pferde erwiesen sich aber als schlechte Hüter dieses Kleinods, das sich recht bald in einem arg desolaten Zustand befand. Zwar hatte Montalemberts 1833 erhobener Vorwurf, daß Toulouse die Hauptstadt der Barbarei geworden sei, Bürger und Stadtverwaltung auf die Beine gebracht, aber es dauerte noch bis zum Jahre 1865, ehe sich die Militärverwaltung gegen Bereitstellung eines Ausweichquartiers bereit erklärte, den ehemaligen Konvent der Jakobiner der Stadt zur notwendigen Restaurierung zu überlassen. Noch 1845 hatte Merimée an Vitet geschrieben: »Hier nun, was ich gesehen habe: über 500 futterfressende Pferde und ebensoviele Kanoniere ergeben ein Bild, daß ich nicht zu beschreiben wage.« Um die Jahrhundertwende wurden erste Ausbesserungsarbeiten vom ›Service des Monuments Historiques‹ durchgeführt. Seit 1920 ist man bemüht, den gesamten Komplex von Les Jacobins in seinem ursprünglichen Zustand wieder zu erstellen. Erst 1974 konnte der offizielle Kirchenführer mit großer Erleichterung und Befriedigung seinen Bericht mit dem lapidaren Satz beginnen: Die Restaurierung der Jakobinerkirche ist abgeschlossen.

Verläßt man durch die Nordtür die Kirche, umfängt einen die schattige Stille des *Kreuzgangs* (Abb. 79), dessen Restaurierung ebenso glücklich gelungen ist, wie die der Kirche. Als das Karree des an sich sehr großen Kreuzgangs beim Exerzieren störte, rissen die im Umgang mit Kunstwerken ohnehin sehr rüden Soldaten kurzerhand drei Flügel des Kreuzgangs ein. In mühseliger Sucharbeit wurden aus allen möglichen Bauten die verschleppten Originalstücke wieder zusammengetragen, so daß die restaurierten Galerien zum Teil aus echten Säulen bestehen.

Der von 1299–1301 erbaute *Kapitelsaal* wiederholt en miniature die Idee der großen Kirche. Auf zwei waghalsig dünnen Mittelsäulen spannt sich der Baldachin der sechs quadratischen Gewölbe über zurückhaltenden, aber edle Gesinnung ausdrückenden Kreuzrippen. Die nach dominikanischem Brauch östliche, genau in der Mittelachse liegende, von fünf eleganten Lanzettfenstern durchlichtete Apsis bildet zusammen mit dem Kapitelsaal eine eigene, wenn auch mehr breite als lange Hallenkirche. Der Blick vom Nordwesten auf den Kreuzgang, die östlichen Konventsgebäude, den (Universitäts-)Turm und die Predigerkirche bietet sicher eines der eindruckvollsten mittelalterlichen Architekturambiente. Dem sehr weitflächigen Kreuzgang fehlt leider ein sehr wichtiger Akzent, nämlich sein Brunnenhaus in der nordöstlichen Ecke. Man ist versucht zu bedauern, daß aus den Restaurierungsabsichten von Viollet-le-Duc (1848) nichts geworden ist; er hätte sicherlich den Mut gehabt, den Eindruck des Ensembles zu vervollständigen, selbst durch ein nachempfundenes Brunnenhaus.

Seinen Gesamteindruck kann der Reisende der Sommerzeit in sehr glücklicher Weise abrunden, indem er eines der abendlich stattfindenden *Kreuzgangs-Konzerte* besucht. In dem spärlich erleuchteten, von lauschenden und meditierenden Menschen belebten und von gedämpfter Musik erfüllten nächtlichen Kreuzgang werden plötzlich Gefühle, Stimmungen und Gedanken wach.

Dritter Rundgang: Musée des Augustins und Kathedrale St-Etienne

Wiederum vom Kapitol ausgehend, biegen wir am Ende der Place Charles de Gaulle nach rechts in die Hauptgeschäftsstraße Rue d'Alsace-Lorraine ein, die uns zum ehemaligen Augustinerkonvent führt. Der ehemals fast quadratische Gebäudekomplex wurde gegen den Widerstand der Konkurrenz befürchtenden Kanoniker der benachbarten Kathedrale im Jahre 1310 unter der Aufsicht des obersten königlichen Baubeamten von Toulouse, Jean de Mantes, der auch in dieser Kirche begraben sein wollte, begonnen. Die ursprüngliche Anlage mit einem großen gotischen Kreuzgang (14. Jh.) im Zentrum, einem kleinen Kreuzgang (17. Jh.) an der Nordwestecke und der Kirche im Norden ist auf dem 1652 entstandenen Grundrißplan von Séquenot genau erkennbar. Die ehemaligen Konventsgebäude, vor allem der heute das Musée des Augustins beherbergende Westtrakt, sind eine Neuschöpfung nach Plänen von Viollet-le-Duc.

Musée des Augustins. Den Grundstock der größten Sammlung romanischer Skulptur, die es auf der Welt gibt, bilden die Kapitelle, Friese und Gewändefiguren aus den Kreuzgängen von St-Etienne, St-Sernin und La Daurade. Höhepunkte der Sammlung sind zweifellos das Relief der beiden Frauen mit dem Löwen und dem Widder (Abb. 83), ein Spätwerk des Meisters der Porte Miègeville, die Arbeiten des Gilabertus vom Kreuzgang der Kathedrale St-Etienne, davon besonders die zwei Kapitelle mit jeweils der Geschichte von Johannes dem Täufer (Abb. 81) und den klugen und törichten Jungfrauen und die beiden Gewändefiguren Thomas und Andreas, und schließlich die um 1200 entstandene Verkündigung aus der Kirche der Minderbrüder (les Cordeliers) (Abb. 82), die in ihrer unromanische Humanitas ausdrückenden Grundhaltung den hohen Stand der Bildhauerkunst in Toulouse selbst in dieser späten Phase dokumentiert.

Neben den Skulpturen besitzt das Museum aber auch noch eine ansehnliche Gemäldesammlung mit Werken u. a. von Perugino, Rubens, Van Dyck, Van Goyen, Murillo, Gros, Ingres, Delacroix, Corot, Courbet, Toulouse-Lautrec, etc.

TOULOUSE

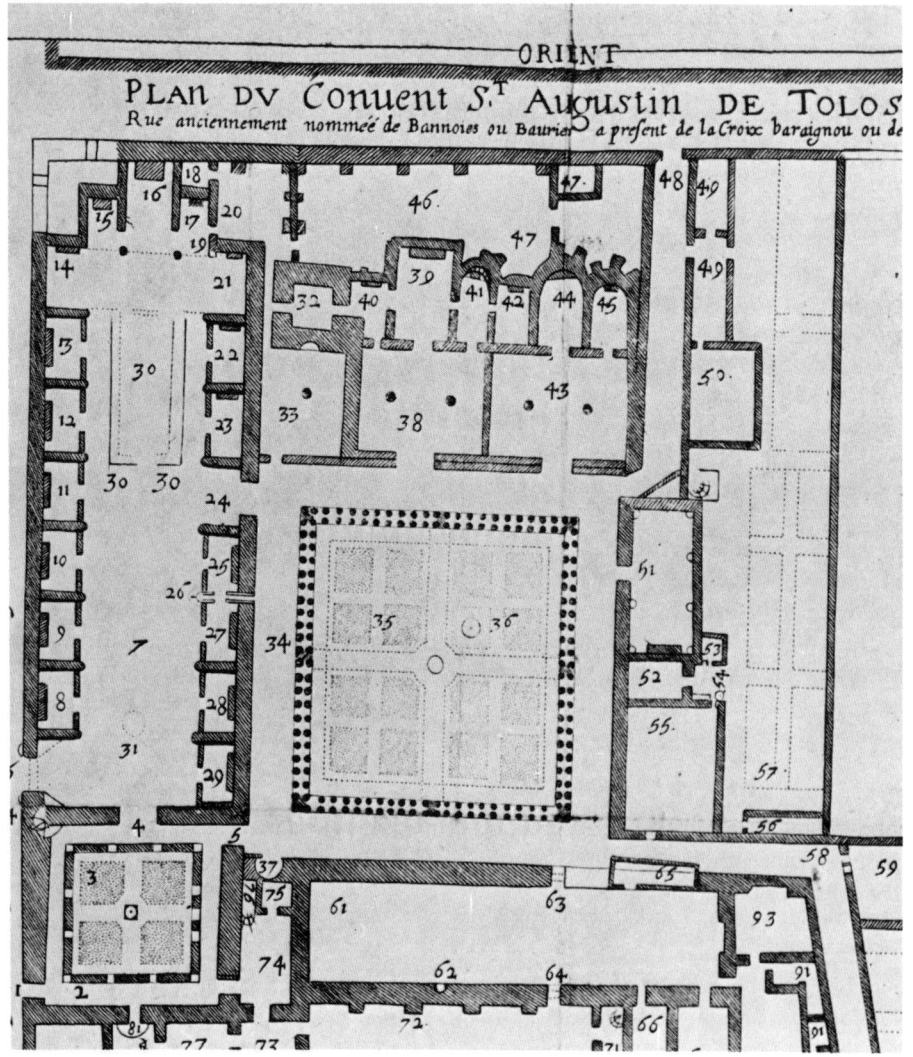

Toulouse, Les Augustins, Grundrißplan von Séquenot (Norden: links)

Die Rue d'Alsace-Lorraine weiter fortschreitend, biegen wir links in die Rue Croix-Baragnon ein, wo wir mit Haus Nr. 15 das älteste erhaltene Profangebäude der Stadt (Abb. 87) finden. Am Ende der Straße liegt die eigenwillige Fassade der häßlichsten Kirche von Toulouse, der Kathedrale St-Etienne. In der Geschichte der Stadt spielte der Bischof neben Consuln, Grafen und Äbten (La Daurade und St-Sernin) nur eine sehr untergeordnete Rolle. Dementsprechend fiel auch seine jeweilige Kathedrale aus.

St-Etienne. Den höchst unorthodoxen, sowohl asymmetrischen wie bizarren Eindruck verdankt die Kathedrale einer Reihe von Um- und Anbauten. Die beiden wichtigsten Trakte sind das im Westen stehengebliebene Langhaus der ursprünglichen, noch romanischen Kirche und der im Osten angeflickte gotische Chor. Verwirrend ist die Anordnung der beiden nicht in Achse gesetzten Hauptteile der Kathedrale. Das dreijochige spätromanische Langhaus mit seinen einfach rechteckigen, aber stabilen Kreuzrippen über quadratischen Jocheinheiten gilt als die erste architektonische Äußerung der languedocischen einschiffigen Sondergotik.[38] Der Bau wurde wahrscheinlich zwischen 1212 und 1219 begonnen, also während der Albigenser-Kriege, und in mehreren Etappen fortgeführt. 1272, also nur ein Jahr nach der Annexion der Languedoc durch Frankreich, ließ Bischof Betrand d'Ile einen Neubau nach dem Vorbild nordfranzösischer Kathedralen beginnen. Entwerfender Architekt war offensichtlich der uns schon bekannte Jean de Champs. Wohl hatte sich der Bischof von Toulouse von dem neuen Königsregiment eine Stärkung seiner Position und Macht erhofft. Doch genau das Gegenteil trat ein. Unter seinen Nachfolgern verarmte das Bistum noch mehr. Der Entwurf von Jean de Champs erwies sich um einige Nummern zu groß. Der Bau mußte mehrmals eingestellt werden. Im begonnenen Chor wurde erst im 14. Jh. die Triforienzone aufgezogen. Die viel zu flache Einwölbung erfolgte gar erst im 16. Jh. Ein Hohn für die Bürger von Toulouse war die an sich großartige Westrose. Sie wurde wahrscheinlich zwischen 1230 und 1250 eingesetzt und ist eine Kopie der Westrose von Notre-Dame in Paris, unter der 1229 Raymond VII., nachdem er den schändlichen Frieden von Meaux anzunehmen gezwungen war, die erniedrigende Unterwerfung unter König und Legat vollziehen mußte. Sollte bei solcher Konstellation die Auswahl des Vorbilds zufällig gewesen sein? Möglicherweise sollte die von Paris nach Toulouse versetzte Westrose die Bürger ständig an ihre Unterwerfung unter die Krongewalt erinnern. Allerdings wird seit kurzem diese Interpretation bestritten und das Vorbild in Spanien gesucht.

Mit diesem abscheulichen Gedanken wenden wir uns wieder nach Westen, wo wir, rechts in die Rue des Arts einbiegend, genau gegenüber vom Augustinerkonvent im Verlagshaus Privat den größten Buchladen von Toulouse finden.

Vierter Rundgang: Das ›goldene Zeitalter‹

Im Schatten der mächtigen Türme und Kirchen verbirgt Toulouse eine ihm ganz eigene Welt voller Reichtum und Kunstsinnigkeit, die dem eiligen Touristen unserer Tage allerdings vollständig entgeht. Keine Stadt Frankreichs, Paris eingeschlossen, besitzt noch so viele herrliche Bürgerhäuser aus der Zeit des 15. und 16. Jh. wie Toulouse. Eine Reihe von Zufällen bescherten der leidgeplagten, einst strahlenden Hauptstadt der Languedoc, einen späten zweiten Frühling. Reichlich hundert Jahre dauerte dieses Glück. 1443 bekam die Languedoc endlich vom König ihr eigenes Parlament zugestanden. Acht Jahre später war der Hundertjährige Krieg, der dem Land das Letzte abverlangt hatte, beendet.

Fast zur selben Zeit, mit dem allgemeinen Aufschwung des Handels und der Vorliebe für teure Luxusstoffe, gelangte Toulouse auf den Märkten Europas zu ungeheurem Reichtum, weil es das Glück hatte, daß in seiner Umgebung, im Laurageais und Albigeois, eine Pflanze hervorragend gedieh, die einen intensiven und widerstandsfähigen blauen Farbstoff lieferte, das Pastell. Der Friede, die veränderte Verwaltungs- und Regierungsform und das neue Produkt Pastell sowie dessen Händler bewirkten die größte soziale Umwälzung (wiederum völlig friedlich!), die Toulouse jemals gesehen hatte. Das Ergebnis war schließlich das, was man heute etwas übertriebenerweise das ›siècle d'or‹ nennt. Zur sozialen Umschichtung kam noch, glücklicherweise, ein zwölf Tage dauernder Großbrand (1463), der über ein Drittel des Hausbestandes im dichtest besiedelten Stadtkern vernichtete. Es mußte neu gebaut werden – und Geld war da. Die Bauwut griff um sich. Ein Teil der Häuser, die von den Flammen verschont geblieben waren, wurden nun Opfer der Spitzhacke, weil sie dem Garderobewechsel der Stadt nicht im Wege stehen durften. Die noch im 15. Jh. wieder aufgebauten Häuser wurden noch gemäß der tradierten, als ökonomisch erwiesenen Logik des gotischen Stadthauses aufgebaut: die Läden des Erdgeschosses öffnen sich mit großen Arkaden zur Straße hin; ein seitlicher Gang führt zum *patu* (patio = Innenhof), den ein parallel zur Straße stehender Wohntrakt vom dahinter liegenden Garten abtrennt; ein Treppenturm in einer Ecke des *patu* dient als Verteiler. Der Treppenturm besaß in Anlehnung an mittelalterliche Vorstellungen durchaus noch symbolisch-repräsentativen Charakter (Geschlechtertürme). Ein typisches Beispiel für diese Hausform ist das 1495 erbaute Hôtel de Pierre Delfau (20 Rue de la Bourse).

Den seriösen und biederen Geschäftsleuten aus Toulouse gesellten sich aber unternehmungsfreudigere Auswärtige an die Seite, die wahre Handelsimperien auf der Basis des Pastells aufbauten. Ihr weltoffener und informierter Unternehmergeist ließ sie bald von den herkömmlichen Bauschemata abrücken und führte die ›neue Kunst‹ (= Renaissance) ein, die sich ab 1520–30 allgemein durchsetzte. Zwei Beispiele dieser frühen Phase des ›neuen Stils‹ sind das Haus des Magistratsherrn Jean d'Ulmo (15 Rue Ninau) und das des Parlamentsrats Tournoër (Rue Ozenne). Mit dem Hôtel de Bagis (1538) beginnt für ca. zwanzig Jahre die fruchtbarste Epoche im Profanbau der Stadt.

1560 ist der über hundert Jahre währende Traum des ›siècle d'or‹ zu Ende. Die Einfuhr des billigeren Indigo aus dem Orient läßt im selben Jahr an der Börse von Antwerpen den Pastellpreis auf den Nullpunkt fallen. Einer anfänglichen, nur natürlichen Überproduktion, folgen drei verregnete Sommer, die fast die gesamte Ernte vernichten.

Um das Unglück voll zu machen, beginnen 1562 die Glaubenskriege in Frankreich, in die auch Toulouse folgenschwer verstrickt wird. Der Erbauer des Hôtel d'Assézat z. B. war zum Protestantismus übergetreten und folglich beim König in Ungnade gefallen. Zehn Jahre später mußte er feierlich abschwören. Mit dem wirtschaftlichen Kollaps war auch die vorläufig letzte Blüte von Toulouse dem Tode geweiht.

Auch diesmal beginnen wir mit unserem Rundgang am Kapitolplatz. Am Südwestende nehmen wir die Rue Gambetta, in der das *Hôtel Bernuy* liegt. Bereits um 1500 ließ sich der zu Ansehen gelangte Pastellgroßhändler Jean de Bernuy ein geräumiges Stadthaus mit zwei Innenhöfen bauen. Die Renaissance erscheint hier aber nur in einigen Zierformen, wie den Medaillons und Putti am Portal. Die Architektur bleibt noch dem herkömmlichen Schema treu. Wie einflußreich und wohlhabend Jean de Bernuy war, beweist der Umstand, daß ein Großteil des Lösegelds für den bei Pavia gefangengenommenen Franz I. von ihm stammt. Als der dankbare Monarch 1533 in Toulouse weilt, ist er bei Bernuy zu Gast. 1530 hatte dieser seinen ersten, den heute betretbaren, Hof von Louis Privat neu gestalten lassen. Diesmal hat die Renaissance auch die Bauglieder selbst erfaßt. Die luftige Anordnung der drei Geschosse der Hofeingangsseite und die anmutige über breitem Korbbogen gespannte Galerie der Ostwand gehören zum Schönsten, was Toulouse an bürgerlicher Kunst zu bieten hat. Wenn dem Betrachter dieses Ensembles im wahrsten Sinne des Wortes etwas spanisch vorkommt, so trügt dieser Eindruck nicht, denn als Katalane gehörte Bernuy zu jenen von außen Zugereisten, die es verstanden, den Rahm der internationalen Geschäfte abzuschöpfen.

Die Rue J. Suau führt dann zur an der Garonne gelegenen *Place de la Daurade,* wo wir erstmals, sehen wir von der Ankunft ab, gewahr werden, daß Toulouse ja an einem großen Fluß liegt. Doch hat die ziemlich unberechenbare Garonne für Toulouse niemals dieselbe Rolle gespielt wie beispielsweise die Seine für Paris. Der Kern der Stadt hielt sich in respektierlicher Distanz zum unbequemen, ja bisweilen Unheil bringenden Pyrenäenfluß. Wegen des mehr als langweiligen klassizistischen Baus der zweiten Hälfte des 18. Jh. mußte das einstige Kleinod westgotischer Kunst, *La Daurade* (= die Goldene), in Trümmer sinken. Im Süden der Kirche befand sich der berühmte Kreuzgang, dessen Skulpturen aus drei verschiedenen romanischen Phasen heute im Musée des Augustins zu bewundern sind (Abb. 84).

In der Verlängerung der Südflanke der an die Daurade angeschlossenen École des Beaux-Arts gelangen wir zum *Hôtel d'Assézat* (Abb. 85). Ein kleines rustiziertes Portal öffnet uns den Zugang zum dahinterliegenden Hof dieses großartigsten aller Bürgerpaläste des 16. Jh. Pierre Assézat aus der Rouergue, ebenfalls Pastellhändler, beauftragte 1555 den Architekten Nicolas Bachelier mit dem Entwurf eines Stadthauses, das Ergebnis hat man mit dem Louvre von Lescot gleichgesetzt. Wegen seiner so vollkommenen wie raffinierten Fassadengestaltung wollte man zeitweilig Primaticcio als Architekten erkennen. Die drei Geschosse sind jeweils von einer der drei klassischen

Säulenordnungen getragen, entsprechend dem Aufbau des Kolosseums von unten nach oben dorisch, ionisch und korinthisch. Die Geschoßhöhe nimmt kontinuierlich nach oben zu ab. Dem rundbogigen Rahmen der rechteckigen Fenster der ersten beiden Etagen antwortet geschickt die Inversion des Obergeschosses, runde Fenster in eckigen Rahmen. Der ins Eck gestellte Risalit des Treppenhauses ist voll in die Säulenordnung der Fassaden einbezogen, allerdings mit einer raffinierten, auf die Proportionen des Treppengebäudes abgestimmten Abweichung von dem starren Rhythmus der Doppelsäulen.

Ein Wunder an Ordnung und Ausgewogenheit, gepaart mit subtiler Erfindungsgabe im Detail, sowie einen Triumph des Geldes und der Kunst hat M. Roquebert[39] das Hôtel d'Assézat genannt. Heute beherbergt dies würdige Haus eine Reihe von akademischen Zirkeln, darunter die berühmte ›Académie des jeux floraux‹, die aus der ersten Troubadour-Schule des Mittelalters hervorgegangen war.

Wir wollen als Abschluß dieses vierten Rundgangs einen Besuch des *Musée du Vieux Toulouse* empfehlen. Im Herzen der Altstadt gelegen (7, Rue du May), in einem alten Bürgerhaus des 16. und 17. Jh. untergebracht, bietet es zusätzliche Bereicherung der Kenntnis über die Volkskunst (Keramik) und das tägliche Leben im alten Toulouse.

Dem, der gerne eine an Denkmälern so reiche Stadt wie diese lange zu Fuß durchstreift, und auch die Zeit dazu hat, sei ein Besuch der südlichen Altstadt wärmstens empfohlen, wo er neben der trutzigen *Dalbade* (die Weiße) und dem sogenannten *Haus der Inquisition* (erste Niederlassung des Dominikus in Toulouse, direkt neben der einstigen Grafenburg ›Château Narbonnais‹ an der Stelle des heutigen Palais de Justice) noch eine Reihe weiterer prächtiger Bürgerhäuser findet wie das *Hôtel Clary*, auch *Maison de Pierre* genannt (Abb. 88), das *Hôtel des Chevaliers de Malte*, *Hôtel Molinier* (alle Rue de la Dalbade), *Hôtel de Bagis* (1538), *Hôtel de Berenguier*, auch *Hôtel des Vieux Raisins* (1520) (Abb. 86), *Hôtel d'Ulmo* (1530) usw. Ingesamt besitzt Toulouse heute noch an die sechzig erhaltene Häuser, die zwischen 1450 und 1750 entstanden sind.

3 Rund um Toulouse

Südlich der Kapitale:
Pamiers – Foix – Montsegur – Mirepoix

Dem Tal des Ariège flußaufwärts folgend, erreicht man nach 63 km die ehemalige Bischofsstadt **Pamiers**. Am Beginn der Stadt steht das Kloster des Hl. Antoninus. Der Legende nach war er der Sohn eines westgotischen Königs, der nach dem Übertritt zum Katholizismus um 500 hingerichtet worden war. Der Sieger von Vouillé, Chlodwig, soll für den tapferen Bekenner ein Kloster errichtet haben. Roger II. von Foix ließ nach seiner Rückkehr vom Ersten Kreuzzug gegen 1111 eine Burg und eine Kirche

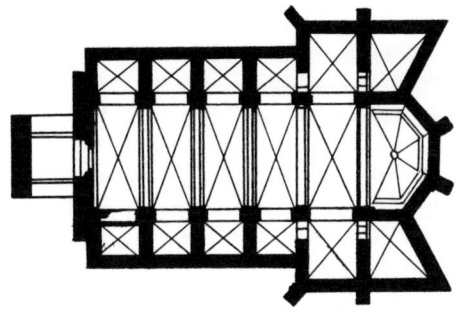

Pamiers, Kathedrale, Grundriß

errichten, um die sehr schnell eine Ansiedlung mit doppelter Verwaltung wuchs. Diese geteilte Herrschaft zwischen dem Grafen von Foix und dem Abt von St-Antonin rettete die Stadt vor dem bedrohlich anrückenden Simon von Montfort im Jahre 1209. Drei Jahre später versammelte der Eroberer seine nordfranzösischen Ritter und Barone um sich und erließ von hier aus die berühmten *Statuten von Pamiers*, durch die das in der Ile-de-France gültige salische Recht eingeführt werden sollte. Damit wollte Simon von Montfort die juristische Basis für die Umverteilung der eroberten Gebiete an seine nordfranzösischen Gefolgsleute schaffen. Vor dem allgemeinen Siegeszug des römischen Rechts aber erwies sich diese taktisch gemeinte Rochade als obsolet und untauglich. 1296 erhob Papst Bonifatius VIII. die Abtei in den Kathedralsrang, und erster Bischof wurde Bernard Saisset, der päpstliche Legat, der die schwierigen Unterhandlungen mit Philipp dem Schönen führte.

Die heutige *Kathedrale St-Antonin* (Abb. 90) an der Stelle der romanischen Notre-Dame-du-Mercadal wurde, nachdem sie 1576 niedergebrannt worden war, 1658 in der Tradition des Ziegelbaus wieder völlig neu aufgebaut. Der im 14. Jh. errichtete Glockenturm nach tolosaner Art erhebt sich über einem quadratischen Sockel, in dessen Untergeschoß noch die Reste des romanischen Portals der Kirche von 1112 zu sehen sind.

Im Norden der Stadt, jenseits der Place de la République, ragen die Wehrfassade von *Notre-Dame-du-Camps* (14. Jh.) und der isolierte Turm der ehemaligen Kirche der Minderbrüder in den Himmel.

Nur wenige Autokilometer weiter südlich liegt **Foix**, die Hauptstadt der ehemalig mächtigen Grafschaft gleichen Namens. Der um ein von Karl dem Großen gegründetes Kloster gewachsene Ort stand bis Ende des 10. Jh. voll unter dem Einfluß des Abtes von St-Volusien. 1012 baute Bernard Roger auf dem Hügel der Stadt eine erste Burg. Sein Sohn Roger sagte sich von der Oberhoheit der Grafen von Carcassonne los und gründete die neue Dynastie derer von Foix. Ebenso wie Gaston IV. von Béarn war Roger II. ein treuer Gefolgsmann Raymonds IV. von St-Gilles im Heiligen Land. Bei seiner Heimkunft ließ er die romanische Stadtkirche bauen. Im Kampf gegen die französischen Eroberer standen die Grafen von Foix zwar grundsätzlich auf der Seite von Toulouse, aber durch ihre eigensinnige und hitzköpfige Art verdarben sie mehrmals die feiner gesponnene Strategie von Raymond VI. und dessen Sohn. Im selben Jahr wie sein mächtiger Nachbar mußte Roger II. die Lehnshoheit des französischen Königs akzeptieren. Aber erst 1272 gelang es Philipp dem Schönen endgültig, den Widerstand der Herren von Foix zu brechen. Nach dem Zusammenschluß der Grafschaften Béarn und Foix verlagerte sich das Schwergewicht einseitig nach Westen und die ehemals mächtige Burg verfiel. Die drei noch stehenden Türme, stolz die *Türme von Foix* genannt, krönen heute recht pittoresk das Panorama der Stadt (Abb. 89). Die einschiffige Abteikirche *St-Volusien* des 14. und 17. Jh. mit Resten des romanischen Baues an ihrer Südseite wird zur Zeit vollständig restauriert.

Montsegur

Wir wenden uns nach Osten über *Lavelanet* dem heiligen Berg der Languedoc zu. Nähern wir uns über das Sträßchen D 9 dem *Montsegur* (1216 m) (Farbt. 24), erleben wir diesen legendenumwobenen Schicksalsberg der Katharer von seiner eindrucksvollsten Seite. Majestätisch, erratisch und gleichsam der kargen Bergwelt der Corbières seltsam entrückt, steht er da in der Reinheit seiner geometrischen Pyramidenform. Selbst wer nichts von der Geschichte dieses Berges und seiner Burg wüßte, erfaßte doch sofort etwas von dem eigenartigen Reiz dieser Gralsburg der Languedoc, gleichwertig den Eindrücken, die man hat, wenn man Canossa oder den Montserrat besucht. Auf Wunsch und Drängen der Katharer baute Raymond de Pereiche 1204, also noch vor Beginn des Albigenser-Kreuzzugs, diese Fluchtburg und Wallfahrtsstätte seiner Glaubensgenossen. Noch 1232, also drei Jahre nach dem Schandfrieden von Paris, hielten die von der römischen Kirche so gefürchteten Ketzer hier eine große Synode ab. Nach dem Massaker von Avignonet, an dem maßgeblich einige geächtete Ritter *(chevaliers faydits)* beteiligt waren, wurde der Sturm auf die Katharerhochburg beschlossen. Etwa 10 000 Bewaffnete machten sich zu Beginn des Sommers 1243 an die Belagerung dieser scheinbar uneinnehmbaren natürlichen Festung. Erst nach fast einem dreiviertel Jahr, am 16. März 1244, ergaben sich die heldenhaften Verteidiger des katharischen Glaubens. Die für einen solchen Vorgang äußerst spärlichen und dazu ungenauen Berichte über die obskuren Bedingungen der Übergabe waren ein fruchtbarer Boden für die Entstehung zahlloser Legenden. Fest steht, daß die Verteidiger von Montsegur und die mit ihnen eingeschlossenen ›Vollkommenen‹, freien Abzug versprochen bekommen hatten für den Fall ihres Widerrufs. Ganz ungewöhnlich erscheint auch die Gewährung einer vierzehntägigen Bedenkzeit, die aber offensichtlich nur wenige zur reuigen Umkehr nutzten. Standhaft wie die frühen Christen stellten sie sich freiwillig dem angedrohten Tod durch den Scheiterhaufen. Am Fuße des Berges, auf der Wiese, die heute noch ›*Camp Cremats*‹ genannt wird, sollen die 205 Bekenner des katharischen Glaubens den Tod in den Flammen gefunden haben, »cum ingenti gaudio« der zahllosen Zuschauer, wie der Chronist Guillaume de Puylaurens berichtet. Seit 1970 wissen wir aber, daß diese Darstellung zu den Legenden um diesen Vorgang gehört, wie jener vergleichbare Fall der Ketzerverbrennung in Sirmione am Gardasee. Die Zusammenlegung von Ort der Gefangennahme und Hinrichtungsstelle ist eine dramatische Verdichtung der Legendenbildung. Die ›Vollkommenen‹ wurden im Hauptquartier des Unternehmens hingerichtet, welches in Bram, ca. 25 km westlich von Carcassonne, lag. Mit dem Fall von Montsegur war aber keineswegs die Austilgung der Häresie erfolgreich abgeschlossen, wie die späte Einnahme von Quéribus (1255) und die Prozesse von Albi (1297–1302) beweisen.

Auf dem Weg nach Mirepoix über Lavelanet und **Aigues-Vives** mit seinem einzigartigen Friedhof (Farbt. 23) sollte man den kleinen Abstecher von 3 km nach **Leran** (Farbt. 27) nicht scheuen, wo noch heute die Nachfolger von Guy de Lévis, dem tapferen Feldhauptmann Simon von Montforts, als Grafen der Linie Lévis-Mirepoix residieren. Sie hatten die Dynastie der Belissen-Mirepoix abgelöst, deren letzter Sproß Pierre-Roger der Kommandant der sich heldenmütig verteidigenden Garnison von Montsegur war. Der Blick, den man vom äußeren Mauertor auf das Schloß werfen kann, genügt, um zu sehen, daß das Schloß des 16. Jh. mit seinen familiären Ausmaßen und wohltuenden Proportionen wert wäre, unter seine Geschwister an der Loire eingereiht zu werden.

Mirepoix

In Mirepoix empfiehlt es sich, zur weithin sichtbaren *Kathedrale* zu fahren, dort das Auto abzustellen und zu Fuß zur nördlich gelegenen *Place Général-Leclerc* zu gehen. Dort angelangt, steht man einmal mehr vor einer jener kleinen Überraschungen und Wunder, die man im unbekannten Frankreich zu Hunderten erleben kann. Ein kleiner Ort, von dem man noch nie gehört hat und der auch in keiner Kunstgeschichte Erwähnung findet, empfängt den völlig unvorbereiteten Reisenden mit einem hinreißenden Platzambiente, das über seine Einmaligkeit hinaus noch Anlaß böte, ein eigenes Buch oder mindestens Kapitel zu schreiben. Es wäre dies in unserem Falle die Geschichte der mittelalterlichen französischen *bastides*. Bei diesen handelt es sich um Orte oder kleine Städte, die einem politischen, wirtschaftlichen oder strategischen Kalkül zufolge völlig neu in noch unbesiedeltem oder wieder brachliegendem Land errichtet worden sind. Ihr grundsätzliches Charakteristikum ist, daß sie als Ganzes in einem Zug entstanden sind, also keine historisch gewachsenen Siedlungseinheiten bilden. Um einen zentralen Platz, an dem die Kirche steht, scharen sich die meist bescheidenen Wohnhäuser. Die Form dieser *bastides* folgt in der überwiegenden Mehrzahl, dem jeweiligen Gelände entsprechend, keinem starren rechtwinkeligen Schema. Eine verschwindende Minderheit,

MIREPOIX

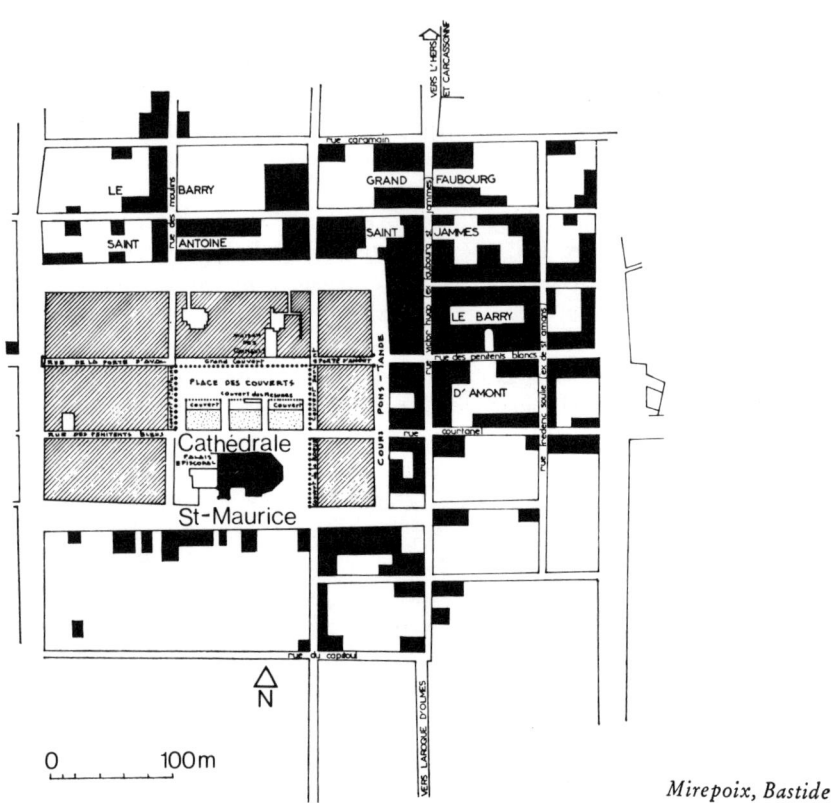

Mirepoix, Bastide

etwa 10 Prozent, dieser Siedlungsneuschöpfungen sind vor Beginn fest geplant und diesem Umstand zufolge nach einem genau bestimmten Muster erbaut. Von den 400–500 im mittelalterlichen Frankreich entstandenen *bastides* liegen die meisten in Südfrankreich, und vielen war nur eine kurze Lebensdauer beschieden. Um Siedler und Bürger anzulocken, waren diese willkürlichen Neuschöpfungen ausgestattet mit Zollfreiheiten, Steuerprivilegien und Subventionen. Sobald die Erwartungen, die zur Gründung ausschlaggebend waren, nicht in Erfüllung gingen, oder wenn die wirtschaftliche Lage sich grundlegend geändert hatte bzw. dem initiierenden Feudalherren die Mittel zur Subvention ausgingen, war auch gleichzeitig das Schicksal der *bastide* besiegelt.

Eine der ältesten Stadtschöpfungen war die Gründung von *Montauban* im Jahre 1144 durch den Grafen von Toulouse. Sie erwies sich auch als eine der langlebigsten. Die Zahl der Neugründungen von *bastides* schwoll ab der Mitte des 13. Jh. ungeheuer an. Das hatte besonders im Bereich der Languedoc seine eigenen politischen Gründe.

Seit 1248 war ja der Bruder Ludwigs des Heiligen, Alfons von Poitiers, als Sachwalter der französischen Krone im eroberten Land Graf von Toulouse. Die nun anhebende Welle der Siedlungsgründungen hatte aus der Sicht des französischen Königs drei Hauptmotive: wirtschaftliche, strategische und innenpolitische. Zum ersten galt es das durch den über zwanzig Jahre dauernden Krieg ausgepowerte Land wieder zu reaktivieren, um es ausbeuten zu können; zum zweiten besaßen vor allem die in der westlichen und nordwestlichen Languedoc gelegenen *bastides* Wehraufgaben gegen den bedrohlichen König von England, der ja auch Herzog von Aquitanien war und eine ähnlich expansive Politik in Südfrankreich verfolgte; drittens war die Befriedung des Landes, dessen Haß der Bewohner auf die französischen Eindringlinge noch lange nicht verraucht war, in den vorhandenen Städten mit ihren für die languedocische Sache eingeschworenen Oligarchien (Consuln) schwieriger als auf dem freien Land und in den vom König oder dessen Bruder begründeten Städten, mit ihren neuen Möglichkeiten der privaten wirtschaftlichen Entfaltung. Die berühmteste Fehlplanung, die der französische König sich im Süden leistete, war eine Stadt der Niederen Languedoc, die jeder Provence-Reisende kennt: *Aigues Mortes*.

Mirepoix ist nun ein Musterbeispiel einer *bastide* des späten 13. Jh. mit regelmäßigem rechteckigen Schema. Die ursprüngliche Stadt Mirepoix lag auf der anderen Seite des Hers Vif, am Fuße der Grafenburg. Am 16. Juni 1279 wurde die Stadt das Opfer einer schrecklichen Überschwemmung des Hers Vif. Eine neue Stadt, diesmal in wohlbedachtem Sicherheitsabstand zum gefährlichen Fluß, wurde auf dessen anderer Seite errichtet. Dabei erwies sich der Enkel des Guy de Lévis als weiser Herr seiner Untertanen. Er hatte sich den Gepflogenheiten des südlichen Lebens offensichtlich sehr gut angepaßt. Er ließ die neue Stadt nicht nach herrscherlichem Gutdünken autoritär errichten, sondern unter Mitwirkung und -planung der leidgeprüften Bürger seiner Hauptstadt. Und was dieser gemeinsame Schöpfungsakt von Bürgern und Graf zuwege gebracht hat, sehen wir heute noch vor uns stehen: eine *bastide* mit zwar rechteckigem Plan, aber durchaus bewohnbar und lebenswürdig durchdacht. Der übliche Eindruck von Strenge, Kälte und Monotonie solcher schematischer Entwicklungen fehlt hier gänzlich (Abb. 91). Der Hauptplatz, ein sehr langes Rechteck (205 m × 115 m) mit an drei Seiten umlaufender und überdachter Passage bietet ein Musterbeispiel lebendiger Urbanität und Lebensqualität. Auf der *Place Général-Leclerc* muß man sich einfach hinsetzen und bei einem

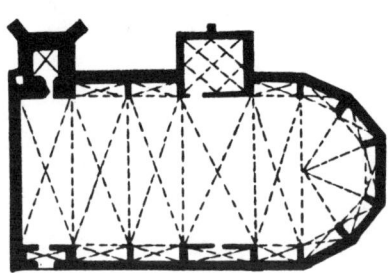

Mirepoix, Kirche, Grundriß

Gläschen Roten oder einem Pastis wohltuend ausspannen. Danach hat man auch wieder Lust und Energie in die nahe *Kathedrale* zu gehen, die neben ihrer langen Bauzeit von über 500 Jahren (1343–1845) immerhin noch mit einem anderen Rekord aufwartet: mit 31,6 m Breite besitzt sie das ausladendste gotische Gewölbe, das jemals gebaut worden ist.

Noch zweimal mußte die Stadt erneuert bzw. erweitert werden: 1364–1374 und ab 1500. Die ursprüngliche Einheit des Platzes ist aber dabei immer erhalten geblieben.

Nördliche Umgebung: Cordes – Albi

Der Freund romanischer Skulptur wird auf seinem Weg nach Cordes im 37 km entfernten **Rabastens** kurz Halt machen, um der dortigen Kirche *Notre-Dame-du-Bourg* einen Besuch abzustatten. Neben den Fresken des 14. und 15. Jh. und dem spätromanischen Chor mit eleganten Triforien sind es vor allem die Kapitelle des Portals, die hervorragende Beispiele abgeben für die sogenannte ›dritte romanische Kunst‹ (troisième art roman).

Cordes (Farbt. 16). Die von weitem gesehen recht malerisch auf der Kuppe des Hügels gelegene Stadt enthüllt erst im Innern ihr eigentlich prächtiges Gesicht. Auch Cordes ist eine sogenannte *bastide*, noch eine der letzten der Grafen von Toulouse, und auch sie erfreute sich bis zum 16. Jh. beachtlicher Prosperität. Auf die Zerstörung des befestigten Ortes St-Marcel durch Simon von Montfort reagierte Raymond VII. mit der Gründung von Cordes. 1222 lud er zur Besiedlung dieses neubefestigten Ortes ein. Seine Einladung unterstrich er auch hier durch die Gewährung von Privilegien, u. a. die Freistellung von Zöllen und Steuern. Der blühende Tuch- und Lederhandel brachte der Stadt behaglichen Wohlstand, dem wir heute das Bild der Innenstadt verdanken.

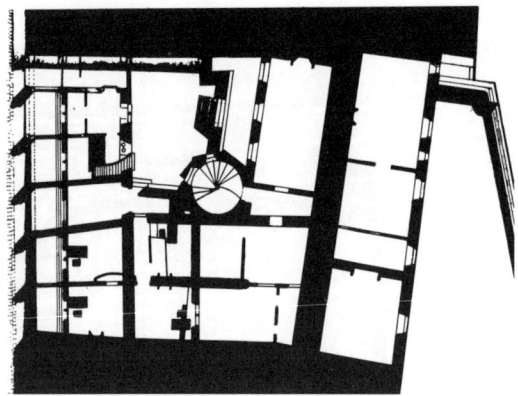

Cordes, Maison du Grand Fauconnier, Grundriß

Zu dem in der Flußebene rechtwinklig um einen riesigen Platz gebauten Mirepoix bildet Cordes das natürliche Gegenstück: auf den Bergrücken gesetzt, hat das Städtchen weder große Platzanlagen noch erlaubte das Terrain eine regelmäßige Anordnung der Häuser. Als sich 1941 der Maler Yves Brayer hierher zurückzog und gar eine Akademie eröffnete, erwachte das in einen echten Dornröschenschlaf versunkene Cordes zu neuem Leben. Für die Bischöfe des nahegelegenen Albi war die Stadt eine beliebte Fluchtburg.

Albi

Kommt man von Cordes am späten nachmittag in Albi an (Farbt.19), hat man genau den Zeitpunkt, zu dem sich die Stadt von ihrer schönsten Seite zeigt. Hoch über ihr, an der höchsten Stelle des Hügels über dem Tarn, grüßt schon von weitem die Kathedrale *Ste-Cécile*. Eingeleitet vom Grün der Uferböschung, vom Türkis des Tarn und vom Azur des Himmels, steigert sich der natürliche Akkord der Farben im Bereich der Stadt zu einer Hymne in leuchtendem Rot. Häuser, Kirchen und Brücken, für alle gibt es nur eine Farbe: Rot. Albi, die ›Purpurgekleidete‹, schlägt jeden in ihren Bann. Als 1843 Viollet-le-Duc wieder einmal in seinem geliebten Midi auf Inspektionsreise unterwegs ist, schreibt er am 13. September an seine Frau über Albi: »Diese köstliche Stadt, die uns so sehr an Siena erinnert, jenes Siena, das Du so unsäglich liebst und in dem wir so glückliche Stunden verlebt haben.« Ganz sicher ist Albi von seinem nördlichen Panorama her die italienischste Stadt Frankreichs, und wenn wir schon nicht das Prädikat ›schönste Stadt Frankreichs‹ zu verleihen wagen, denn dazu hat dieses große Land zuviele historische und attraktive Städte, so darf man getrost sagen, daß es wohl keine eindeutig schönere gibt.

Schon seit dem Mittelalter ist Albi eine reiche Stadt. Neben Wein und Getreide war es im 16. Jh. der Pastellhandel und ist es seit dem 19. Jh. die Kohle- und Glasindustrie, die immer einen gewissen Wohlstand garantierten. Die ›Verrerie Ouvrière‹ nimmt dabei eine besondere Stellung in der Geschichte der modernen Arbeiterbewegung ein. Die streikenden Arbeiter der Glashütten im benachbarten *Carmaux* ließen sich 1896 von Jean Jaurès dazu überreden, hier in Albi ihre eigene Fabrik aufzubauen, die man heute noch gegen eine vorher eingeholte Erlaubnis besichtigen kann.

Seine Berühmtheit verdankt Albi allerdings einem bereits erwähnten historischen Irrtum. Da bereits seit Mitte des 12. Jh. Häretiker in der Stadt bekannt waren, der päpstliche Legat von der Bevölkerung mit offenem Hohn empfangen wurde und in dem Nachbarstädtchen Lombers die erste Disputation zwischen den Anhängern der Häresie und den Vertretern der Orthodoxie stattgefunden hatte, nahm man bereits im 13. Jh. an, daß die Katharer von Albi aus ihren Ursprung genommen hätten und der Name Albigenser bürgerte sich für diese ein. Zwar besaß Albi neben Toulouse, Carcassonne und Agen nachweislich einen der vier languedocischen Bischöfe der Katharer, aber nichts spricht dafür, daß im Albigeois die Häretiker mehr verbreitet gewesen wären als vergleichsweise im Minervois oder Laurageais.

ALBI

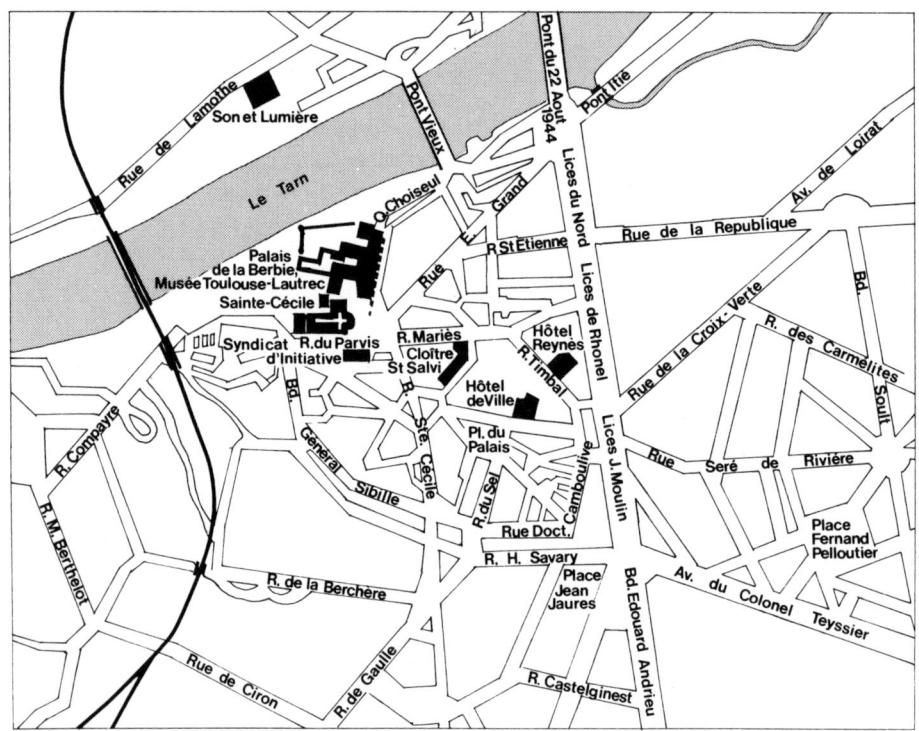

Albi, Stadtplan

Die Kathedrale Ste-Cécile

Das berühmteste Bauwerk von Albi ist die Kathedrale. Steht man auf dem Platz nordöstlich der Kathedrale und blickt nach Nordwesten (Abb. 92), wächst vor den Augen ein ungeschlachter Riese senkrecht in den Himmel, der eine Kirche sein soll. Luthers ›Ein feste Burg ist unser Gott‹ schießt einem durch den Kopf. Der martialische Eindruck verstärkt sich in unseren Tagen noch unbeabsichtigt durch die Ähnlichkeit der nur einmal zurückgestuften Zylinder an der Außenseite des Chores mit riesigen aufgestellten leergeschossenen Patronenhülsen. Klein, unsagbar klein und ohnmächtig kommt man sich vor diesen Mauern vor. Selbst der Donjon des benachbarten Bischofspalastes erscheint noch lächerlich winzig, fast wie ein Spielzeug, gegen die Kathedrale von Albi.

Der Eingang zur Kirche erfolgt ebenfalls durch ein Burgtor. Lediglich der Baldachin über der Eingangsvorhalle in ziselierter ›gothique flamboyant‹ (Abb. 93) erinnert daran, daß wir hier vor einem Gotteshaus stehen. Aber er wirkt auch an dem

Ganzen wie ein Fremdkörper, wie ein Spitzentüchlein, das aus dem Drillich eines Landsers herauslugt. Bernard de Combret ließ ab 1265 den großen Wehrturm des ›Palais de Berbie‹ (Farbt. 18) erbauen. Sein Nachfolger Bernard de Castanet begann 1298 mit dem Bau einer neuen Kathedrale, die ein Fanal der unbesiegbaren römischen Kirche sein sollte.

Im *Innern* (Abb. 94, 95) ist alles aufgeboten an Künstlern, was die Zeit damals zu bieten hatte. Der riesige Einheitsraum (99 m × 19 m × 30 m) ist über und über bedeckt mit hervorragenden Malereien, allen voran die überdimensionale Darstellung des Jüngsten Gerichts unter der Orgel an der Westwand. Der Auftraggeber für dieses Mammutgemälde (20 m × 15 m) war wie für den äußeren Portalbaldachin Ludwig I. von Amboise. Der Name des Malers ist unbekannt, doch scheint er aus dem Bereich des Burgundischen zu stammen. Der Auftraggeber hatte sich längere Zeit in Burgund aufgehalten und kannte offensichtlich Rogier van der Weydens ›Jüngstes Gericht‹ in Beaune.

Für die Ausmalung der Decke ließ der Nachfolger und Neffe Ludwigs I. von Amboise diesmal Künstler aus Bologna holen, die ganz in der Tradition des späten Quattrocento die Gewölbezwickel ausmalten. Auf blauem Grund erzielen die weißen und grauen mit Gold gehöhten Ornamente höchst dekorative Wirkung. Im Gewölbe des dritten Jochs wird die Geschichte der klugen und törichten Jungfrauen erzählt. Im sechsten Joch sehen wir die Hl. Cäcilie, Patronin der Kirche, und ihren Mann, den Hl. Valerian, nebst der Verkündigung, und im neunten Joch ist unter anderem die Geschichte des Ungläubigen Thomas dargestellt.

Der Eindruck des Innenraums muß ursprünglich ebenfalls überwältigend gewesen sein, bevor man den Höhenzug der Seitenkapellen durch den Einbau der offenen Galerie empfindlich störte und den Blick in die Tiefe des gesamten Langhauses durch die Errichtung des Lettners und des Chorgestühls blockierte. Wie in Auch bildet dieses überaus kostbare Ensemble mit seiner verschwenderischen Fülle an Skulpturen und gotischen Zierformen eine eigene Welt für sich. Allein der Lettner zählte bis zum Beginn der Französischen Revolution 96 Skulpturen, von denen lediglich noch die des Kalvarienbergs und darunter Adam und Eva erhalten sind. Die Skulpturen des Chorumgangs stehen noch deutlich unter dem Einfluß Sluters. Die Propheten Jeremias und Jesaias sowie Esther und Judith seien allein aus dem gigantischen Ensemble besonders hervorgehoben. Sie belegen mit ihrem höfischen Realismus die Endphase der flämisch-burgundischen Schule.

Eine Frage, die im Zusammenhang mit dem Bau von Ste-Cécile immer wieder aufgeworfen wurde, kreist um das Problem ihrer Finanzierung. Bis heute liest man immer wieder, Bernard de Castanet hätte die Kathedrale mit den konfiszierten Geldern der verurteilten Ketzer gebaut. Zwei Fakten sind dabei miteinander verquickt worden: Erstens: Bernard de Castanet initiierte ab 1297 eine wahre Flut von Ketzerprozessen. Insgesamt wurden 306 Verdächtige vors Tribunal gezerrt, darunter 206 Bürger der

ALBI

Stadt Albi. Soweit aus den Prozeßakten hervorgeht, gehörten sie ausschließlich dem gehobenen Bürgertum (Juristen, Akademiker, Händler und Handwerksmeister) an, das gleichzeitig die politische Führungsschicht repräsentierte. Zweitens: Der Bischof von Albi war Vizeverwalter der Inquisition. Ein Jahr nach Beginn der inquisitorischen Tätigkeit begann Bernard de Castanet mit dem Ausbau des Bischofspalastes zu einer wahren Festung und dem Neubau der Kathedrale Ste-Cécile. Aus dem zeitlichen Zusammenfallen von Beginn der Ketzerprozesse und Bau der Kathedrale hat man voreilig geschlossen, der Bischof von Albi habe die Prozesse nur angestrengt, um seine Kirche bauen zu können. Seit jüngstem aber ist man genauer unterrichtet.[40] Zwar floß der Löwenanteil der Einnahmen aus Konfiszierungen sicher dem Kathedralbau zu, doch machten diese nur einen Bruchteil der insgesamt aufzuwendenden Kosten aus. Der Bischof von Albi war, wie die meisten seiner südfranzösischen Kollegen Feudalherr über ausgedehnte ländliche Betriebe und Liegenschaften. U. a. die expansive Wirtschaftspolitik der *bastides* und der sprunghafte Anstieg der landwirtschaftlichen Gütererzeugung bildeten den Hauptteil der privaten Einnahmen des Bischofs und damit der Finanzierung der Kathedrale.

Die Ketzerprozesse hatten nachgewiesenermaßen einen politischen Grund. Die berechtigte Angst des Bischofs vor der Bevölkerung, die unter dem Vorwand von Ketzerprozessen ihrer gesamten politischen Führungsschicht beraubt worden war, führte zum festungsartigen Ausbau von Kathedrale und ›Palais de Berbie‹. Der älteste Teil des Bischofspalastes ist der im südwestlichen Eck stehende, rechteckige, mit vier Flankentürmen versehene Donjon, der genau in der Zeit (1265-1271) entstand, in der sich das Verhältnis von Bürger- und Bischofsinteressen entgegengesetzt zu entwickeln begann. Als nach sechsjähriger Sedisvakanz Bernard von Castanet, der Freund der Dominikaner (Inquisition) und Vertraute von Bonifaz VIII., den Bischofsstuhl von Albi einnahm, war die Position des Bischofs bereits kritisch geworden. Auf welche Weise Bernard von Castanet die Bischofsgewalt wieder herstellte, ist andeutungsweise bereits bekannt. Hunderte angesehener Bürger mußten unter der Anklage der Ketzerei Besitz, Ansehen oder gar das Leben lassen. Die gewaltige Zitadelle des Bischofspalastes verlor 1598 nach dem Edikt von Nantes jegliche Bedeutung als Festung, deren nördliche, auf der Flußseite gelegenen Teile im 17. Jh. abgerissen wurden. An die Stelle finster dräuender Mauern traten anmutige Rabatten und intime Plätzchen für lebensfrohe Beschäftigungen.

Toulouse-Lautrec

Der heute bekannteste Erdenbürger dieser Stadt ist der im Hôtel de Bosc 1864 geborene Henri de Toulouse-Lautrec, ein direkter Nachfahre also der Grafen von Toulouse. Seine beiden Beinbrüche von 1878 warfen den jungen Comte aus der für ihn vorgesehenen glänzenden Laufbahn, die ihm als Nachkomme des ältesten noch existierenden

Adelshauses Frankreichs vorgezeichnet gewesen wäre. Die Flucht aus seiner Familie endete in der Halbwelt von Paris und im Alkohol. Genaugenommen wurde Toulouse-Lautrec die Verkörperung par excellence von Murgers Bohème, der gesellschaftlich bedingten romantischen Sicht des Künstlers als Außenseiter. »Seine historische Bedeutung und seine Bedingtheit liegen darin, die Erscheinungen seiner Zeit realistisch ausgedrückt zu haben. Damit stand er zwar allein, vollendete aber eine bis ins Barock zurückreichende Tradition, die mit Goya Anfang des 19. Jh. neu begann und sich im Werke Courbets, bei Daumier, Manet und Degas fortsetzte.«[41] Toulouse-Lautrec steht damit ganz in der Tradition des Hauses, wenn auch auf einem neuen Gebiet, diesmal nicht als Förderer, sondern als Ausübender der Kunst. Immer haben sie Spuren hinterlassen, die von Toulouse; Spuren, die von Größe zeugen. Toulouse-Lautrecs Spuren finden sich im Jugendstil und in der Plakatkunst. Beide, Jugendstil und Plakatkunst, wären um ein Wesentliches ärmer, ohne die herausragenden Schöpfungen dieses adeligen Krüppels vom Montmartre, der zwar in einem Schloß starb, aber als Alkoholiker.

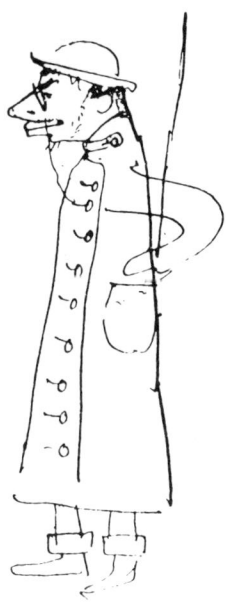

Der gesamte erste Stock des ›Palais de Berbie‹ (Farbt. 18) dient heute als *Toulouse-Lautrec-Museum,* das dank zweier großherziger Stiftungen die größte Sammlung von Werken dieses genius loci besitzt. Über eine pompöse Treppe des 17. Jh. gelangen wir in die obere Etage, wo die Ausstellung im sogenannten *Salon carré* mit den noch suchenden und linkischen ersten Produkten des angehenden Malers beginnt. Den Frühwerken ist auch noch der folgende lange Gang gewidmet. Erst im runden Eckzimmer sieht man, wie sich die Wandlung vollzieht zu dem Maler, den wir so gut kennen und den uns in überschwenglicher Fülle der nächste große Saal beschert. Die kleineren Räume im Nordflügel, die sogenannten Räume *des Suffragants,* warten ebenfalls mit einer Unzahl bekannter wie weniger bekannter Werke des Meisters auf. Alles, was in den Neunzigern im gleißenden Rampenlicht von Montmartre Rang und Namen hatte, defiliert oder tanzt am Betrachter vorbei: Valentin le Désossé und die Goulue, der Chansonnier Aristide Bruant, Caudieux,

Henri de Toulouse-Lautrec, Selbstkarikatur

der Kaffeehauskünstler, Jane Avril, die verrückte Tänzerin, und die Starsängerin Yvette Guilbert (vgl. a. Abb. 97, 98).

CASTRES

Bei den zahlreichen Möglichkeiten an lohnenswerten Spaziergängen durch die Altstadt von Albi sollte man aber wenigstens die vormittags mit geschäftigem Treiben erfüllte schöne *Markthalle* des späten 19. Jh., die nur wenige Schritte davon entfernt liegende Kirche *St-Salvi* mit den Resten ihres romanischen Turmes und Kreuzgangs (Abb. 96), sowie die älteren *Bürgerhäuser* in den engen Gäßchen westlich der Rue Ste-Cécile nicht vergessen.

4 Montagne Noire und Cevennen

Castres – Olargues – Lodève – St-Guilhem-le-Désert

Wer Albi von Toulouse aus an einem Tag besichtigt hat, verläßt nun die Metropole ostwärts, der alten Pilgerstraße über Castres nach St-Guilhem-le-Désert folgend. Ein befestigtes Feldlager der Römer und eine Benediktinerabtei des 9. Jh. bildeten den historischen Kern von **Castres**, das im 10. Jh. unter die Souveränität der Vizegrafen von Albi fiel. Durch seine Lage an der südlichen Hauptroute nach Santiago war die Stadt im Mittelalter bereits ein blühendes Gemeinwesen, für das schon seit dem 11. Jh. die Existenz von Consuln belegt ist. Durch rechtzeitige Unterwerfung entging es der Zerstörung durch die Kreuzfahrer. Doch als 1563 alle Consuln, und mit ihnen die ganze Stadt, zum Protestantismus übertraten, wurde diese Hochburg der Hugenotten Ziel systematischer Zerstörung. Obwohl weitestgehend seines mittelalterlichen Baubestandes beraubt, lädt seine rational angelegte Place Jean Jaurès und die malerische Häuserfront am Ostufer des Agout (Farbt. 17) durchaus zu einer abwechslungsreichen Promenade ein.

Heute ist Castres neben *Mazamet* und *Labastide* Hauptort der französischen Wollherstellung. Dem großen Sozialistenführer und streitbaren Pazifisten Jaurès, der 1914 im Café Croissant in Paris Opfer eines unsinnigen Attentats geworden war, hat Castres, der Geburtsort dieses großen Mannes, ein eigenes Museum im Bischöflichen Palais gewidmet.

Das Goya-Museum. 1794 kaufte die Gemeinde für 58 440 Francs das säkularisierte, von J.-H. Mansart entworfene und mit heute wiederhergestellten Gärten von Le-Nôtre bereicherte Bischöfliche Palais, in dem die jetzige Sensation von Castres untergebracht ist: das Musée Goya. Grundstock dieses für eine kleine Provinzstadt unvergleichlichen Museums ist eine Schenkung aus dem Jahre 1893. Der Sohn eines Castreser Malers und Goya-Verehrers vermachte nach seinem frühen Tod die Sammlung von Werken des spanischen Meisters und einiger Epigonen der Stadt. Inzwischen ist das Musée Goya in Castres zur größten öffentlichen Sammlung spanischer Malerei in Frankreich (nach dem Louvre) avanciert.

Die frühe spanische Malerei ist vertreten durch eine ›Geißelung‹ von Louis Borassa und eine ›Anbetung der Hl. Drei Könige‹ von Alexo Fernandez. Die Prunkstücke des 17. Jh. finden wir in den Sälen IV, V und VI: Die intime, in schwelgerischer Farbigkeit gehaltene ›Pietà mit dem Rosenkranz‹ von Murillo (1618–1682), das hervorragend gemalte ›Porträt einer jungen Madrilenin‹ von dem bei uns wenig bekannten Claude Coëllo (1630–1693), die beiden in strengem Hell-Dunkel komponierten Bilder ›Hl. Petrus‹ und ›Abbé Mitré‹ von Ribéra (1591–1652) und das herrscherlich-repräsentative, lebensgroße Porträt Philipps IV. von Velázquez (1599–1660); das in sonorem Kolorit – fast ausschließlich braune Valeurs – gehaltene Porträt ist noch vor seinem entsprechenden Gegenstück, das heute im Prado hängt, entstanden.

Der folgende große Saal ist fast ausschließlich den Werken Goyas und denjenigen seiner Schüler oder Epigonen gewidmet. Das völlig isolierte, vom übrigen Europa getrennt im dekadenten Spanien des späten 18. Jh. gewachsene Genie Goyas ist für seine Zeit auf dem Gebiete der Malerei noch mehr, als was in vergleichbarem Zeitraum Goethe für die Literatur, Beethoven für die Musik und Kant für die Philosophie bedeuten. Er kannte weder eine direkte Nachfolge noch einen kongenialen Künstler. An der Stirnseite des Saales hängt Goyas größtes Ölbild, das er je gemalt hat: ›Die Versammlung der Gesellschaft der Philippinen‹. Die spätbarocke Farbigkeit, die noch auf dem Familienbild Karls IV. vorherrscht, ist einer reduzierten, verinnerlichten Palette gewichen, die an die späte Phase Rembrandts gemahnt. »Eine feierliche Trauer lastet auf dieser Gesellschaft«, meint H. Focillon.[42] Doch bei genauerem Hinsehen entpuppt sich diese feierliche Traurigkeit als dumpfes, gelangweiltes Vorsichhinbrüten während einer lästigen, gesellschaftlichen Pflicht. Typologisch und psychologisch ist dieses Bild ein interessanter Vorläufer zu Daumiers Lithographie ›Ventre législatif‹.

Realistische Beobachtung und kritische Selbstreflexion sprechen aus den beiden Bildnissen ›Francisco del Mazo‹ (1820) und ›Selbstporträt‹ (um 1800) (Abb. 101). Erst in der zweiten Hälfte seines Lebens, nach seiner geheimnisvollen Krankheit in den Jahren 1792–1793, die mit Taubheit endete, beginnt die Entwicklung des Graphikers. Auch auf diesem Gebiet erreicht er Außergewöhnliches. Form und Inhalt seiner Radierungen und Zeichnungen sprengen geradezu den historischen Kontext, aus dem heraus sie entstanden sind. Fast einhellig wird Goya heute als der Urahn der modernen Kunst gesehen. Ob Realisten, Expressionisten oder Surrealisten, alle können sich auf ihn berufen. Seine Interpretation ist auch heute noch unendlich schwierig, weil alle formalstilgeschichtlichen Betrachtungen bei dieser so komplexen Persönlichkeit viel zu kurz greifen.

Der letzte Saal ist ausschließlich der Graphik gewidmet. Mit hervorragenden Originalabzügen sind inzwischen alle vier Radierfolgen fast komplett vertreten: ›Caprichos‹ (80 Blätter, 1796–98) (Abb. 100), ›Desastres de la Guerra‹ (82 Blätter, 1808–15; nicht vollständig), ›Tauromaquia‹ (33 Blätter, 1815) und die ›Disparates‹ (auch *Los Sueños* oder *proverbios* genannt, 15 Blätter, 1815). Vor allem die *Caprichos, Desastres de la Guerra* und *Disparates* zeugen nicht nur von der künstlerischen Innovationskraft Goyas, sondern auch von seiner isolierten Stellung und kritischen wie realistischen Reflexion über die damaligen Zustände. Goya zeichnet und malt nur Menschen. Die von seinem tief empfundenen Humanismus geprägte Verzweiflung über die menschliche Existenz richtet sich nicht nur nach außen, gegen Personen und Institutionen, gegen Krieg und Dummheit, sondern auch – und das ist neu – nach innen. Es ist kein Zufall, daß erst die französischen Romantiker V. Hugo und Delacroix, aber auch Th. Gautier und Baudelaire die Bedeutung dieses Titans der Kunst erkannt haben. Goyas Radierungen sind in ihrem Geist traditionell, d. h. mittelalterlich, und modern zugleich. Als Gesamtes stehen sie in der späten Nachfolge einer ›Summa vitiorum‹, einer ›laus stultitiae‹ von Erasmus oder des ›Narrenschiffs‹ von Brant; auch Bosch und Brueghel können genannt werden. Aber am Ende der *Caprichos* und der *Disparates* steht kein moralisierender Zeigefinger, keine fertige Ethik, sondern bisweilen sogar der blanke Nihilismus. Goya hat die Bosheit und Dummheit als zerstörerische Kräfte erkannt, die im Menschen selbst stecken. »Goyas großes Verdienst ist es, die Ungeheuer gezeichnet zu haben ... Seine Ungeheuer sind lebendig. Diese Fratzen, diese bestialischen Gesichter, diese diabolischen Grimassen sind – menschlich. Keiner hat mehr gewagt als er« (Ch. Baudelaire).

Von Castres aus führte die Pilgerroute über *Brassac* und *Lacaune* nördlich des 1259 m hohen Aussichtsberges *Roc de Montalet* nach Lodève. Wir empfehlen aber die landschaftlich ebenso reizvolle, jedoch kunsthistorisch lohnendere Strecke über *Mazamet*, *St-Pons-de-Thomières* und *Olargues* nach Lodève.

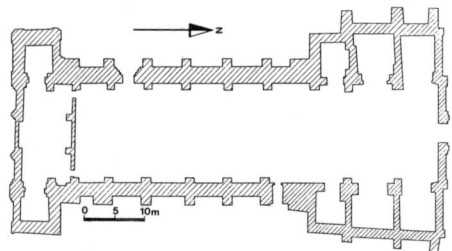

St-Pons, Grundriß

936 gründeten der Graf Pons von Toulouse und seine Frau Garsinde inmitten der abgelegenen Bergwelt der *Montagne Noire* ein bedeutendes Kloster, das im 14. Jh. zum Bischofssitz erhoben wurde. Die Kirche und spätere Kathedrale von **St-Pons** erfuhr mehrerer Umbauten, so im 15., 16. und 18. Jh. Die Südseite zeigt noch am reinsten die einstige Mauerstruktur der romanischen Wehrkirche. In den beiden kleinen Tympana des romanischen Westportals (Abb. 103) sind noch zwei Skulpturenfragmente, links

das Abendmahl mit Fußwaschung und rechts die Kreuzigung, erhalten. Das reichgeschmückte Nordportal, die sogenannte ›Porte des Morts‹, stammt aus derselben Zeit.
Einen malerischen Anblick bietet **Olargues** (Farbt. 21) mit seinen am Hang gelegenen Häusern, dem an höchster Stelle bizarr aufragenden Glockenturm einer nicht erhaltenen Abtei des 11. Jh. und dem sogenannten ›Pont du Diable‹ aus dem 13. Jh. im Vordergrund. Dem Ruinenromantiker empfiehlt es sich, bei *La Tour-s.-Orb* den 3 km kurzen Abstecher zum verfallenen *Château Boussagues* zu machen, wo wirklich die Zeit stehengeblieben zu sein scheint. Eine kleine Überraschung bietet auch der heute noch betriebene Friedhof mit seinen schmiedeeisernen Grabeinrahmungen, die fast wie Kinderlaufställe anmuten.

Die uralte Stadt **Lodève** läßt beim ersten Anblick wenig von ihrer stolzen Vergangenheit ahnen. Doch ließ schon Nero hier die für den Unterhalt seiner gallischen Legionen nötigen Münzen schlagen. Die Herren der Stadt waren seit der Spätantike die Bischöfe. Von 504 bis 1789 ist die Reihenfolge von 84 Bischöfen lückenlos nachweisbar. Im 10. Jh. waltete hier der später kanonisierte Fulchran. Im 12. Jh. führte der damalige Bischof als einer der ersten die Wassermühlen zur Fabrikation von Seidenpapier ein. Weil die Stadt 1632 an der Revolte des Gaston d'Orléans und Montmorency teilnahm, ließ sie Richelieu teilweise zerstören. Noch heute ist Lodève eines der Zentren der Tuchherstellung in Frankreich. Ein großer Teil der Stoffe für die Einkleidung des Militärs und der uniformierten Beamten stammt aus dieser Gegend.
Die im 10. Jh. vom Hl. Fulchran erbaute *Kathedrale* mußte im 13. Jh. einem gotischen Neubau weichen, der im Innern die typische languedocische Gotik (Abb. 102), im Außenbau eine Festung widerspiegelt. Nach den Zerstörungen der Religionskriege wurde die Kathedrale wieder ganz im alten Stil restauriert. Im westlich der Kirche

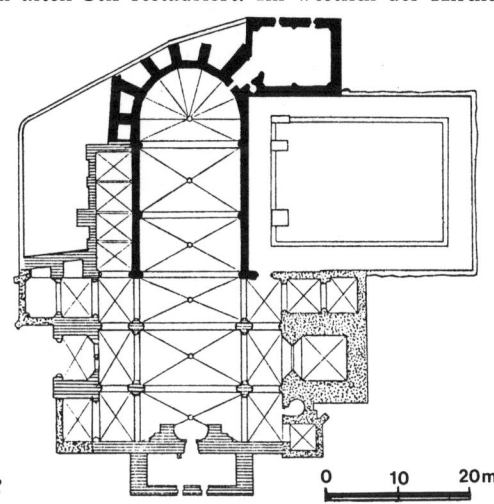

Lodève, Kathedrale St-Fulchran, Grundriß

gelegenen Park befindet sich eine echte Kuriosität: das Kriegerdenkmal für die Gefallenen des Ersten Weltkrieges. Um besonders zeitnah die Trauer der Witwen zu gestalten, hat der Künstler fünf junge Damen, alle gewandet und frisiert nach der damals neuesten Methode der *roaring twenties*, als ›Pleurants‹ aufgeboten.

Wer Entspannung und herrliche Natur sucht, dem sei empfohlen, in *Clermont-l'Herault* nicht die dortige, ebenfalls festungsartige Kirche St-Paul von 1276, sondern den nahegelegenen neuen *Stausee* zu besuchen. Besonders beeindruckt die Farbigkeit der satten, dunkelroten Erde vor dem Schauspiel fast noch unberührter Seen und Berge.

St-Guilhem-le-Désert

»Jene, die über die Route von Toulouse nach Santiago gehen, müssen dem Leichnam des seligen Bekenners Wilhelm einen Besuch abstatten«, heißt es im ›Pilgerführer‹.[43] Also gut zwei Tagesmärsche nach dem Aufbruch vom Sammelpunkt St-Gilles aus, war der erste Pflichtbesuch einer wertvollen Reliquie fällig.

In den Heldensagen und Ritterepen nimmt ein Heros einen ganz besonderen Rang ein, ein Recke, der mit Karl dem Großen in einem Atemzug genannt wurde, noch vor Roland. Es war Herzog Wilhelm von Aquitanien und Toulouse, auch Wilhelm Kurznase oder Wilhelm von Orange genannt. In Tausenden von Versen wurden in den Wilhelms-Epen seine Heldentaten von Generation zu Generation weitergegeben. Mütterlicherseits war der 752 geborene Wilhelm der Enkel von Karl Martell, dem gefeierten Sarazenen-Bezwinger von 732. Er wurde zusammen mit den Söhnen Pippins des Kleinen aufgezogen und zeichnete sich schon sehr früh durch Tapferkeit und Geschick im Waffenhandwerk aus. Als 768 sein Freund und Verwandter Karl der Große den Thron bestieg, war Wilhelm einer seiner hervorragendsten Heerführer. Er eroberte Aquitanien zurück und befreite im Süden Orange, Nîmes und Narbonne von der arabischen Besetzung. Als er von einem erfolgreichen Feldzug nach Barcelona zurückkehrte, fand er zu Hause seine geliebte Frau tot. Von nun an sehnte er sich nach Einsamkeit. Das felsige Tal von *Gellone* erschien ihm dazu der geeignete Ort. Er ließ dort ein Kloster bauen, in das er sich mit einigen Vertrauten zurückzog. Ungern mußte Karl der Große seinen verdienstvollen Freund ziehen lassen, nicht aber ohne ihm vorher eine wertvolle Reliquie, ein Stück Holz des von der Hl. Helena wiederaufgefundenen Kreuzes, zu schenken. Nach acht Jahren eines bescheidenen heiligen Lebens in der Zurückgezogenheit seines Klosters starb Wilhelm Kurznase 812 in Gellone. Ca. 100 Jahre nach seinem Tod nahmen Ort und Kloster den Namen ihres Gründers an: St-Guilhem-le-Désert (Farbt. 20; Abb. 105, 106).

Der Ruf seines Gründers und die wertvolle Reliquie zogen alsbald Scharen von Pilgern nach St-Guilhem, bis der Besuch des Klosters und die Verehrung des Heiligen schließlich zu einer allgemeinen Pflichtübung wurde.

92 ALBI Kathedrale Ste-Cécile, von Südosten

93, 94 ALBI Eingangsvorhalle und Innenraum der Kathedrale

95 ALBI Nordwand der Kathedrale

96 ALBI St-Salvi, Kreuzgang

97, 98 ALBI Museum, H. de Toulouse-Lautrec: ›Der Jockey‹, 1899, und ›Die Modistin‹, 1900

99 MONTAUBAN Museum, J. A. D. Ingres: ›Porträt Mme Gonse‹, 1852

102 LODÈVE Inneres der Kathedrale St-Fulchran ▷

100, 101 CASTRES Museum, Goya: ›Versuche‹, Radierung aus den Caprichos, 1797/98, und ›Selbstbildnis‹, um 1797–1800

103 ST-PONS Ehemalige Portalanlage

104, 105 ST-GUILHEM-LE-DÉSERT Kreuzgang-Arkade und Innenraum

ST-GUILHEM-LE-DÉSERT   Abteikirche, von Südosten

107 CARCASSONNE Gesamtansicht nach Viollet-le-Duc
108 CARCASSONNE Auf den Mauern

CARCASSONNE Vizegrafenschloß

110 CARCASSONNE Kathedrale St-Nazaire, Nordfassade
111 CARCASSONNE St-Nazaire, von Südosten

113　ST-HILAIRE　Kreuzgang
114　ST-HILAIRE　Altarsockel vom Meister von Cabestany

115 RIEUX-EN-MINERVOIS   Die Kirche

116, 117 RIEUX-EN-MINERVOIS   Figurenkapitelle

118 ALET-LES-BAINS Langhaus der ehemaligen Kathedrale

119–121 ALET-LES-BAINS Frühromanisches Kapitell, Kapitell der ersten Hälfte des 12. Jh., Kapitell des 11. Jh.

Die Ruinen von LASTOURS

Stein von Menschenhand behauen und Stein von den Naturgewalten aufgetürmt verschmelzen in St-Guilhem zu einer eindrucksvollen Szenerie. Eng ducken sich die kleinen mittelalterlichen Häuser an den aufragenden Felsen. In der Mitte, quasi als Kristallisationspunkt des ganzen Ambiente, hebt sich die mächtige und breite Chorapsis mit ihrer einmaligen Zwerggalerie heraus.

Vom kleinen Kirchplatz aus empfängt uns das in großartiger Schlichtheit gestaltete Westportal. Einem quadratischen Turmsockel aus der zweiten Hälfte des 12. Jh. ist das Portal gleichermaßen vor- wie eingebaut. Dem zweifach zurückgestuften Gewände sind vier antike Säulen eingestellt. Die sich anschließenden beiden Archivolten bestehen aus einfachen, runden Steinwülsten.

Der einzige zaghafte Schmuck der Fassade besteht neben den vier Gewändesäulen aus einem Zackenband an der Bogenstirn des Portals und zwei darüber eingelassenen Medaillons mit Frauenköpfen, ebenfalls Spolien des 4. und 5. Jh. Der Turmaufbau stammt aus dem 15. Jh. Durchschreitet man die Turmvorhalle gelangt man nicht sofort ins Hauptschiff, sondern in einen zweiten, fast quadratischen Raum, der von einem vorromanischen Bau (vielleicht 9. Jh.?) herrührt, der wahrscheinlich einschiffig war und, wie die letzten Ausgrabungen erwiesen haben, einen rechteckigen Chor besaß. Eine sehr kompakte, frühromanische, dreischiffige Kirche mit großer Chorapsis und zwei kleineren Apsiden wurde zwischen 1025

1 Klosterhof
2 Wasserbecken, alter Fischteich
3 Alter Brunnen, Lavabo
4 Kapitelsaal, Musée Lapidaire
5 Einstige Küche
6 Sakristei
7 Einstiges Abts-Haus (Ruine)

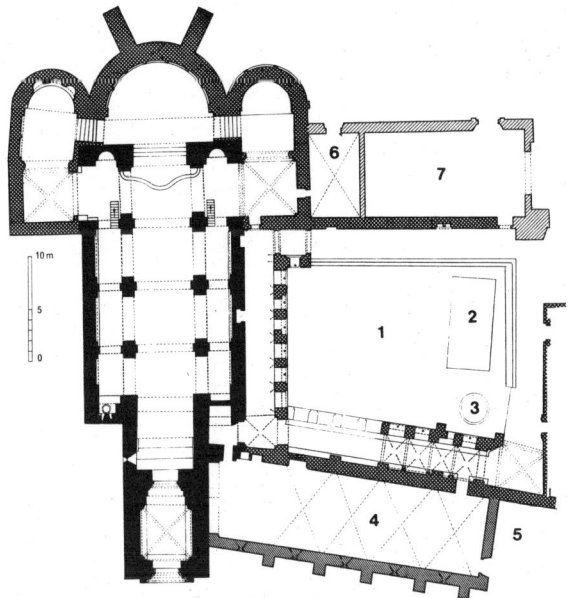

St-Guilhem-le-Désert, Grundriß

249

ST-GUILHEM-LE-DÉSERT

St-Guilhem-le-Désert, Tischaltar

und 1031 begonnen und im Jahre 1076 geweiht. Das gesamte heutige Langhaus einschließlich der beiden ursprünglichen kleinen Seitenapsiden stammt aus diesem Zeitraum. Die Langhaushochwand zeigt alle Merkmale des basilikalen Raums: Arkadenzone, Mauerstreifen und Obergaden. Breite und kräftige Gurtbänder, die als rechteckige flache Wandvorlagen die Hochwand vertikal gliedern, tragen die schwere, steinerne Rundtonne, die zu den ältesten ihrer Art gehört. Bereits kurz nach Einweihung der Kirche wurden noch im 11. Jh. die Ostteile abgetragen und neu aufgebaut. Auf diesen Erweiterungsbau geht die unproportional breite heutige Hauptapsis zurück, die sich über die volle Breite des dreischiffigen älteren Langhauses erstreckt. Der Formenreichtum wird differenzierter. Sieben Blendarkaden auf schlanken Wandsäulen gliedern das Chorrund, das von drei rundbogigen Fenstern ausreichend beleuchtet wird.

In der nördlichen Apside sind vorläufig die Reste der Skulpturen und Innenausstattung untergebracht. Sie sollen im z. Z. in Restaurierung befindlichen Kapitelsaal am Westtrakt des Kreuzgangs ihre endgültige Aufstellung finden. Dort wird man neben den Gewändefiguren vom oberen Kreuzgang (s. S. 2) den in seiner Art sehr seltenen Altar aus verschiedenfarbigem Marmor und Glasintarsien aus der zweiten Hälfte des 12. Jh. bestaunen können. Die Vorderseite dieses Altars zeigt in zwei Szenen die Majestas Domini in der Mandorla und die Kreuzigung. Daneben erinnern zwei wertvolle Marmorsarkophage an die leidige Datierungsproblematik. Der herrliche Sarkophag mit den Gebeinen der beiden Schwestern des Hl. Wilhelm, Albane und Bertrane, soll aus dem 7. Jh. stammen. Die in der Tradition der sogenannten aquitanischen Sarkophage stehenden Gestaltungen vor allem der Pflanzenmotive würden dies grundsätzlich rechtfertigen. Andererseits ist aber durch nichts zu belegen, daß die praktisch bis ins Mittelalter ununterbrochene Sarkophagherstellung nicht mehr in der Lage gewesen sein soll, noch zu Anfang des 9. Jh. dieses Prachtstück zu verfertigen. Die für die Funeralskulptur allgemein zutreffende konservative Haltung würde im Gegenteil sogar dafür sprechen. Für den nur in Bruchstücken erhaltenen Sarkophag des Hl. Wilhelm selbst, konnte R. Hamann d. Ä. gegen die einstimmige Annahme der französischen Archäologen, die für eine Datierung ins 4. Jh. votierten, nachweisen, daß es sich dabei um eine Arbeit eines romanischen Künstlers gegen 1140 handelt, was exakt korrespondieren würde mit der Überführung der Gebeine des Heiligen von der Krypta in den Chor im Jahre 1138.

Durch die südliche Türe erreicht man den leider nur in seiner Nordgalerie einigermaßen original erhaltenen *Kreuzgang*.[44] Der größte Teil der Skulpturen und Arkadensäulen fand seine Aufstellung in den USA, im berühmten Kreuzgangmuseum ›The cloisters‹, einer Dependence des ›Metropolitan Museum‹ von

St-Guilhem-le-Désert, Säulen- bzw. Pilasterkapitelle

New York. In schlußsteinartiger Manier ist der Zwickel über dem Arkadenkämpfer der Säule der Zwillingsöffnung der Arkaden (Abb. 104) mit noch arg archaischen Tierköpfen besetzt. Das Säulenkapitell erinnert noch stark an karolingische Tradition. Dennoch, z. B. durch die Übernahme des Motivs des dekorierten, hängenden Arkadenbogens, das wir auch als Gestaltungsmittel der sich darüber aufbauenden Außenwand der Kirche wiederfinden, ist eindeutig, daß der Kreuzgang aus der ersten Phase des romanischen Baues stammt. Immerhin ist damit der Kreuzgang von St-Guilhem neben demjenigen von Tournus und Le Puy einer der ältesten erhaltenen, die wir kennen.

Südlich der neuen Brücke über den Herault steht noch der *Pont du Diable*, ein ehrwürdiger Bau, der zwischen 1025 und 1031, also zur selben Zeit wie das Langhaus von St-Guilhem, entstanden ist. Die beiden Äbte von St-Guilhem und Aniane ließen ihn

ANIANE/CARCASSONNE

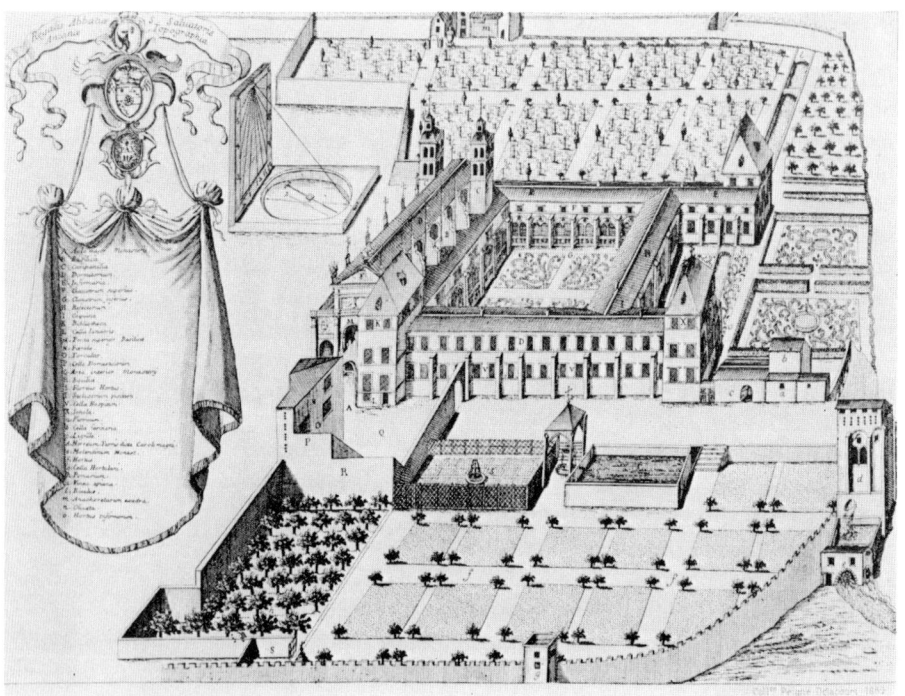

Aniane, ehemalige Abtei

errichten, um den damals schon zahllosen Pilgern ihren Weg zu erleichtern und zu verkürzen.

Aniane, der benachbarte Ort, erinnert wenigstens vom Namen her noch daran, daß hier ebenfalls eine der bedeutendsten Abteien Frankreichs gestanden hat, deren Erbauer der erste große Reformer des Benediktinertums war: Benedikt von Aniane. Wie prächtig diese Abtei noch vor der Französischen Revolution ausgesehen hat, geht aus der Zeichnung des 17. Jh. hervor.

Von St-Guilhem über Aniane führte nun der Weg der alten Pilgerroute nach St-Gilles in die weniger beschwerliche Küstengegend der Niederen Languedoc, die wir ja aus historischen und kunstgeschichtlichen Erwägungen in unserem Band ausgeklammert haben. Damit wären wir eigentlich am Ende unserer Fahrt entlang der beiden Südrouten nach Santiago. Dennoch sei dem Languedoc-Reisenden ein letzter Höhepunkt nicht vorenthalten: Carcassonne.

5 Carcassonne

Ca. 50 km westlich von Carcassonne, in der Nähe von Castelnaudary, liegt die höchste Stelle der breiten Senke, die Toulouse und damit das Tal der Garonne mit dem Mittelmeer verbindet. Der nur 194 m über dem Meeresspiegel liegende Col de Naurouze bildet dennoch eine wichtige Grenze, nämlich die zwischen der Niederen und der Oberen Languedoc. Am Col de Naurouze endet der klimatische Einfluß des Atlantiks, und das Mittelmeer entfaltet sein mildes subtropisches Klima. Dort wo die Corbières zum letzten Mal mit einem gewaltigen Aufbäumen in die Niederung hineinstoßen, wo also eine natürliche Trutzburg den breiten Weg zwischen den beiden Meeren blockieren hilft, haben die Westgoten im 5. Jh. eine mächtige Bastion errichtet, die allein dem

Carcassonne, Stadtplan

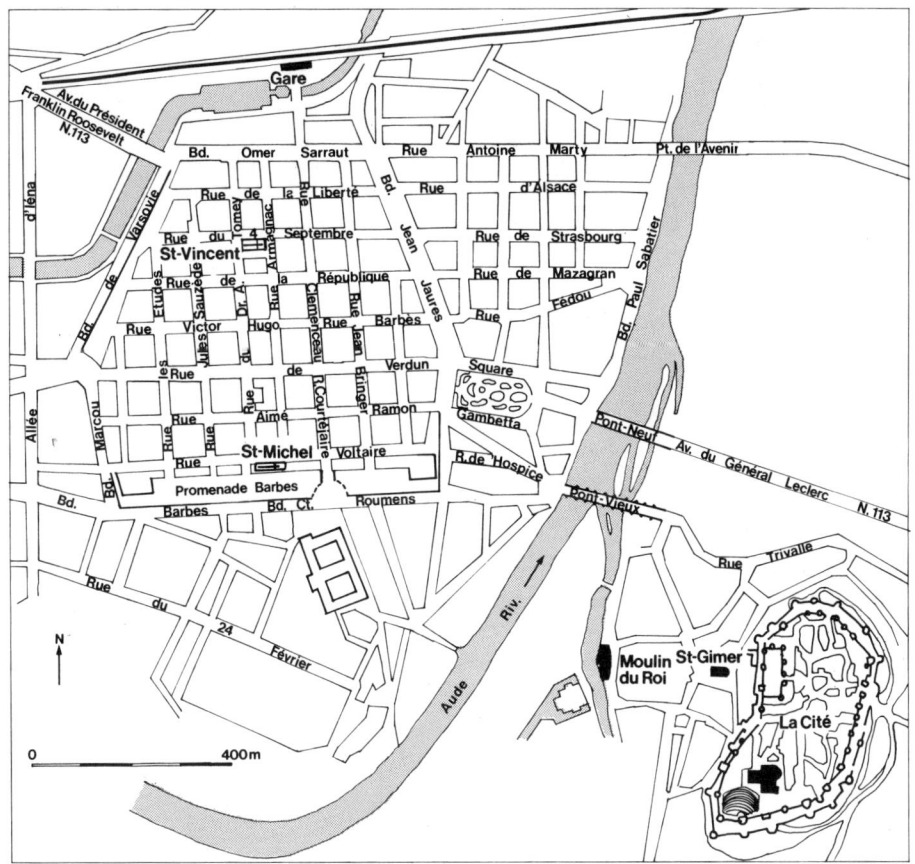

CARCASSONNE

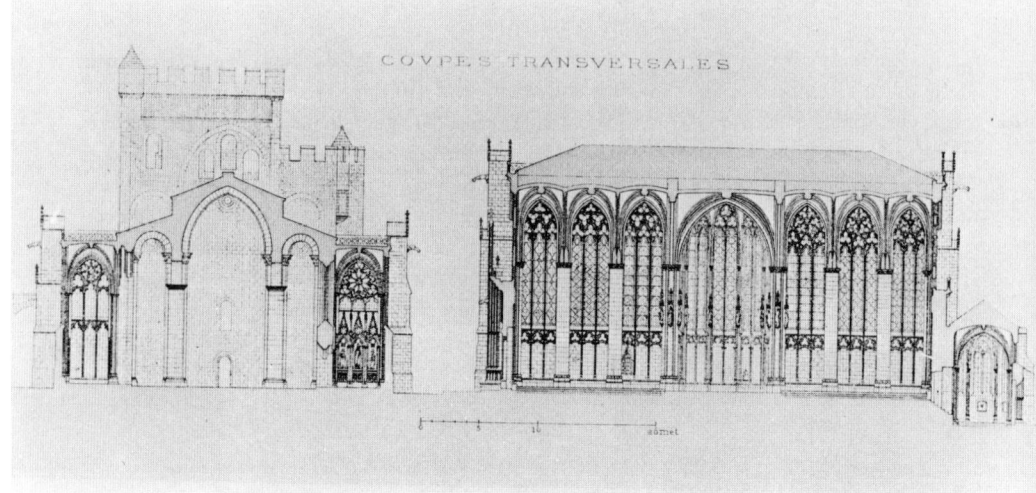

Carcassonne, St-Nazaire, Querschnitt durch Chor und Langhaus

stürmischen Vordringen Chlodwigs widerstand. Dadurch blieben nach der fränkischen Invasion die Niedere Languedoc und das Roussillon, beide zusammen die sogenannte ›Septimania‹ bildend, als Wurmfortsatz des spanischen Reiches westgotisch.

Erst sechs Jahre nach Narbonne gelingt es den Arabern, die Feste Carcassonne einzunehmen. Bereits 759 kann Pippin der Kleine mit Hilfe der einheimischen Bevölkerung die vordem westgotische Festung zurückerobern. Wiederum war die Stadt auf dem Hügel zur Grenzstation geworden. Diesmal nicht nach Westen, sondern nach dem Süden. Mit der Rückeroberung von Barcelona übernahm aber im späten 8. Jh. diese Stadt die Aufgabe, Mark zu sein. Eine erste Dynastie von Erbgrafen kommt bereits nach der Mitte des 11. Jh. in die Abhängigkeit von Barcelona. Die neue Familie der Trencavel ist zugleich Vizegraf von Carcassonne, Béziers und Albi. Um 1130 wird das ursprünglich an die *Porte Narbonnaise* angelehnte Vizegrafenschloß durch jenes auf der Westseite heute noch stehende Schloß (Abb. 109) ersetzt. Zwanzig Jahre später wird mit dem Bau der romanischen Kathedrale begonnen.

Nach der Einnahme von Carcassonne (1209), bei der die Bürger, nur mit einem Hemd bekleidet, ihre befestigte Stadt verlassen mußten, wurde diese die am weitesten westlich ins ›Ketzerland‹ vorgeschobene Operationsbasis für den brutalen Eroberungskrieg des Simon von Montfort, der ja erst hier in Carcassonne zum Führer des Kreuzfahrerheeres ernannt worden war. Am 10.11.1209, also kurze Zeit nach seiner Einkerkerung, starb der erst 24jährige Raymond Roger Trencavel. Als auch der ungeschickt durchgeführte Rückeroberungsversuch des letzten Trencavel vor den Mauern der Burg seiner Vorfahren 1240 scheiterte, wurde Carcassonne noch unter Ludwig IX. neu verstärkt.

Carcassonne, St-Nazaire, Längsschnitt

Seit dem Pariser Vertrag war Carcassonne Sitz eines königlichen Seneschalls. Die nachfolgenden Könige ließen die *Cité* systematisch, vor allem um den zweiten Mauerring und die Porte Narbonnaise, erweitern (Farbt. 28; Abb. 108). In den Kriegen zwischen dem bedrohlich stark gewordenen Aragon und Frankreich war Carcassonne noch einmal zur Grenzfestung geworden. Im nächsten Jahrhundert wurde jedoch die ehemals stolze *Cité* funktionslos. Sowohl der Hundertjährige Krieg als auch die endlosen Kämpfe zwischen Franz I. und Karl V. hatten ihre Schauplätze andernorts. Nach dem Pyrenäenfrieden 1659 lag nun Carcassonne endgültig außerhalb jeglicher militärischer Bedeutung.

Die aus der *Cité* vertriebene Bevölkerung hatte sich zunächst provisorisch am Fuße der Burg angesiedelt. Sieben Jahre lang durfte sie nicht mehr in die ehemalige Altstadt zurück. Nach dem Aufstand von 1240 ließ Ludwig der Heilige kurzerhand die gesamten Vorstädte niederreißen und gewährte den Bürgern von Carcassonne unter königlicher Administration die Errichtung einer neuen Stadt auf der anderen Seite des Flusses. Nach dem Muster der anderen unzähligen *bastides* wurde eine neue Stadt mit streng rechtwinkligem System aus dem Boden gestampft. Regelmäßig verteilt finden wir Plätze und Kirchen, von denen besonders die Anfang des 14. Jh. begonnene *St-Vincent* ein reines Beispiel der languedocischen Sondergotik darstellt.

Als 1656 das Landesgericht und 1745 der Bischofssitz in die Unterstadt verlegt wurden, starb die *Cité* rasch aus, und die ehemalige ›pucelle du Languedoc‹ verfiel zusehends.

CARCASSONNE

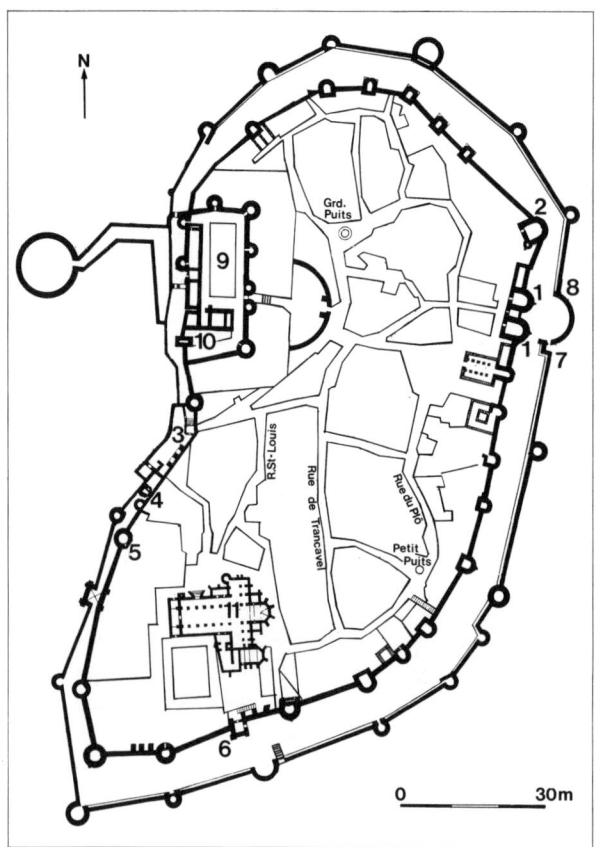

1 Die Narbonnaise-Türme
2 Trésau-Turm
3 Aude-Tor
4 Westgotischer Turm
5 Runder Bischofsturm (›Inquisitions-Turm‹)
6 St-Nazaire-Turm
7 Äußerer Narbonnaise-Turm
8 St-Louis-Vorwerk
9 Großer Schloßhof
10 Kleiner Schloßhof
11 Kathedrale St-Nazaire

Carcassonne, Plan der Cité

Während seiner Inspektionsreise durch den Süden Frankreichs entdeckte Prosper Merimée die in einem lamentablen Zustand befindliche *Cité*. Nach seinen archäologischen Erhebungen im Jahre 1843 erhielt Viollet-le-Duc die Oberaufsicht zunächst über die Restaurierungsarbeiten an der ehemaligen Kathedrale *St-Nazaire*, dann über die Wiederherstellung der gesamten *Cité* (Abb. 107). In einem drei Seiten langen Brief an den Kriegsminister hatte Merimée (20. 11. 1850) erwirkt, daß die Altstadt zur Sanierung freigegeben wurde. Merimée hatte die Cité bezeichnet als: »Wichtig aus der Sicht der Kunstgeschichte und Archäologie ... ein einzigartiges Ensemble und das bemerkenswerteste Modell mittelalterlicher Militärgeschichte.« Die Cité eben als solches Modell wieder erstehen zu lassen, war die Grundintention, mit der Viollet-le-Duc an die Wiederherstellung der Altstadt ging. Eine Restaurierung allein wäre beim damaligen Zustand ohnehin nur begrenzt möglich gewesen.

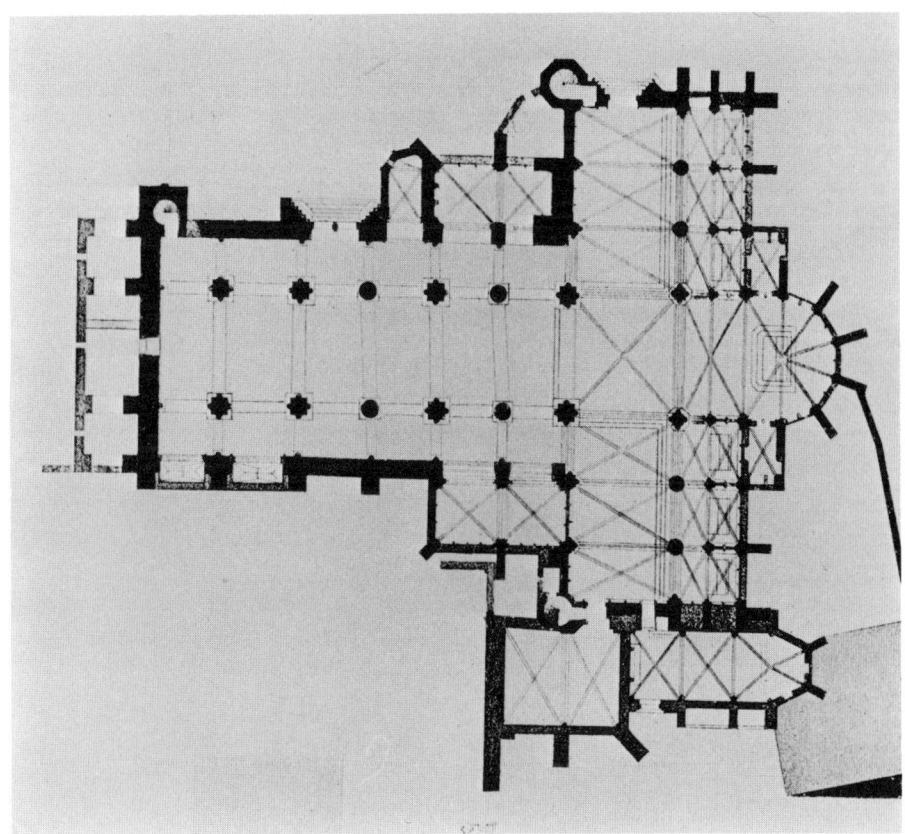

Carcassonne, St-Nazaire, Grundriß

Die Kathedrale St-Nazaire

Der kostbarste Bau der Altstadt ist die Kathedrale (Farbt. 30; Abb. 110, 111). 1269 hatten die nordfranzösischen Steinmetze, die zunächst an dem Aufbau der inneren und äußeren Befestigungsanlage gearbeitet hatten, mit der Konstruktion der Ostteile von St-Nazaire begonnen. Damit zog erstmals die kronländische Gotik der Epoche Ludwigs des Heiligen im eroberten Süden ein, ausgerichtet an den Vorbildern der Ste-Chapelle und der Abteikirche von St-Denis. Da das romanische Langhaus, übrigens die reinste südfranzösische Hallenkirche ihrer Zeit (Abb. 112), stehenbleiben sollte, waren die französischen Bauleute gezwungen, eine Lösung zu finden, bei der sie nicht einfach ihre Vorbilder übertragen konnten. Durch die Verbindung der dunklen romanischen Halle mit dem weiten, extrem durchfensterten und deshalb lichten Ostteil – ein weit ausladendes Querhaus mit eleganten

Rosen an den Stirnseiten und sehr hoch gezogenen Ostapsiden und ein polygonaler Chor ohne jegliche Wandkompartimente – ist ein interessanter wie abwechslungsreicher Innenraum mit Steigerung im Osten entstanden, der zu den originellsten Architekturschöpfungen des französischen Südens zählt. Die Kapitelle des Langhauses sind zum großen Teil Neuschöpfungen der Restaurierungen unter Viollet-le-Duc. Ihre Originale befinden sich heute im ›Musée Lapidaire‹ im Grafenschloß, wo auch das überaus preziöse *Taufbecken aus Lagrasse* zu sehen ist.

Hervorzuheben im romanischen Teil der Kathedrale ist auch die lebendige Gestaltung der Stützpfeiler des Hauptschiffes durch den im Süden wenig praktizierten Stützenwechsel. Ein Novum ist auch die in der nordfranzösischen Kathedralgotik nicht übliche Anbringung von Monumentalskulptur im Innenraum, d. h. hier an den Stützpfeilern.

Carcassonne, St-Nazaire, Innen

Eine ausführliche Besichtigung der gesamten *Cité* nimmt mindestens einen kompletten Tag in Anspruch.[45]

Anmerkungen

1 Sofern man die für unser Buch notwendige Trennung in Niedere Languedoc und Historische Languedoc nicht einführt, gehört selbstverständlich die Mittelmeerküste wesentlich zur Languedoc.
2 Hätte der große belgische Historiker Henri Pirenne seine sensationellen Nachforschungen nicht im *cellarium fisci* von Marseille, sondern in Narbonne durchgeführt, wäre wahrscheinlich seine ›Katastrophentheorie‹ etwas anders ausgefallen.
3 M. Lombard, *Espaces et réseaux du Haut Moyen Age*, Paris 1972, S. 7–31
4 *Liber Sancti Jacobi*, Bd. IV., Neuauflage mit lat. und frz. Text: J. Vielliard, *Le Guide du Pelerin de Saint-Jacques de Compostelle*, Mâcon 1969
5 H. Eckstein, *Die Romanische Architektur*, DuMont, Köln 1973, S. 15
6 H. E. Kubach, *Architektur der Romanik*, Stuttgart 1974, S. 10
7 Ebd., S. 127
8 Ebd., S. 18
9 E. Lehmann, *Saalraum und Basilika im frühen Mittelalter*, in: ›Formositas Romanica, Beiträge zur Erforschung der Romanischen Kunst‹, Frauenfeld 1958
10 M. Hartmann, *Tagebuch einer Reise durch Languedoc und Provence*, Berlin 1972, S. 213
11 Sinngemäß nach R. Assunto, *Die Theorie des Schönen im Mittelalter*, DuMont, Köln 1963
12 W. Messerer, *Romanische Plastik in Frankreich*, DuMont, Köln 1964, S. 151 f
13 Prosper Merimée, *Notes d'un voyage dans le Midi de la France*, Paris 1835, S. 46
13a Ph. Wolff, *Histoire du Languedoc*, 2 Bde., Toulouse 1967
14 M. Durliat, *Tables d'autel à lobes de la province ecclésiastique de Narbonne, IXe–XIe siècles*, in: ›Cahiers archéologiques‹, 1966
15 W. Sauerländer, *Die Skulptur des Mittelalters*, Frankfurt/Berlin 1963, S. 50 und P. Deschamps, *La sculpture française – époque romane*, Paris 1947, S. 30
16 Was heute nur noch für die Kapitelle anzunehmen ist.
17 A. Dupuy, *Historique de l'Occitanie*, Montpellier 1976, S. 29
18 W. Nigg, *Das Buch der Ketzer*, Stuttgart 1949, S. 174
19 ebd., S. 171 f
20 E. Mâle, zit. nach: J. Paradis, A. Faux, *Le Puy – Ville d'Art*, Le Puy 1974, S. 5
21 M. Durliat, *La Cathedrale du Puy*, in: ›Congrès Archéologique, Velay‹, Paris 1976, S. 127 ff
22 Vgl. S. 50 f
23 F. Enaud, *Peintures murales découvertes dans une dépendance de la Cathédrale du Puy-en-Velay – problèmes d'interpretations*, in: ›Les Monuments Historiques‹, 1968, H. IV, S. 30–76

ANMERKUNGEN

24 M. Aubert, *Conques-en-Rouergue*, in: ›Congrès Archéologique‹, 1937, S. 459 ff
25 M. Deyres, *La nef de Ste-Foy de Conques*, in: ›Bulletin Monumental‹, 1968, S. 49
26 Vgl. H. Keller, *Das Nachleben des antiken Bildnisses*, Freiburg 1977, S. 68 f
27 Viollet-le-Duc, *Dictionnaire raisonnée de l'architecture française du XIe au XVIe siècle*, Paris 1854–68, Bd. VII
28 W. Messerer, op. cit., S. 73
29 Die kleine Kirche St-Sernin-de-Thezels, von der dieser Türsturz stammt, liegt genau auf halber Strecke zwischen Cahors und Moissac.
30 R. Hamann-MacLean, *Antikenstudium in der Kunst des Mittelalters*, Marburg 1949/50, S. 168 ff
31 Vgl. S. 59 f
32 R. Crozet, *Saint-Caprais d'Agen*, in: ›Congrès Archéologique‹, 1969, S. 82 ff
33 Vgl. Kathedrale St-Etienne in Toulouse
34 Besprechung im Gelben Teil des Buches
35 Neuerdings wird diese Deutung in Frage gestellt. J. Cabanot, *Le décor sculpté de la basilique St-Sernin de Toulouse*, in: ›Bulletin Monumental‹, 1974, S. 99–145
36 Vgl. F. Gerke, *Der Tischaltar des Bernard Guilduin zu St-Sernin in Toulouse*, in: ›Akademie der Wissenschaften und der Literatur in Mainz, Abhandlungen der Geistes- und Sozialwissenschaftlichen Klasse‹, 8 (1958), S. 453–513
37 M. Alvarez, *Une sculpture du style de Bernard Gilduin à Jaca*, in: ›Bulletin Monumental‹, 1973, S. 7–16
38 V. Paul, *La Problème de la nef unique*, in: ›Cahiers de Fanjeaux‹, Bd. 9 (La naissance et l'essor du gothique méridional au XIIIe siècle), S. 21 ff; ebd.: D. Drocourt, *Le voutement de la nef raymondine de la cathédrale de Toulouse*
39 M. Roquebert, *Les hôtels du siècle d'or toulousain*, in: ›Les Monuments Historiques‹, 2/77
40 J.-L. Biget, *Un procès d'inquisition à Albi en 1300*, in: ›Cahiers de Fanjeaux‹, Bd. 6 (Le credo, la morale et l'inquisition), S. 273–342
41 G. Adriani, *Toulouse-Lautrec – Das gesamte graphische Werk*, DuMont, Köln 1976, S. 7
42 Zit. nach: J. Adhémar, *Goya*, Paris 1941, S. 19
43 op. cit., S. 47 ff
44 Der heute noch wenigstens in Teilen sichtbare Kreuzgang vom späten 11. Jh. war in der zweiten Hälfte des 12. Jh. aufgestockt und mit kostbarem Skulpturenschmuck ausgestattet worden. Die im nachfolgenden Text erwähnten Skulpturen stammen von diesem leider nicht mehr erhaltenen oberen Kreuzgang.
45 Eine detaillierte Beschreibung aller Teile der Befestigungsanlage würde weit über den beschränkten Rahmen dieses Kunst-Reiseführers hinausgehen. Aber für den an Einzelheiten interessierten Besucher sei der billige, sehr sachkundige und präzise Führer von P. Morel, *Ansichten von Carcassonne* (bei Arthaud) empfohlen, der in der Cité auch überall in deutscher Sprache zu erstehen ist.

Bildnachweis

Farbtafeln

Hirmer-Fotoarchiv, München: 2
Leonard von Matt, Buochs: Umschlagklappe
Alle übrigen Aufnahmen vom Autor

Schwarzweißabbildungen

Bildarchiv Foto Marburg: 7, 14, 15, 32, 38, 69, 78, 94, 95, 105
DuMont-Bildarchiv, Köln: 92, 93, 97, 98, 99, 100
Hans Eckstein, München: 29, 34, 35, 36, 70, 81, 82, 83, 91
Photographie Giraudon, Paris: 101
Leonard von Matt, Buochs: 16, 18, 19, 21, 22, 48, 49, 76, 77, 80, 109, 112, 114, 118, 122
Werner Neumeister, München: 58, 59
Jean Roubier, Paris: 31
Gerhard Uhlig, Wuppertal-Elberfeld: 26
Roger Viollet, Paris: 1, 2, 8, 10, 17, 24, 37, 46, 47, 55, 60, 62, 66, 67, 71, 102, 106, 108, 111
Photographie Yan, Toulouse: 84
Zodiaque, St. Léger Vauban: 9
Alle übrigen Vorlagen vom Autor

Raum für Ihre Reisenotizen
Anschriften neuer Freunde, Foto- und Filmvermerke, neuentdeckte gute Restaurants, etc.

Raum für Ihre Reisenotizen
Anschriften neuer Freunde, Foto- und Filmvermerke, neuentdeckte gute Restaurants, etc.

Raum für Ihre Reisenotizen
Anschriften neuer Freunde, Foto- und Filmvermerke, neuentdeckte gute Restaurants, etc.

Praktische Reiseinformationen

Allgemeine Hinweise

Die folgenden Ratschläge wenden sich vor allem an jene, die noch wenig Reiseerfahrungen in unserem Nachbarland haben. Frankreich ist im Gegensatz zu Österreich und Italien erst innerhalb der letzten beiden Jahrzehnte auch für Deutsche zu steigender Beliebtheit gelangt. Das erste Interesse galt dabei Paris, den Loire-Schlössern, dem Elsaß, der Provence und der Côte d'Azur. Daß dieses wunderschöne Land noch eine Unzahl anderer für den Tourismus weniger erschlossene aber nichtsdestoweniger attraktive Kulturlandschaften besitzt, möchte u. a. dieser Reiseführer dem Reisenden nahebringen.

Anfahrt und Reise empfehlen sich mit dem Pkw. Zwar besitzt Frankreich ein gut ausgebautes Bahn- und Busnetz, aber speziell für die unwegsame und dem Fremdenverkehr wenig erschlossene Region im Bereich des Zentralmassivs sind sonst zum Erreichen einiger unserer Reiseziele beträchtliche Umwege und Wartezeiten einzukalkulieren. Französischkenntnisse zumindest eines Reiseteilnehmers, wenn man zu mehreren fährt, sind unumgänglich. Bei der Fahrt mit dem Pkw sollte man sich nicht auf die für uns oft schwer durchschaubare Logik der französischen Straßenbeschilderung verlassen, sondern grundsätzlich nach der jeweiligen Generalkarte von Michelin fahren. Dabei ist die Beachtung der Straßennummern hilfreicher als die Ortsausschilderung selbst. Die erwähnten Michelin-Karten (1:200000; 1 cm pro 2 km) sind an jeder Tankstelle, in jedem größeren Schreibwarenladen oder Kaufhaus erhältlich. Für den Bereich unserer Kunstreise braucht man die folgenden Karten-Nummern: 91, 75, 76, 79, 80, 83, 85 und 86. Man tankt grundsätzlich Super oder eine individuelle Mischung aus Super und Normal. Bei der Finanzplanung sollte man daran denken, daß in Frankreich z. Z. Super etwa DM 1,50 kostet. Die Straßen sind im Regelfall ausgezeichnet und vor allem relativ leer. In flachen Gegenden kommt man fast ebenso schnell voran wie vergleichsweise bei uns auf den überfüllten Autobahnen. Achtung! Die Autobahngebühr in Frankreich ist sehr teuer!

ALLGEMEINE HINWEISE

Hotels und Übernachtungen. Französische Hotels sind im Vergleich zu deutschen enorm preiswert, nach den neuen Wechselkursverhältnissen sogar billiger als italienische. Der Mittelwert für Zwei-Sterne-Hotels liegt für ein Doppelzimmer mit Toilette und Dusche oder Bad zwischen 35,– und 55,– Frs. Wer noch preisgünstiger reisen will, findet auch weniger komfortable Hotels in der Preisklasse zwischen 18 und 30 Frs. (für zwei Personen ohne Frühstück). Bei bescheidener Kasse sei ein Geheimtip gegeben: Fast an allen größeren Routen findet man sogenannte ›Routiers‹; sie sind kenntlich an einem runden Schild, das durch eine blaue und rote Hälfte diagonal geteilt ist, in waagrechter weißer Schrift steht darauf ›Les Routiers‹. Dort verkehren vor allem Einheimische, Fernfahrer und Berufsreisende mit kleinem Portemonnaie. Für die Übernachtung (zwei Personen) zahlt man zwischen 30 und 40 Frs. Ein Menü (meist ohne Karte; man muß essen, was es eben gerade gibt) mit drei oder vier Gängen liegt zwischen 18 und 26 Frs.

Eine andere, ebenfalls nicht zu teure Gruppe von Hotels sind jene Häuser, die unter dem Namen ›Logis de France‹ zusammengefaßt sind. Diese Hotels haben im Regelfalle zwei Sterne, sind sehr gepflegt, landestypisch eingerichtet und zeichnen sich besonders durch gutbürgerliche Französische Küche aus. Im Frühjahr 79 erschien wieder ein Gesamtverzeichnis aller Häuser der ›Logis de France‹, das beim französischen Verkehrsbüro in Frankfurt zu bekommen ist.

Wer weniger Rücksicht nehmen muß, ist mit dem roten ›Guide Michelin‹ immer gut beraten. Wer in der Vorsaison reist, kann diesen Hotel- und Restaurantführer des Vorjahres meist sehr billig, zum reduzierten Preis, in der Buchabteilung der größeren Kaufhäuser finden.

Bekleidung. Gerade was das Zentralmassiv anbelangt, sei dringend empfohlen, wärmere Kleidung auch im Sommer einzupacken. Die Morgen und Abende können hier beträchtlich abkühlen. Festes Schuhwerk für Treppensteigen (z. B. in Le Puy) oder beschwerliches Steinpflaster (z. B. in Cordes) dürfte selbstverständlich sein.

Sonstiges. Als große Hilfe erweist sich in Höhlen oder dunklen Kirchen eine starke Taschenlampe. Ein Feldstecher leistet hervorragende Dienste zur Betrachtung beispielsweise höher liegender Details an Gebäuden. Der erste Weg in einer Stadt sollte zum gewöhnlich gut ausgeschilderten Syndicat d'Initiative führen. Dort erhält man meist gutes Kartenmaterial, bebilderte Prospekte und Programme für kulturelle Veranstaltungen.

Gastronomie

Natürlich ist Frankreich ein Paradies für jeden Gourmet. Die Vielfalt seiner Landschaften und regionalen Spezialitäten schafft eine unendlich reiche Palette an lukullischen Genüssen. Da wir auf unserer Fahrt durch Burgund, die Bresse, Lyon (das Zentrum der klassischen französischen Küche), die Auvergne, das Aveyron, das Quercy, die Gascogne, das Béarn, das Toulousain und die Languedoc kommen und dabei das Périgord, das Bordelais, das Baskenland, das Roussillon, die Mittelmeerküste der Niederen Languedoc und die Provence relativ nahe berühren, kann sich jeder Gaumenspezialist vorstellen, daß aus dieser Fülle hier nur einige Besonderheiten aufgezählt werden können.

Le Puy

La soupe aux choux, Krautsuppe (Kraut, Schweinefleisch vom Schenkel, Schmalz, durchwachsener Speck und Rüben aus dem benachbarten Planèze, Ussel oder Lusclade).

Coq au vin (eigentlich in Burgund zuhause, aber auch hier versteht man ihn vorzüglich zu bereiten).

Tripoux d'Aurillac (Kuttelgericht), besonders in St-Flour.

Jambon de Maurs, rohgeräucherter Schinken, sehr saftig.

La trouffado d'Aurillac, Gemisch aus Kartoffelpüree mit Käse, dazu reichlich Gemüse. Stark mit Knoblauch versetzt, gibt es dieses Gericht auch als *Aligot* in der Rouergue.

Forellen, Aale und Lachsfische; alle frisch gefangen in den reinen und sprudelnden Gebirgsbächen.

Morcheln können die *Trouffado* (diese Pâté aus Erdäpfeln) noch zusätzlich verfeinern. Als Gemüse bevorzugen die Kenner die kleinen Erbsen von Planèze und besonders die Linsen von Le Puy.

Käsespezialitäten: *St-Nectaire, Fourme d'Ambert, Bleu d'Auvergne* und *Cantal. Le cabecou* (Ziegenkäse in der Gegend von Aurillac und Salers).

Weine, Spirituosen: Aperitif ›à la gentiane‹ (aus jungen Gebirgskräutern, sehr bekömmlich!). Weine von der Couteaux de Limagne (= fruchtbare Ebenen der Auvergne: *Chanturgue, Châteaugay, Corent).*

Figeac, Cahors, Agen (Quercy)

Das benachbarte Périgord und Quercy bilden zusammen eine gastronomische Einheit (la royaume de gueule). Das waldreiche und fruchtbare Gebiet zählt zu seinen Kostbarkeiten vor allem:

Wild – Rebhühner *(perdrix),* Fasan *(faisan),* Hasen *(lièvre).*

Pilze – Steinpilze *(cèpes),* Morcheln *(morilles),* Pfifferlinge *(chanterelles)* und Trüffeln *(truffes).*

Süßwasserfische – Forellen *(truites),* Aale *(anguilles)* und Hechte *(brochets).*

La bréjaude, typische Suppe, die man fast automatisch als erste Vorspeise bekommt, bestehend aus Speck, Kohl und eingebrockter Roggenbrotrinde.

Pâté truffé, Trüffelpastete.

Pâté en croute, Pastete in Brotteig, meist farciert mit Kalb- oder Schweinefleisch.

Pâté de foie gras, ganz große Spezialität der Region (Gänseleberpastete).

Le lièvre en chabessal, Wildhase farciert mit Kalb- oder Jungschweinefleisch, Schinken, Salz, Pfeffer, Kräutern und reichlich Gemüse.

Perdrix aux choux, Rebhuhn mit Kraut.

Choux rouges à la limousin, Rotkohl mit Kastanien.

Kastanien gibt es auch zum Truthahn oder zur Gans.

Das Gebiet zwischen Périgueux und Cahors ist auch gleichzeitig *das* Land der Trüffel, des schwarzen Diamanten des Feinschmeckers. Spaziert man zwischen November und Februar, wenn dieser unterirdische Pilz in seinem Versteck das höchste Aroma erreicht hat, durch die dortigen Wälder, kann man das zunächst recht seltsame Schauspiel erleben, Spaziergängern mit einem Schwein an der Leine zu begegnen. Nach Trüffeln abgerichtete Schweine, neuerdings auch Hunde, müssen mit ihrem Geruchssinn dem Menschen bei der Auffindung dieser Gaumenkitzel behilflich sein.

Le confit. Alles Fleisch mußte in Zeiten, als noch keine Frigidaire in jedem Haushalt stand, eingemacht werden. Auf diese Tradition geht heute die Spezialität eingelegten Fleisches im Périgord und Quercy zurück, und so findet man Schwein, Kalb, Gans oder Puter immer wieder als köstlich zubereitete Einmachgerichte.

Neben Kraut und Kastanien sind besonders verbreitet und Grundlage mancher Gerichts Pflaumen und Nüsse.

Weine: Das benachbarte Bordelais liefert natürlich die berühmteren Weine. Doch findet man auch recht anständige Tropfen in den Anbaugebieten um Cahors, an den Südhängen des Lot. Der sehr intensive, goldene *Montazillac* eignet sich hervorragend zu Gänseleberpastete wie auch als Dessert. Erst nach zwei bis drei Jahren Lagerzeit erhält er sein volles Aroma und hält sich dann, ohne Schaden zu nehmen, bis zu dreißig Jahre lang. *La Rosette,* ein vollmundiger und fruchtiger Weißwein, und *Le Pécharmant,* ein kräftiger Roter mit langer Reifezeit, helfen so manches Diner harmonisch abrunden.

Béarn

Das Essen des Béarn ist einfach und frugal. Seit dem 16. Jh. ist im Pyrenäenraum der Mais Grundlage der Ernährung. Hinzu kommen Viehwirtschaft und Geflügelzucht. Die Weine des Béarn sind an entsprechender Stelle bereits erwähnt worden. Obwohl die Béarner allgemein nicht unter die Gourmets, sondern in die Rubrik Gourmands eingereiht werden, wissen sie an Festtagen durchaus mit einigen Spezialitäten aufzuwarten. Als typisches Festmahl gilt ein Topfhuhngericht *Pot-au-feu à la béarnaise* oder auch *Poule au pot dou nouste Henric* (gemeint ist natürlich Heinrich IV.). Auch der Hasenpfeffer, *Civet,* und die *Pâté d'isard* (Pyrenäengemse) können durchaus auch den anspruchsvollen Gourmet überzeugen. Die berühmte *Sauce béarnaise* stammt allerdings nicht von hier, wie man annehmen möchte; sie ist eine Erfindung des 19. Jh. und stammt von einem baskischen Küchenchef in St-Germain-en-Laye.

Languedoc, Albigeois und Cevennen

Knoblauch, Olivenöl und Hammel sind hier die wesentlichen Bestandteile der

Nahrung. Daneben finden sich vor allem im Umkreis der Cevennen Forellen, Wild und vereinzelt Trüffel. Hier einige Orte und ihre Spezialitäten:

Albi: *Gigot en genièvre,* Hammelkeule in Wacholder; *Confit d'oie et de canard,* Eingemachtes von Gans und Ente; *Gimblets,* kleine kreisförmige Aniskuchen.

Rodez: *Aligot,* Leibspeise der Rouergue (s. *La troufado d'Aurillac); Aigo bouillido,* Knoblauchsuppe mit Ei, aromatischen Gewürzen und Brotkanten; *Pâté de grives,* Krammetsvogel-Pâté.

Millau: *Foie gras truffé,* getrüffelte Gänseleberpastete; *Trénels,* Hammelinnereien farciert mit Schinken, Knoblauch, Petersilie und Ei.

Roquefort: Käse.

Lodève: *Cabassols,* Innereien und Kutteln vom Lamm; *Flaunes,* Gemüse aus Kohl und Schafskäse.

Weine: Man trinkt hier vornehmlich den gehaltvollen Rotwein der Niederen Languedoc. Vom Roussillon bis zur Rhône erstreckt sich ein einziger Weingarten. Mit jährlich 24,5 Millionen hl liefert die Languedoc praktisch die Hälfte des täglich in Frankreich konsumierten Tischweins. Sie ist Frankreichs mit Abstand größtes Weinanbaugebiet. Diese riesige Monokultur bringt natürlich für die wirtschaftliche Binnenstruktur immense Probleme mit sich. Als 1875 die Reblaus den größten Teil der gesamten Weinstöcke vernichtet hatte, wurde mit Hilfe kalifornischer, gegen die Reblaus widerstandsfähigerer Weinsorten eine neue Grundlage gelegt. Dennoch ist die Wein-Monokultur für Engpässe im europäischen Absatzmarkt besonders empfindlich, und man versucht inzwischen durch unterschiedliche Weinsorten, vor allem Qualitätsweine, und Obstplantagen diese Gefahr etwas zu bannen. Ergebnis davon ist eine Reihe charakterlich verschiedener Weine, die *Vins de sable* im salzigen Sand ehemaliger Dünen der Küste sind eine solche Spezialität. Hier sind vor allem die Gebiete am Grau de Roi und Villeneuve-lès-Maguelonne zu nennen. Die *Costière du Gard* liefert besonders kräftige Rosés. Wer einen glutvollen und kräftigen Roten bevorzugt, greift zu den Weinen aus den *Corbières.* An der Küste vor *Montpellier* gedeiht ein feuriger Muskateller. Ein herber und fruchtiger Roter vom Herault, der erst nach drei Jahren sein volles Bukett erreicht, ist der *St-Georges d'Orgues.* Hervorragend trockene Weißweine findet man in *Quatourze.* Das Minervois bietet gleichwertig gute Rote, Weiße und Rosés. Hier einen speziellen Tip geben zu wollen, ist schlechterdings unmöglich. Jeder Liebhaber des Rebensaftes wird jedoch unter diesem Angebot nach eingehendem Studium seinen Tropfen finden.

Ausflüge

1 Wallfahrtsorte

Rocamadour. Von Figeac aus erreicht man über Gramat nach ca. 50 km den heute noch höchstfrequentierten Pilgerort von Rocamadour. Seine einzigartige Lage, förmlich in den Felsen hineingekeilt, aber auch der Umstand, daß der Ort heute noch Pilger in Massen anzieht, machen eine Fahrt nach Rocamadour zu einem Erlebnis besonderer Art. Dies um so mehr als wir ja ständig auf unserer Fahrt von der großen Wallfahrt des Mittelalters nach Santiago hören.

Als man 1166 einen Bewohner des Orts begraben wollte, entdeckte man unter dem Altar der Hl. Jungfrau die unversehrten Gebeine eines unbekannten Leichnams. Sofort nahm sich die Legendenbildung des Vorfalls an. Die häufigste Version will in den Gebeinen die Überreste jenes Zachäus sehen, der sich nach dem Tode seiner Frau, der Hl. Veronika, als Eremit hierher zurückgezogen haben soll. Ein Eremit wird es auch wohl gewesen sein, ein Mensch, der die Einsamkeit dieser verlassenen Steinwelt geliebt hatte: roc amator. Daraus wurde später Rocamadour. Seit den ersten Wundern im 12. Jh. bis nach der Reformation war der kleine Ort Ziel einer der beliebtesten Fernwallfahrten Europas. Henri Plantagenet soll unter den ersten gewesen sein, die auf wunderbare Weise hier ihre Heilung fanden. Der Kult der Gnadenfrau von Rocamadour breitete sich aus bis Porto, Lissabon, Sevilla und Sizilien.

Nach dem Hundertjährigen Krieg und den Religionskriegen des 16. Jh. verfiel der Ort, und seine Wallfahrt wurde vergessen. Im 19. Jh. bemühten sich die Bischöfe von Cahors mit Erfolg um die Wiederherstellung des Heiligtums und die Belebung seiner Wallfahrt. Heute zieht Rocamadour wieder Tausende von Gläubigen und Schaulustigen an.

Ein besonderes Erlebnis ist der steile Aufstieg über die Große Treppe, die Via Sancta, mit ihren 216 Stufen. Um die kleine Plattform der *Place St-Amadour* scharen sich die Sanktuarien: die *Basilika St-Saveur,* die *Krypta des St-Amadour,* die *wunderwirkende Kapelle* und die anderen Kapellen *St-Jean-Baptiste, St-Blaise* und *Ste-Anne.* Von kunsthistorischem Wert sind vor allem die zweischiffige Basilika aus dem 11. bis 13. Jh. und die zwei Fresken der ›Verkündigung‹ und der ›Heimsuchung‹ in der etwas höher gelegenen *Michaelskapelle.*

Lourdes. Am Oberlauf des Gave du Pau gelegen, ist das kleine Pyrenäen-Städtchen der frequentierteste Pilgerort der Welt. Über drei Millionen Pilger finden jährlich den Weg zur ›Grotte der Erscheinungen‹. Weder Mekka oder Santiago, noch Rom oder Jerusalem hatten jemals solche Mengen von Wallfahrern gesehen.

Die über der Stadt gelegene *Burg* ist nicht nur ein hervorragendes Beispiel mittelalterlicher Festungsbaukunst, sondern besitzt auch selbst eine ehrwürdige Vergangenheit. Auf seinem Spanienfeldzug belagerte Karl d. Gr. die Festung Mirambel, wo der mohammedanische König Mirat zuhause war. Rorik, dem Bischof von Le Puy und Feldhauptmann Karls d. Gr., gelang es durch List, König Mirat zur Aufgabe und Konversion zu bewegen. Mirat unterstellte sich der Hl. Jungfrau von Le Puy und nannte sich von nun an Lordus (Lourdes). Die Fresken im 1. Stock des ›Logis des Clérgeons‹ in Le Puy sollen ja nach neuester Forschung die Verhandlungen um Mirambel darstellen.

Ähnlich wie bei Rocamadour brachte das 19. Jh. auch für Lourdes einen völlig neuen Aufschwung des heruntergekommenen Ortes. Am 11. Februar 1858 befand sich die vierzehnjährige Bernadette Soubirous wie gewöhnlich beim Holzsammeln, als sie in der ufernahen Grotte eine Erscheinung der Hl. Jungfrau hatte. Dies war die erste Erscheinung. Noch achtzehn Mal sollte sich die Gottesmutter der kleinen Bernadette zeigen. Während der neunten Erscheinung kratzte die Kleine im Boden der Grotte, und ein Quell entsprang. Wenige Tage darauf ereignete sich an dieser Quelle die erste wunderbare Heilung. 1862 entschloß sich der Bischof, für den rasch anwachsenden Strom von Pilgern und Heilungsuchenden eine neue große Kirche zu bauen.

Wie von einer großen Zange werden die heranströmenden Pilger von den halbkreisförmigen Begrenzungsmauern der *Esplanade du Rosaire* zusammengefaßt, wo sie dann zunächst Eintritt finden in die 1889 im neo-byzantinischen Stil fertiggestellte *Basilika du Rosaire*. Darüber, etwas zurückversetzt, erhebt sich das eigentliche Heiligtum, die bereits 1876 fertiggewordene *Basilika der Unbefleckten Empfängnis*. Unter der oberen Basilika findet man auch die *Grotte der Erscheinungen*. Eine Mutter-Gottes-Figur aus weißem Carrara-Marmor kennzeichnet die Stelle ihrer Erscheinungen.

2 Höhlen und Grotten

Pilgerorte ganz anderer Art sind die zahlreichen Grotten und Höhlen, von denen einige zu den größten Europas zählen.

Gouffre de Padirac. Unweit nördlich von Rocamadour liegt der kleine Ort Padirac. In seiner unmittelbaren Nachbarschaft findet sich der Schlund (Gouffre) von Padirac. Über zwei Lifts erreicht man eine Tiefe von ca. 100 m. In einer fantastischen Höhlenlandschaft fließt dort ein unterirdischer Fluß, auf dem man mit dem Boot 700 m weit durch die Unterwelt fahren kann.

Öffnungszeiten: Von Palmsonntag bis 2. Sonntag im Oktober, 8–12 und 14–19 Uhr. Ab 14. Juli bis Ende August alle folgenden Samstage und Sonntage durchgehend von 8–19 Uhr.

Pech-Merle. Wegen ihrer großartigen Stalaktitformationen und den Resten von Höhlenmalereien aus dem Aurignacien (Pferde und magische Hände) gehört diese Grotte zu den meistbesuchten Frankreichs.

Öffnungszeiten: Ab Palmsonntag bis 31. Oktober, 9–12 und 14.30–18 Uhr.

AUSFLÜGE

Niaux. Südlich von Foix, bei Tarascon-s.-Ariège, öffnet sich in luftiger Höhe wie ein riesiger Rachen der Urwelt die Höhle von Niaux. Offensichtlich war sie nicht bewohnt. Sie ist das Beispiel einer reinen Kulthöhle, ebenso wie Pech-Merle. Im ›Salon Noir‹ findet sich die Hauptattraktion der Höhle: Tiere, vor allem Bisons, in großartig expressiven Umrissen (s. Fig. S. 12).

Erläuterte Führung ab 1. Juli bis 30. September, 9–11.30 und 14–18 Uhr. Zusätzliche Führungen außerhalb dieser Jahreszeit sind im Ort zu erfragen. Achtung: die jeweilige Besucherzahl ist begrenzt. Es empfiehlt sich in Hauptreisezeiten vorherige Anmeldung über das Syndicat d'Initiative von Tarascon-s.-Ariège. Dauer der Führung ca. 1½ Std.

Mas-d'Azil. Die Höhle von Mas-d'Azil bietet nicht nur die Besonderheit, daß man mit dem Auto durch sie hindurchfahren kann, sondern die historische Denkwürdigkeit, daß sie bis ins 17. Jh., zuletzt von den verfolgten Hugenotten, von Menschen benutzt wurde. Die prähistorischen Funde in ihrem Inneren sind so umfangreich, daß ein eigenes Menschheitsalter in Frankreich nach dieser Grotte benannt wurde.

Das Museum im Innern der Höhle (Parkplatz in der Höhle!) kann besichtigt werden ab 1. April bis 30. Juni, 14–18 Uhr und vom 1. Juli bis 30. September, 9–12 und 14–18 Uhr.

Grotte-des-Demoiselles. Folgt man von St-Guilhem-le-Désert der D 4 nordwärts, erreicht man nach einer knappen halben Stunde die Grotte-des-Demoiselles. Auch wenn sie keine Höhlenmalereien aufzuweisen hat, dürfte sie doch wegen ihrer unvergeßlichen und unerschöpflichen Formen die schönste aller bisher genannten Grotten sein. Es handelt sich bei ihr, wie schon beim Gouffre de Padirac, um einen alten *Aven* (= unterirdischer Fluß), dessen gigantische Öffnung auf dem Plateau von Thaurac liegt. Das dunkle, unergründliche Loch war für die frühere einheimische Bevölkerung ein verwunschener Ort, wo Elfen oder andere weibliche Märchengestalten (= Demoiselles) ihr Wesen trieben. In den letzten beiden Jahrzehnten des vorigen Jahrhunderts wurde die Grotte systematisch erforscht. Ihr Höhepunkt liegt genau in ihrer Mitte, wo sie sich plötzlich zu einem riesigen Saal von 120 m Länge, 80 m Breite und 50 m Höhe ausweitet. Die Stalaktiten und Stalagmiten erreichen einen beträchtlichen Umfang und wirken wie die kolossalen Säulen einer absolut unwirklichen und vorgeschichtlichen Kathedrale.

Öffnungszeiten: 1. April bis 30. September, 8.30–12 und 14–19 Uhr; vom 10. Juli bis 31. August ist die Grotte zusätzlich von 21–23 Uhr offen; 1. Oktober bis 31. März, 9–12 und 13.30–17 Uhr.

3 Umgebung von Toulouse: Ingres-Museum in Montauban

Abgesehen von der Region Paris ist der Midi, was allerdings nur sehr wenige wissen, derjenige Landesteil Frankreichs mit den meisten hochspezialisierten Museen. Um nur einige Beispiele zu nennen: *Musée d'art chrétien* (Arles; frühchristliche Skulptur), *Musée des Augustins* (Toulouse; größte Sammlung romanischer Skulptur), *Musée Fabre* (Montpellier; vor allem 19. Jh. mit Delacroix, Courbet und Bazille) und *Musée de l'Annonciade* (St-Tropez; Neoimpressionisten und Fauves). Neben diesen Sammlungen, die jeweils geschlossen eine Stilepoche hervorragend repräsentieren, finden wir in dem von uns bereisten Gebiet zum 19. Jh. noch einige ausgezeichnete monographische Sammlungen von Weltruf, von denen bereits die Rede war: *Musée Goya* in Castres und *Musée Toulouse-Lautrec* in Albi. Zu dieser letzteren Gruppe gesellt sich noch für den Kenner und Liebhaber der Malerei des 19. Jh. das *Musée Ingres* in Montauban.

1144 von Alphonse de Jourdain, dem Sohn Raymonds IV., gegründet, ist Montauban eine der ersten und damit ältesten erhaltenen *bastides*. Im 16. Jh. war die Stadt eine Hochburg des Protestantismus. Bischof Pierre de Bertier, entschlossener Vertreter der Gegenreform, ließ an der strategisch wichtigen Stelle des bedeutenden Brückenkopfes am Tarn ein neues bischöfliches Palais errichten. Nach der Französischen Revolution beherbergte dieses Palais Bertier zunächst die Gemeindeverwaltung. Seit der Mitte des 19. Jh., besonders aber seit dem Vermächtnis von J.-A.-D. Ingres, wurde der Bau ausschließlich als städtisches Museum verwandt. Der 1780 in Montauban geborene Ingres († 1867) wandte sich nach anfänglichen Studien in Toulouse als Siebzehnjähriger nach Paris, wo er ins Atelier von J. L. David, dem berühmtesten französischen Maler seiner Zeit, eintrat. Während seiner glänzenden, ca. sechzig Jahre währenden Karriere als Maler wurde er nach Davids Tod zum Repräsentanten des klassizistischen bzw. neoklassizistischen Frankreich schlechthin. Wer Ingres heute noch als den verknöcherten und halsstarrigen Vertreter einer obsoleten Kunstideologie und als ›Kulturbremser‹ gegenüber Romantik, plein-air-Malerei und Realismus apostrophiert, erkennt nicht den kulturpolitischen Zusammenhang, innerhalb dessen Ingres ein, wenn auch sehr signifikantes Glied einer langen Kette darstellt. Seit Gründung der Akademie im 17. Jh. schwelte ein ständiger Kampf in der französischen Kunst, der ja bekanntlich bereits seinen ersten Höhepunkt im Streit der Rubenisten und Poussinisten fand. Noch die Impressionisten hatten gegen die offizielle Malerei des Salons und der Akademie einen schweren Kampf zu bestehen. Ein Gang durch das Ingres-Museum zeigt aber, daß selbst ein Maler wie Ingres, der sowohl von seinen Gegnern als auch der folgenden Kunstgeschichtezeit einseitig gesehen wurde, durchaus komplexer und teilweise sogar im Einklang mit seinen künstlerischen Kontrahenten zu sehen ist.

Wir durchschreiten die beiden monographischen Sammlungen ebenfalls berühmter Söhne der Stadt Montauban (DESNOYER und BOURDELLE) im Erdgeschoß, um uns in den großen Saal im ersten Stock zu begeben, wo die wichtigsten Gemälde des Museums

AUSFLÜGE

hängen. Der erste Weg sollte zu den drei kleinen Werken von DAVID führen, dem Begründer des Neoklassizismus und Lehrer von Ingres.

Während die Aktstudie ›Torse d'homme‹ von Ingres (um 1800) noch ganz unter dem Einfluß von David steht, begegnet uns in dem ›Portrait de Gilbert‹ (um 1805) ein völlig neuer Ingres: durch das gänzliche Fehlen der David'schen Raumkonzeption erscheint das Bild ungewöhnlich flach, also für die damalige Zeit ›modern‹; außerdem weisen die Charakterisierung der Person sowie die malerische Ausführung eine für den Künstler ungewöhnliche Freizügigkeit auf. Dieses ›romantische‹ Bildnis hat der Maler, man mag darüber erstaunt sein, noch 1865 in einem Brief als sein bestes Portrait bezeichnet. Ganz und gar nicht den Ingres, der unserer Vorstellung entspricht, kennzeichnend sind die Portraits ›Mme. Gonse‹ (Abb. 99) und ›Belvezère-Foullon‹. Vom Sujet hier wie auch von der Ausführung würden die Fassungen von ›Ossians Traum‹ und ›Befreiung der Hl. Angelika‹ ebenfalls dem strengen Neoklassizismus widersprechen. Die Historienmalerei, vertreten durch das *non-finito* ›Der Herzog von Alba in St. Gudula‹, zeigt Ingres ebenfalls von einer ungewöhnlichen Seite.

Weit mehr in unsere Vorstellung von Ingres reihen sich die Studien zu ›Jupiter und Thetis‹ und ›Apotheose Homers‹. Raffaels Einfluß in Kolorit und Komposition wird schließlich evident in ›Jesus, die Schlüssel an Petrus aushändigend‹ und ›Jesus unter den Gelehrten‹. Die Vorliebe für Raffael ist aber auch bei Strömungen der Romantik (Nazarener) eminent stark. Es wird klar, daß die Besonderheit Ingres' nicht in den Sujets, in den Vorbildern oder seinem sicher genialen malerischen Können liegt, sondern allein in seiner Malweise. Wie sehr diese sich von derjenigen seiner zeitgenössischen Widerparts unterscheidet, zeigt sehr aufschlußreich ein in Montauban direkt möglicher Vergleich mit den Studien des so jung verstorbenen GERICAULT und vor allem dem selbst für diesen Künstler ungewöhnlich leicht und luftig gemalten Stilleben (Vase à la console, 1848–49) von DELACROIX.

Öffnungszeiten: 10–12 und 14–18 Uhr. Geschlossen Sonntag Vormittag und Montag.

4   Umgebung von Carcassonne

Ins Ketzerland Minervois

Lastours. Bereits in der Montagne Noire, dem südlichsten Ausläufer des Zentralmassivs, liegen die eindrucksvollen, zur Natur gewordenen Ruinen der einstigen *Trutzburg* (Abb. 122), die unter den verschiedenen Namen wie Cabaret, Tour Regine, Fleur d'Espine und Quertinheux jeweils ein Stück der militärischen Geschichte der Languedoc widerspiegelt. Erst im zweiten Anlauf konnte Simon von Montfort im März 1211 die Festung einnehmen.

Inmitten ausgedehnter Weinberge liegt das Städtchen **Rieux-en-Minervois**. Die von außen höchst unscheinbare romanische *Kirche* (Abb. 115) überrascht im Innern mit einer für uns in der Languedoc ungewohnten Raumkonzeption. Rieux besitzt den einzigen noch erhaltenen Zentralbau der Romanik in der Languedoc. Daneben stammen die skulpierten *Kapitelle* (Abb. 116, 117) von einem der schillerndsten und markantesten Bildhauer der romanischen Epoche, nämlich dem ›Meister von Cabestany‹, von dem auch Werke in der Toskana, im Roussillon und in Nordspanien bekannt sind (s. auch St-Hilaire; Abb. 114).

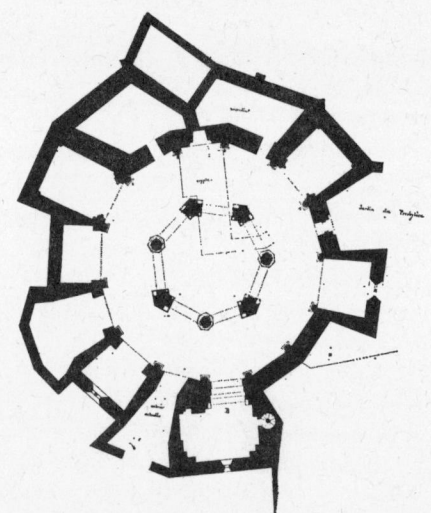

Rieux-en-Minervois, Grundriß

Minerve. Im 12. Jh. eine der Hochburgen der Katharer, wurde sie nach der Eroberung von Carcassonne das nächste Ziel und Opfer der Kreuzfahrer. Minerve war die erste Stadt, die vom päpstlichen Heer unter der Führung von Simon von Montfort erobert wurde. Hier brannten auch die ersten Scheiterhaufen. Über hundertvierzig ›Vollkommene‹ machten den Anfang der nun folgenden schrecklichen Serie von Ketzerverbrennungen. Die Stadt selbst wurde ebenfalls gründlich zerstört.

Dominikanisches Land

Verläßt man Carcassonne über die D 119 nach Westen, taucht man ein in eine idyllische Landschaft. Sanft geschwungene Hügelketten und breite fruchtbare Täler wechseln einander in wohltuendem Rhythmus ab. Nach 26 km erreicht man **Montreal** mit seiner Kirche in languedocischer Gotik. Weiße Schilder auf blauem Grund, die bekannten Hinweistafeln der Monuments Historiques, erinnern ab Montreal, daß wir hier auf den Spuren des Hl. Dominikus wandern. Im benachbarten **Prouille** steht der heutige Neubau der ersten von Dominikus selbst angelegten Niederlassung für reuige Sünderinnen und Sünder. Daraus erwuchs das erste Frauen- und Männerkloster der Dominikaner. Hier also liegt der Keim des so fruchtbaren Baums, der bald nach allen Richtungen sprießen sollte. Im wiederum benachbarten **Fanjeaux** (Farbt. 26) feierten Diégo von Osma und Dominikus ihre ersten Erfolge mit ihrer neuen Predigertätigkeit. Hier finden auch jährlich die Tagungen von Fanjeaux zur Erforschung des 13. Jh. in der

AUSFLÜGE

Languedoc statt. Die zusammengefaßten Referate erscheinen ebenfalls jährlich bei Privat in Toulouse als ›Cahiers de Fanjeaux‹.

Aude aufwärts: St-Hilaire – Alet – Couiza

Wendet man sich von Carcassonne direkt nach Süden, dem Flußlauf des Aude folgend, findet man eine Reihe sehenswerter Orte.

St-Hilaire-sur-Aude. Die einst mächtige und einflußreiche benediktinische Abtei geht bereits auf eine karolingische Gründung zurück. Der *heutige Kirchenbau* stammt in seinen Ostteilen noch aus dem 12. Jh. Das Langhaus wurde erst im 13. Jh. eingewölbt. In der südlichen Kapelle steht der berühmte *Sarkophag*, der ebenfalls ein Hauptwerk des ›Meisters von Cabestany‹ ist. Von besonderem Interesse ist der Umstand, daß der ursprünglich als Altarsockel konzipierte Teil (Abb. 114) nach dem Vorbild gallo-römischer Sarkophage gestaltet ist. Dargestellt sehen wir das Martyrium des Hl. Saturninus. Ursprünglich stand dieses wichtige Werk der romanischen Skulptur im Chor von St-

Couiza, Schloß, Grundriß

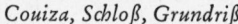

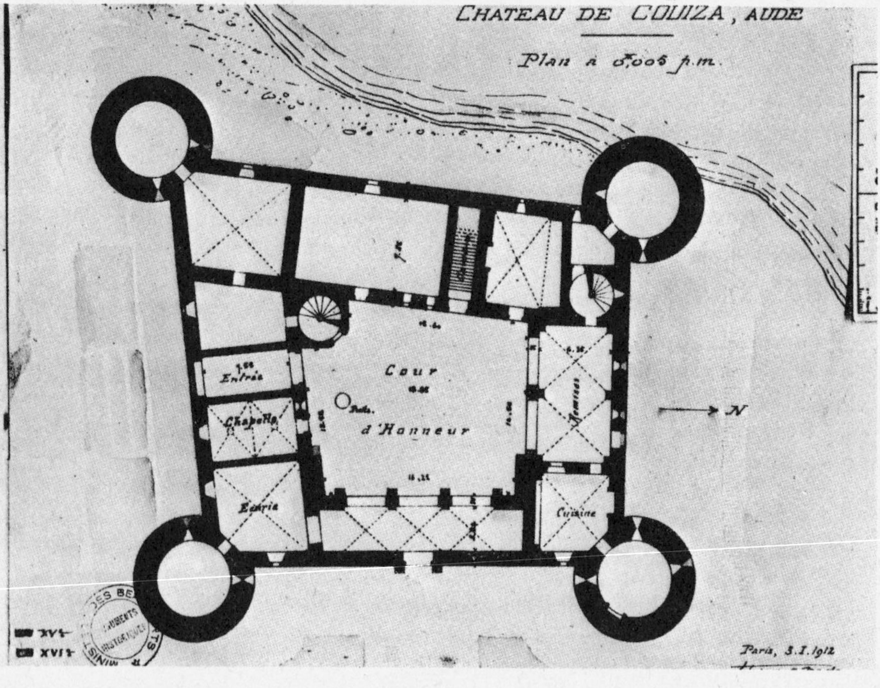

Sernin in Toulouse. Der anmutige *Kreuzgang* des 14. Jh. bedürfte dringendst einer eingehenden Restaurierung (Abb. 113).

Alet. Im römischen Electa gründete der Vizegraf von Razès 813 ein Kloster, das 1317 sogar in den Rang eines Bischofssitzes erhoben wurde (vgl. Condom). Die ehemalige *Abteikirche von Alet-les-Bains* gehört heute zu den großartigsten und gleichzeitig interessantesten Ruinen der romanischen Architektur (Abb. 118–121). Nach der Zerstörung von 1577 wurde die Kirche nie mehr wiederhergestellt. Der ungewöhnlich exakte Steinschnitt der Kalksteinquadern verhinderte aber bis heute den völligen Einsturz. Drei Baufolgen können studiert werden: im Norden (nur mit Hilfe des archäologie-begeisterten Curé zugänglich) die Reste des Kapitelsaals, eines Baues, der noch teilweise aus dem 11. Jh. stammt; daran anschließend im Süden die Ruine des romanischen Baues aus der ersten Hälfte des 12. Jh., und schließlich im Osten die Reste des begonnenen, aber wegen Geldmangels nie ganz ausgeführten gotischen Erweiterungsbaues des 14. Jh. In keiner romanischen Kirche des frühen 12. Jh. fand die Antikennähe dieser Kunst eine solch ausgeprägte Formulierung. Erst in den folgenden Bauten der Provence tritt sie in der gleichen unmittelbaren Form wieder zutage.

Der Ort selber bietet mit den alten Häusern um die *Place-de-la-République* und mit der *Porte de la Cadène* (Reste der Befestigungsanlage des 12. Jh.) zusätzliche Beispiele vom einstigen Glanz dieser heute frequentierten Kurstadt.

Nur knapp 7 km weiter südlich von Alet finden wir in **Couiza** ein prächtig erhaltenes Exemplar einer im 16. Jh. umgebauten Burg. Das *Château-des-ducs-de-Joyeuse*, ein fast quadratischer Vierflügelbau, bewahrt in seinem Innern einen prächtigen Renaissancehof mit strenger Fensterordnung. Eine Brücke aus demselben Jahrhundert rundet das Bild der Stadt ab.

Öffnungszeiten

der wichtigsten Museen und Sehenswürdigkeiten nach dem Stand vom Sommer 1976 bzw. 1977

Alle angegebenen Öffnungszeiten sind aus verständlichen Gründen ohne Gewähr. Es empfiehlt sich jeweils im Syndicat d'Initiative des Ortes bzw. nächst größeren Ortes noch einmal die aktuellen Öffnungszeiten zu erfragen. Die üblichen Öffnungszeiten in der Hauptreisesaison von Ende April bis oder einschließlich September sind von 9–12 Uhr und von 14–18 Uhr. Grundsätzlich gilt es zu beachten, daß in Frankreich alle *staatlichen* Museen immer dienstags geschlossen haben. Ausgenommen von dieser Regel können sein *kommunale* oder *private* Sammlungen, Museen oder sonstige Einrichtungen von touristischem Interesse.

Le Puy
Kathedralbezirk
Schatzkammer: 15. Juni bis 10. Sept. 9–12 und 14–18 Uhr; 11. Sept. bis 14. Juni nur 9–12 Uhr.
Kreuzgang: 1. Mai bis 30. Sept. 9–12 und 14–19 Uhr; 1. Okt. bis 30. Apr. 10–12 und 14–16 Uhr. Geschlossen am Dienstag (wie fast alle staatlichen und kommunalen Museen Frankreichs!), außer im Juli und August.
Rocher Corneille: Im Sommer 8–19 Uhr; im Winter 9–18 Uhr.

St-Michel-d'Aiguilhe: Ostern bis Allerheiligen 9–12 und 14–18 Uhr (19 Uhr vom Juli bis 15. Aug. 18.30 Uhr vom 16. Aug. bis 30. Aug.); Donnerstag, Sonntag und an allen Feiertagen nur von 14–16 Uhr.

Musée Crozatier: 10–12 und 14–16 Uhr (18 Uhr im Sommer). Geschlossen an allen Dienstagen, am 1. Jan., 25. Dez. und den ganzen Febr.

Conques
Schatzkammer: Von Ostern bis Allerheiligen 10–12 und 14–18 Uhr.

Cahors
Musée municipal: Vom 1. Apr. bis 30. Sept. 10–12 und 14–18 Uhr; Dienstag geschlossen.
Pont Valentré (Mittlerer Turm): Vom 1. Juli bis 31. Aug. 9–12 u. 14–18.45 Uhr.

Moissac
Kreuzgang: 9–12 und 14–18 Uhr (19 Uhr vom 1. Juli bis 31. Aug.).

Agen
Musée: 10–12 und 14–18 Uhr (16 Uhr vom 1. Okt. bis 30. Apr.). Geschlossen am Dienstag und am 1. Nov. bzw. 25. Dez.

Condom
Musée de l'Armagnac: Individuelle Öffnungszeiten! Jeweils am Syndicat d'Initiative erfragen.

Auch
Kathedrale, Chorgestühl: Vom 15. Mai bis 15. Okt. 8–12 und 14–18 Uhr; vom 16. Okt. bis 14. Mai 9–12 und 14–17.30 Uhr. Während der Gottesdienste geschlossen.

Pau
Musée National im Schloß: Vom 16. Apr. bis 15. Okt. 9–12 und 14–18 Uhr; vom 16. Okt. bis 15. Apr. 9.30–12 und 14–17 Uhr.

Toulouse
St-Sernin: Wegen noch im Gang befindlicher Restaurierungsarbeiten ist es möglich, daß zeitweise der eine oder andere Teil der Kirche nicht besichtigt werden kann!

Les Jacobins: 10–12 und 15–18 Uhr (17 Uhr im Winter).

Musée des Augustins: Seit Sommer 1976 wegen Renovierungsarbeiten vorübergehend geschlossen. Sollte ab Sommer 1978 wieder geöffnet sein, sind die neuen Öffnungszeiten am besten am Syndicat d'Initiative am Kapitol zu erfragen.

Hôtel d'Assézat: Turm: 9–12 und 14.30–18.30 Uhr.

Musée du Vieux-Toulouse: 15–18 Uhr; im Winter 14–17 Uhr. Dienstag geschlossen.

Musée Paul-Dupuy: 10–12 und 14–18 Uhr (17 Uhr vom 1. Nov. bis 31. März). Dienstag geschlossen.

Musée St-Raymond: 10–12 und 14–18 Uhr (17 Uhr vom 1. Nov. bis 31. März). Dienstag geschlossen.

Albi
Musée Toulouse-Lautrec: 9–12 und 14–18 Uhr vom 1. Juli bis 20. Sept. Den Rest des Jahres ist von 10–12 und von 14–17 Uhr geöffnet. Im Winter ist dienstags zu.

Castres
Musée Goya: 9–12 und 14–18 Uhr (17 Uhr vom 1. Okt. bis 31. März). Sonntags erst ab 10 Uhr geöffnet. Hier ist ausnahmsweise geschlossen am Montag!

Raum für Ihre Reisenotizen
Anschriften neuer Freunde, Foto- und Filmvermerke, neuentdeckte gute Restaurants, etc.

Register

Personen

Abaelard 73
Adhémar, J. 260
Adhémar de Montcil 50, 51
Adriani, G. 260
Alarich 16
Albertus Magnus 209
Albigenser 73 ff., 115
Alexander III., Papst 108
Alexios I. Komnenos 50
Ali-ben-Jussuf, Emir 172
Alphonse de Jourdain 273
Alphonse de Poitiers 183, 221
Alvarez, M. 260
Amand, H. 118, 132
Amat, Bischof 174
Amaury, Arnaud 76, 77, 79
Anna Komnena 51
Ansgard, Hl. 132
Ansquetil, Abt 133
Antelami, Benedetto 66
Antoninus, Hl. 216
Antonius von Padua, Hl. 108
Anton von Bourbon 163
Araber 41, 42, 68, 132, 254
Ariuiscus, Mönch 120
Arnaud de Moles 159, 160, 162
Arnold von Brescia 73
Assézat, Pierre 215
Assunto, Rosario 259
Astarte 14
Athaulf, Westgotenkönig 16
Aubert, M. 121, 260
Augustus, Kaiser 14, 177

Bachelier, Nicolas 215
Basken 163

Baudelaire, Charles 230
Bazille, Jean-Frédéric 273
Beethoven, Ludwig van 229
Begon III., Abt 121, 123, 125
Benedict van Aniane 252
Bernard von Angers 109
Bernard de Castanet 225, 226
Bernard III., Bischof von Cluny 113
Bernard de Combret 225
Bernard I. de Comminges, Graf 179
Bernard Roger 217
Bernard Saisset 217
Bernard de Ventadour, Troubadour 69, 70
Bernhard von Clairvaux, I Hl. 73, 75, 77
Bertin, Dominique 161
Bertrand von Angers 121, 124
Bertrand de Born, Troubadour 69
Bertrand de Chalençon, Bischof 115
Bertrand d'Ile, Bischof 177, 213
Biget, J.-L. 260
Boccaccio, Giovanni 163
Bogomilen 74
Bohemund von Tarent 51
Bonifatius VIII., Papst 217, 226
Borassa, Louis 229
Bourbonen 164
Bourdelle, Antoine 274
Brant, Sebastian 230

Brayer, Ives 223
Brueghel, Pieter d. Ä. 230
Bruno, Hl. 53
Bunel, Cl. 68
Burgunder 41

Cabanot, J. 260
Cäcilie, Hl. 225
Caesar 8, 14, 47
Caligula 177
Calixtus II., Papst 49, 128
Calvin, Johann 163
Caprasius, Hl. 154
Centulle IV. 168
Chlodwig 41, 216, 254
Chlothar II. 127
Christus 16, 49, 74, 124 f., 178, 204, 205
Clemens V., Papst (Bertrand de Got) 154, 178
Clermont-Lodève, Mgr. de, Bischof 160
Coëllo, Claude 229
Coeur, Jacques 127
Consorani, Pyrenäenvolk 179
Corot, Camille 211
Courbet, Gustave 211, 227, 273
Crozet, R. 155, 260

Dacius 120
Dadon 120, 125
Dagobert I. 127
Dalmatius, Bischof 118
Daumier, Honoré 227, 229
David, J.-L. 274
Degas, Edgar 227
Delacroix, Eugène 211, 230, 273, 274

281

REGISTER: PERSONEN

Desiderius von Monte Cassino 52
Deschamps, Jean 160
Deschamps, P. 259
Desnoyer 274
Deyres, M. 260
Diégo, Bischof v. Osma 76, 77, 275
Didier, Bischof von Auxerre, Hl. 126, 127
Didier, Bischof von Cahors 132
Dominikus, Hl. 76 f., 82, 108, 209, 275
Domitius, Cn. 14
Drocourt, D. 260
Duèze, Pierre 130
Dupuy, André 66, 259
Durand de Breton, Bischof 64, 133
Dürer, Albrecht 162
Durliat, M. 62, 64, 113, 259
Dyck, Anthonis van 211

Eckstein, Hans 259
Eduard I. 155
Eleonore v. Aquitanien 43
Enaud, F. 115, 259
Erasmus von Rotterdam 230
Etienne de Lavedan, Bischof 174
Eurich I. 16, 178
Evosius, Hl. (St-Vosy) 108

Facchina 170
Felix, Hl. 204
Fernandez, Alexo 229
Fides, Hl. 109, 120, 121, 126, 154 *(Farbt. 2)*
Focillon, H. 229
Franken 41, 42, 52
Franz I. 108, 163, 215
Fredelon 50
Friedrich II. von Hohenstaufen 80
Fulchran, Bischof 231

Galla Placidia 16
Gascogner 159

Gaston Phoebus, Graf von Foix 163, 165, 171
Gaston IV., von Béarn 163, 165, 176, 217
Gaston VII. von Béarn 170
Gaston d'Orléans 231
Gautier, Th. 230
Gelduin, Bernard 59, 62, 63, 64, 136, 204, 205
Géraud II. de Gourdon, Bischof 127
Géricault, Théodore 274
Gerke, F. 260
Gilabertus 65, 211
Giraud de Borneil, Troubadour 69
Gislebertus 175
Glaber, Raoul 52
Gogh, Vincent van 61
Godescalc, Bischof 106, 109
Goethe, Johann Wolfgang 229
Gomez, Mönch 109
Gondowald 177
Gontram, König 177
Gottfried von Bouillon 51
Goya, Francisco José de 156, 227
Goyen, Jan van 21
Gregor VII., Papst 46, 49, 73
Gregor IX., Papst 82
Gregor von Tours 26, 109, 118, 179
Griechen 13, 16, 67
Gros, Antoine Jean 211
Gui, Bernard 155
Gui de Loos 168, 170
Guibert 121
Guillaume Arnaud, Inquisitor 207
Guillaume de Labroune, Bischof 128
Guillaume de Puylaurens 219
Guillaume IV. 205
Guy de Lévis 219, 221

Hamann-Mac-Lean, R. 63, 65, 251, 260
Hartmann, Moritz 11, 59, 259

Helena, Hl. 178, 232
Helvetier 14
Henri IV. 70, 79, 163, 164, 168, 184
Henri d'Albret 163, 165
Henri Plantagenet 270
Herodes Antipas 177
Herodias 177
Honorius 16
Hugo von Châtillon, Bischof 178
Hugo von Semur 52
Hugo, Victor 230
Humbert von Romans 208
Iberer 14
Ildefonso, Hl. 109
Ingres, J.-D.-A. 211, 273 f.
Innozenz III., Papst 77, 78, 80, 81
Isis 14, 16

Jakobus d. Ä. 47 f., 109, 205
Jaurès, Jean 223, 228
Jean de Beaujeu 162
Jean de Bernuy 215
Jean de Champs 83, 118, 213
Jean de Mantes 183, 211
Jean d'Ulmo 214
Jeanne d'Albret 171
Johann Chrysostomos 75
Johann ohne Land 78, 80
Johannes XXII. (Jacques Duèze), Papst 70, 128
Johannes von Salisbury 72
Juden 68

Kant, Immanuel 229
Kapetinger 78, 163
Karl der Große 42, 43, 47, 68, 82, 108, 115, 125, 126, 183, 201, 217, 232, 270, 271
Karl der Kahle 108
Karl Martell 41, 42, 232
Karl VII. 127
Karolinger 67, 120, 163
Katharer 68, 73 ff., 155
Katharina, Hl. 155
Keller, H. 260
Kelten 13, 16, 108, 126

Kimbern 14
Konstantin d. Gr. 176
Kubach, Erich 54, 58, 259

Langobarden 42
Lehmann, E. 259
Le Nôtre, André 228
Lescot, Pierre 215
Lombard, M. 259
Louis Philippe 165
Lucas, Mois 168
Ludwig der Fromme 43, 163
Ludwig I. von Amboise 225
Ludwig IX. der Heilige 81, 108, 183, 204, 221, 254, 255, 257
Ludwig XIII. 184
Ludwig XIV. 171
Luther, Martin 224

Majolus, Hl. 108
Mâle, Emile 108, 160, 259
Mallay 111, 112
Manet, Edouard 227
Mann, Heinrich 164
Mansart, J. H. 228
Marcabru, Troubadour 69
Marc Aurel 176
Margarethe von Angoulême (von Navarra) 163
Marot, Clément 163
Marre, Jean, Bischof 159
Martial, Hl. 118
Massalioten 14
Meister von Cabestany 275, 276
Meister von Pedret 180
Meister der Porte Miègeville 211
Merimée, Prosper 61, 122, 210, 255, 256, 259
Merowinger 163
Messerer, Wilhelm 259, 260
Michelet, Jules 8, 66
Mirat, König 115, 271
Mistral, Frédéric 70
Mithras 14, 16
Montagacol 73
Montalembert 210

Montmorency, Henri II., Herzog von 184, 231
Morel, P. 260
Munuza, Berber 42
Murger, Henri 227
Murillo, Bartolomé Esteban 211, 229

Napoleon III. 165
Nero 231
Nigg, W. 73, 259
Niketas von Konstantinopel 74
Normannen 43, 132, 163

Odilo von Cluny, Hl. 64, 108, 133
Odo, Herzog 42
Odolric, Abt 121, 125
Olivier 75
Otto von Braunschweig 78

Paul von Narbonne, Hl. 16
Paul, V. 260
Paulus 74
Peire Vidal, Troubadour 69
Perugino 211
Peter II. von Aragon 79, 80
Petrus 43, 74, 205
Petrus Venerabilis 108
Pierre de Bertier, Bischof 273
Pierre de Castelnau 76, 77, 78
Pierre-Roger von Mirepoix 219
Pirenne, Henri 259
Pippin der Kleine 9, 42, 232
Pippin II. 50
Philippe II. Auguste 78, 80, 108
Philipp der Schöne 81, 217, 218
Philippe III. 155
Phoebadus, Bischof 154
Phöniker 14
Plinius 16
Pompejus 176
Privat, Louis 205, 215
Puig i Cadafalch 54, 55

Raffael 274
Raimbaut d'Orange, Troubadour 69
Raoul de Fontfroide 76
Raymond IV. von St-Gilles 47, 50f., 68, 109, 163, 176, 217, 273
Raymond V. 73, 75
Raymond VI. 47, 77, 78, 79, 80, 82, 183, 218
Raymond VII. 82, 183, 209, 213, 222
Raymond de Cahors 127
Raymond Gayrard 202
Raymond Guérard 204
Raymond de Pereiche 218
Raymond-Pons 43
Raymond Roger von Trencavel 79, 80, 254
Razès, Vizegraf von 277
Ribéra, Jusepe de 229
Richelieu 231
Robert Guiskard 51
Rochus, Hl. 108
Roger II. von Foix 216, 217, 218
Roger, Abt 133
Roger de Sentis, Bischof 175
Roland 42, 68, 171, 232
Römer 13, 14, 16
Roquebert, M. 216, 260
Rorik, Bischof 271
Rubens, Peter Paul 211

Saturninus, Hl. 16, 201, 203, 204, 276
Sarazenen 43, 80, 176, 232
Sauerländer, W. 259
Scutarius, Bischof 108, 109
Séquenot 211
Sidonius Apollinaris 16, 118
Simon der Magier 205
Simon von Montfort 80, 82, 127, 133, 183, 217, 219, 222, 254, 274, 275
Soubirous, Bernadette 271
Soult, Marschall 171
Stephan II., Papst 42
Stephanus, Hl. 129, 178
St-Just 178

283

REGISTER: ORTE

St-Pastor 178
St-Vallier 179
Strabo 67

Taillefer, Guillaume, Graf 127
Tectosagen 14, 16, 183
Templer 126
Teutonen 14
Theodard 62
Theoderich d. Gr. 41
Thomas von Aquino, Hl. 209
Toulouse-Lautrec, Henri de 211, 226 ff.
Tournöer 214
Truannus, Dekan 106

Ungarn 43
Urban II., Papst 50, 59, 62, 108, 202, 203
Urban V., Papst 209

Valdès, Pierre 73
Valerian, Hl. 225
Valois 164
Vandalen 16, 177
Velázquez 229
Vellaver 108
Veronika, Hl. 270
Vielliard, J. 259
Vincent Ferrier, Hl. 108
Viollet-le-Duc, Eugène-Emmanuel 108, 130, 134, 205, 211, 223, 256, 258

Waldenser 77
Wali Yusuf 41
Wellington, A. W. Herzog von 171
Westgoten 16, 41, 52, 253
Weyden, Rogier van der 225
Wilhelm von Aquitanien (Wilhelm Kurznase, Wilhelm von Orange) 42, 50, 68, 232 ff.
Wilhelm IX., Herzog von Aquitanien, Troubadour 69
Wolff, Philipp 62, 259

Zachäus, Hl. 270

Orte

Agen 14, 74, *154 ff.*, 223, 267, 278
– St-Caprais 154 f. *(Abb. 39, 40)*
Agenais 155
Agout 228
Ägypten 47
Aigues Mortes 81, 82, 221
Aigues Vives 219 *(Farbt. 23)*
Albelba 109
Albi 73, 74, 79, 84, 154, 219, *223 ff.*, 269, 279 *(Farbt. 19)*
– Musée Toulouse-Lautrec 227, 273 *(Abb. 97, 98)*
– Palais de Berbie 225, 226, 227 *(Farbt. 18)*
– Ste-Cécile 84, *224 ff.* *(Abb. 92–95)*
– St-Salvi 228 *(Abb. 96)*
Albigeois 214, 223, 268
Alès 105
Alet-les-Bains 52, 56, 277 *(Abb. 118–121)*
Aniane 62, 252
Antiochia 51
Antwerpen 214
Aquitanien 42, 43, 81, 183, 232
Aragon 82
Arelat 43
Arles 162, 171
– Musée d'art chrétien 273
– St-Trophime 61, 66
Ariège 216
Armagnac 159
Armenien 74
Arras 53, 75
Auch *159 ff.*, 278
– Grablege *161 f.*, 176 *(Abb. 43)*
– Kathedrale Ste-Marie 83, 84, *160 ff.* *(Abb. 42, 44, 45)*
Aude 276
Aurignac 13, 180
Aurillac 86
Autun 16, 21, 124, 175
Avignon 46, 81, 83, 128, 154, 178
Avignonet 218

Bagnères-de-Bigorre 176
Barcelona 42, 47, 70, 81, 82, 232, 254
Béarn *162 ff.*, 218, 268
Beaulieu 61, 65, 124, 154
Beaune 225
Béziers 79
Bologna 208, 225
Bordeaux 8, 12, 67
Bram 219
Brassac 230
Bretagne 8
Brétigny 127
Bouvines 80
Burgund 58, 59, 61
Byzanz 46, 49, 128

Cabaret 274
Cahors 57, 65, *126 ff.*, 153, 154, 267, 278
– Kathedrale St-Etienne 128 f., 154 *(Farbt. 6; Abb. 25, 26)*
– Pont Valentré 127, *130 ff.*, 170 *(Farbt. 5)*
Canal du Midi 11, 12
Candes 57
Canossa 79, 218
Capdenac 126
Capestang 62
Carcassonne 14, 41, 74, 77, 79, 154, 223, *253 ff.*
– Cité *255 ff.* *(Farbt. 28; Abb. 107–109)*
– St-Nazaire 256, 257 f. *(Farbt. 30; Abb. 110–112)*
– St-Vincent 255
Carennac 65, 154
Carmaux 223
Castelnaudary 253
Castres 45, 68, *228 ff.*, 279 *(Farbt. 17)*
– Musée Goya *228 ff.*, 273 *(Abb. 100, 101)*
Célé 126
Cevennen 11, *228 ff.*, 268 *(Farbt. 25)*
Champagne 56
Chartres 128
– Porte Royale 65

Cîteaux 75, 76, 77
Clavijo 48
Clermont-Ferrand 50, 83, 105, 118, 207
Clermont-l'Herault 83, 232
Cluny 43, 53, 58, 64, 108, 202
Cogolla 204
Col de Naurouze 253
Condom 154, 156 ff., 278
– Kathedrale 159 (Abb. 41)
Conques 56, 61, 65, 66, 117, 119 ff., 129, 278 (Umschlaginnenklappe; Farbt. 1; Abb. 16)
– Museum 123 f. (Farbt. 2)
– Ste-Foy 119, 121 ff., 179, 201 (Abb. 17–23)
Corbières 11, 218, 253, 269
Cordes 222 f., 266 (Farbt. 16)
Córdoba 42, 49, 116, 172, 175
Corneilhan 62
Couiza 277

Dijon 59
– St-Michel 84
Dourdou 119
Duero 54, 56

Eauze 159
Ebro 55
England 80

Fanjeaux 77, 275
Figeac 126, 127, 267
– Oustal de lo Mounedó 126 (Abb. 24)
– St-Saveur 126
Firminy 86
Flandern 45, 75
Fleur d'Espine 274
Foix 163, 217 f. (Abb. 89)

Galizien 49, 68, 109
Gallien 8, 67, 108
Ganges 12
Garonne 12, 13, 132, 154, 156, 215, 253
Gascogne 43, 69, 156 ff., 162

Gave d'Aspe 174, 175
Gave de Pau 163, 164, 170, 171, 270
Gave d'Oloron 163
Gave d'Ossau 174
Gellone 232
Genna 47, 82
Gers 159
Gothien 43
Gouffre de Padirac 271
Gramat 270
Granada 134
Grotte-des-Demoiselles 272

Hers Vif 221
Hôpital-St-Blaise 173, 175 (Abb. 55)

Italien 55, 69, 160
Istrien 74

Jaca 204
Jaffa 47
Jerusalem 47, 49, 51, 69, 113, 176

Katalonien 43, 63
Köln 74

Labastide 228
Lacaune 230
Lannemezan 176
Las Navas de Tolosa 80
Lastours 274 (Abb. 122)
Laurageais 214, 223
Lauzerte 132
Lavaur 75
Lavelanet 218, 219
Lendou 132
Le Pradal 62
Le Puy 11, 45, 50, 73, 76, 86 ff., 266, 267, 271, 278 (Abb. 1)
– Baptisterium St-Jean 114 f.
– Kathedrale 56, 105, 108 ff. (Abb. 3–7, 10)
– Kreuzgang 117 f., 251 (Abb. 8, 9)
– Logis de Clergeons 115
– Musée Crozatier 113

– Rocher Corneille 88, 105, 108
– St-Clair 105 (Abb. 11)
– St-Michel-d'Aiguilhe 88, 105, 106 f. (Farbt. 3; Abb. 12)
Leran 219 (Farbt. 27)
Lescar 56, 58, 168 ff.
– Kathedrale 84, 168 ff., 174, 175 (Abb. 50–53)
– Mosaiken 170 (Farbt. 7)
Limoges 62, 112, 118, 121, 201
– St-Martial 70, 83, 207
Limousin 57, 69, 112, 113
Littoral 9
Loarre 204
Lodève 14, 45, 62, 73, 231 f., 269
– St-Fulchran 52, 83, 231 (Abb. 102)
Loire 8, 43, 54, 56, 57, 86, 219
Lombardei 74
Lombers 74, 75, 223
Lot 126, 130
Lourdes 176, 270 f.
Lyon 86, 184

Marcilhac 56
Marseille 8, 67, 82, 184
Martres Tolosanes 181
Mazamet 228, 230
Maz-d'Azil 272
Meaux 82, 213
Melgueil 73
Mende 45, 73
Millau 68, 269
Minerve 275
Minervois 223
Mirambel 115, 270, 271
Mirepoix 219 ff., 223 (Abb. 91)
Moissac 58, 60, 61, 62, 64, 65, 68, 124, 129, 132 ff., 278
– Kreuzgang 134 ff., 202 (Farbt. 4; Abb. 34–38)
– St-Pierre 132 ff., 204 (Abb. 27–33)
Monreale 134

285

REGISTER: ORTE

Montagne Noire 11, *228 ff.*, 274
Montauban 220, *273 f.*
– Musée Ingres 273 f. *(Abb. 99)*
Monte Gargano 105
Montpellier 47, 72, 74, 82, 127, 269
– Musée Fabre 273
Montréal 77, *275*
Montrejeau 176
Montsegur 218 f. *(Farbt. 24)*
Montserrat 218
Morlaas 163, *168*, 171
– St-Foix 168, *175* *(Abb. 48, 49)*
Muret 80, 81, 82, 181, 183

Nantes 226
Narbonne 14, 16, 41, 42, 43, 47, 62, 70, 74, 75, 82, 84, 183, 232, 254
– St-Théodard 52, 83
Neapel 209
Niaux 12, *272*
Nîmes 14, 47, 105, 232
– Diana-Tempel 57
– Maison Carrée 57
Nordafrika 114
Normandie 8

Oberitalien 45, 54, 63, 72, 74
Okzitanien 9, 41, 46, 67, 183
Olargues 231 *(Farbt. 21)*
Oloron 65, 66, 173, *174 ff.*
– Ste-Croix 174 f. *(Abb. 56)*
– Ste-Marie 175 f. *(Farbt. 11; Abb. 57–59)*
Orange 232
Orléans 74
Orthez 163, *170 f.*
Orvieto 209
Ostabat 171 f. *(Abb. 54)*

Pamiers 216 f. *(Farbt. 22)*
– Kathedrale St-Antonin 217 *(Abb. 90)*
Pamplona 172
Paris 64, 70, 82, 105, 171, 184, 205, 209, 214, 215, 218, 273

– Louvre 215
– Notre-Dame 128, 162, 213
– Place des Vosges 184
– Ste-Chapelle 257
Pau 162, 163, *164 ff.*, 279
– Schloß 165 ff. *(Abb. 46)*
Pavia 215
Pech-Merle 12, *271*
Périgord 57, 69
Plomb du Cantal 11, 117, 118
Périgueux, St-Etienne-de-la Cité 128
Poitiers 42, 57, 112
– St-Hilaire 56, 113
Poitou 61
Prouille 77, *275*
Provence 11, 14, 41, 42, 55, 58, 59, 63, 67, 68, 69, 73, 74, 277
Puenta la Reina 172
Pyrenäen 11, 12, 41, 42, 49, 54, 55, 59, 163, 168, 170, *173 ff.*

Quarante 52, 54
Quatourze 269
Quercy 126, 127, *267 f.*
Quéribus 219
Quertinheux 274

Rabastens 222
Reims 75, 83
Rhône 12, 13, 41, 77, 86, 269
Riefourcaud 12
Rieux-en-Minervois 58, 181, *275 (Abb. 115–117)*
Rocamadour 270
Roda, St-Peter 122
Rodez 68, *118 f.*, 269
– Kathedrale 83, *118 f.*, 160, 207 *(Abb. 13–15)*
Rom 16, 43, 46, 47, 48, 50, 68, 76, 81, 183, 201, 209
– Il Gesù 58
Roncesvalles 171, 172
Roquefort 269
Rouergue 118
Roussillon 9, 41, 59, 62, 203, 254, 269, 275

Saintonge 61
Salies-de-Béarn 170, *171* *(Farbt. 9)*
Saleys 171
Santiago de Compostela 9, 47, 48, 49, 109, 121, 168, 171, 173, 201, 228, 232, 252
Sant Quirze in Pedret 180
Saragossa 42, 70
Sauveterre *171*, *175* *(Umschlagrückseite; Farbt. 10)*
Sauvian 76
Schwaz 60
Septimania 9, 41, 42, 254
Sirmione 219
Souillac 65, 154
Spanien 47, 69, 109
St-Bertrand-de-Comminges 14, 57, 65, *176 f.*, 178, 180
– Kathedrale 177 *(Farbt. 12; Abb. 62–64)*
St-Denis 42, 257
St-Etienne 86
St-Félix-de-Caraman 73
St-Flour 86, 117
St-Gaudens 58, *178 f.* *(Abb. 60, 61)*
St-Georges-d'Orgues 269
St-Gilles 43, 47, 65, 69, 82, 109, 162, 171, 252
St-Girons 179
St-Guilhem-le-Désert 54, *232 ff. (Farbt. 20; Abb. 104–106)*
St-Hilaire-sur-Aude 276 *(Abb. 113, 114)*
St-Jean-Pied-de-Port 172
St-Just-de-Valcabrère 65, *178*, 179 *(Farbt. 8; Abb. 68)*
St-Lizier 56, *179 f.* *(Umschlagvorderseite; Farbt. 13, 14; Abb. 65–67)*
St-Marcel 222
St-Martin-de Londres 54
St-Paulien 108
St-Plancard 179
St-Pons-de-Thomières 43, 52, 58, 62, *230 (Abb. 103)*

St-Sever 62, 160
St-Thibéry 14
St-Tropez, Musée de l'Annonciade 273
Syrien 114

Tarascon-sur-Ariège 272
Tarn 11, 132, 223, 273
Tarragona 64
Thionville 43, 67
Toledo 127
Toskana 63, 74, 275
Toulouges 44
Toulouse 12, 14, 16, 42, 43, 47, 50, 58, 61, 64, 65, 68, 69, 70, 72, 73, 74, 76, 78, 80, 81, 82, 83, 121, 129, 155, 162, 163, 171, 174, 180 ff., 223, 253, 279
– Bürgerhäuser 214, 215 f. (Abb. 85–88)
– Kapitol 181, 184, 205, 211, 215
– La Daurade 41, 52, 64, 65, 134, 177, 180, 211, 213, 215
– Les Jacobins 57, 84, 181, 205 ff. (Abb. 78–80)
– Musée des Augustins 65, 181, 211 f., 215, 273 (Abb. 81–84)
– Musée du Vieux Toulouse 216
– Notre-Dame-du-Taur 201, 205
– St-Augustin 181
– St-Etienne 84, 211, 212 f.
– St-Sernin 56, 59, 62, 64, 64, 128, 134, 136, 179, 181, 184 ff., 211, 213, 277 (Farbt. 15; Abb. 69–77)
– – Porte Miègeville 63, 129, 136, 204 f. (Abb. 75)

Tournus 59, 251
Tour Regine 274
Tours 42, 75, 171
Tripolis 51
Tyrus 47, 69

Uzès 45, 73

Velay 86, 88, 109, 112 (Abb. 2)
Verdun 43
Verfeil 73, 77
Vézelay 124, 171
Villefranche 68
Villepinte (Farbt. 29)
Viterbo 209
Vouillé 41, 216

Zentralmassiv 11, 86 ff.

DuMont Kunst-Reiseführer

- Ägypten und Sinai
- Algerien
- Belgien
- Bulgarien
- Bundesrepublik Deutschland
- Das Bergische Land
- Bodensee und Oberschwaben
- Die Eifel
- Franken
- Hessen
- Köln
- Kölns romanische Kirchen
- Die Mosel
- München
- Münster und das Münsterland
- Zwischen Neckar und Donau
- Der Niederrhein
- Oberbayern
- Oberpfalz, Bayerischer Wald, Niederbayern
- Ostfriesland
- Die Pfalz
- Der Rhein von Mainz bis Köln
- Das Ruhrgebiet
- Schleswig-Holstein
- Der Schwarzwald und das Oberrheinland
- Sylt, Helgoland, Amrum, Föhr
- Der Westerwald
- Östliches Westfalen
- Württemberg-Hohenzollern
- DDR
- Dänemark
- Frankreich
  - Auvergne und Zentralmassiv
  - Die Bretagne
  - Burgund
  - Côte d'Azur
  - Das Elsaß
  - Frankreich für Pferdefreunde
  - Frankreichs gotische Kathedralen
  - Korsika
  - Languedoc-Roussillon
  - Das Tal der Loire
  - Die Normandie
  - Paris und die Ile de France
  - Périgord und Atlantikküste
  - Das Poitou
  - Drei Jahrtausende Provence
  - Savoyen
  - Südwest-Frankreich
- Griechenland
  - Athen
  - Die griechischen Inseln
  - Alte Kirchen und Klöster Griechenlands
  - Tempel und Stätten der Götter Griechenlands
  - Kreta
  - Rhodos
- Großbritannien
  - Englische Kathedralen
  - Die Kanalinseln und die Insel Wight
- Schottland
- Süd-England
- Wales
- Guatemala
- Das Heilige Land
- Holland
- Indien
  - Ladakh und Zanskar
- Indonesien
  - Bali
- Iran
- Irland
- Italien
  - Elba
  - Das etruskische Italien
  - Florenz
  - Ober-Italien
  - Die italienische Riviera
  - Von Pavia nach Rom
  - Das antike Rom
  - Rom
  - Sardinien
  - Sizilien
  - Südtirol
  - Toscana
  - Venedig
- Japan
- Der Jemen
- Jordanien
- Jugoslawien
- Kenya
- Luxemburg
- Malta und Gozo
- Marokko
- Mexiko
  - Unbekanntes Mexiko
- Nepal
- Österreich
  - Kärnten und Steiermark
  - Salzburg, Salzkammergut, Oberösterreich
  - Tirol
  - Wien und Umgebung
- Pakistan
- Papua-Neuguinea
- Portugal
- Rumänien
- Die Sahara
- Sahel: Senegal, Mauretanien, Mali, Niger
- Die Schweiz
- Skandinavien
- Sowjetunion
  - Rußland
  - Sowjetischer Orient
- Spanien
  - Die Kanarischen Inseln
  - Katalonien
  - Mallorca – Menorca
  - Südspanien für Pferdefreunde
  - Zentral-Spanien
- Sudan
- Südamerika
- Syrien
- Thailand und Burma
- Tunesien
- Türkei
- USA – Der Südwesten

»Richtig reisen«

- Algerische Sahara
- Amsterdam
- Arabische Halbinsel
- Australien
- Bahamas
- Bangkok
- Von Bangkok nach Bali
- Berlin
- Budapest
- Cuba
- Florida
- Friaul – Triest – Venetien
- Griechenland
- Griechische Inseln
- Großbritannien
- Hawaii
- Holland
- Hongkong
- Ibiza/Formentera
- Irland
- Istanbul
- Kairo
- Kalifornien
- Kanada/Alaska
- West-Kanada und Alaska
- Kopenhagen
- Kreta
- London
- Los Angeles
- Malediven
- Marokko
- Mauritius
- Mexiko und Zentralamerika
- Moskau
- München
- Nepal
- Neu-England
- New Mexico
- New Orleans
- New York
- Nord-Indien
- Norwegen
- Paris
- Peking/Shanghai
- Rom
- San Francisco
- Die Schweiz und ihre Städte
- Seychellen
- Südamerika 1, 2, 3
- Süd-Indien
- Texas
- Tunesien
- Venedig
- Wallis
- Wien